인문 여행자, 도시를 걷다

일러두기

- 도서명은 『 』, 단편은 「 」, 잡지와 신문은 《 》, 그 외 작품명이나 영화는 〈 〉으로 표기했습니다.
- 인명과 지명은 국립국어원 외래어 표기법에 따르되 일부는 통용되는 발음으로 표기했습니다.
- 사진 출처: 저자 제공 및 위키피디아, 한국관광공사

낯선 곳에서 생각에 중독되다

인문 여행자,
도시를 걷다

김경한 지음

 쌤앤파커스

차례

2부

일본 인문 기행

한국 인문 기행

카이로스의 시선

인간은 태어나면서부터 카이로스와 크로노스 사이에서 일생을 보낸다. 그냥 흘러가는 시간(크로노스) 속에서 과연 어떻게 살아야 의미 있는 주체적 시간(카이로스)을 보낼 수 있을지를 고민하면서 사는 게 인간이기 때문이다. 무한한 시간 속에 던져진 나는 늘 걱정과 스트레스의 중압감에 시달렸다. 누구나 하루하루를 그렇게 보낼 것이다. 전형적인 크로노스식 삶의 모습이다. 치유 방법은 가끔 루틴에서 벗어나 보는 것이다. 머리가 아플 때 힐링 대상을 찾아 떠나기도 하고 존재의 이유를 찾아 정처 없이 헤매기도 해보는 거다. 주체적으로 자신을 다스리면서 나의 길을 찾아가는 카이로스의 삶이다. 생각이 떠미는 대로 가다 보면 그곳에 등대 불빛처럼 잔잔한 사유가 기다리고 있다.

나는 누구이고 무엇을 해야 하는지를 알아내는 것. 내 심장을 뛰게 하는 장소를 찾아가고 정제된 사유를 통해 아름답게 살다 가는 것. 이를 실천하기 위해서 일상의 경계 밖으로 끝없이 나를 몰아세우는 일을 채무처럼 안고 지내왔다. 아름다운 자연 앞에서는 경이로운 감동에 어쩔 줄 몰랐다. 그곳에서 지나간 시간을 역사라는 이름으로 들여다보면 회한과 연민이 일렁였다. 먼저 살다 간 사람들의 발자취 앞에서는 깊은 영감이 서성거렸다. 내가 사는 곳과는 다른 문화를 가진 곳으로 걸어 들어가 그 땅을 관찰하면 현실의 고단한 나를 잊어버릴 수 있었다. 돌아오는 길에서는 속세의 상처를 치유 받았다. 그리고 다시 길을 떠나곤 했다.

여행은 사유에 양념을 풍성하게 뿌려주는 기막힌 발명품이다. 낯선 곳과 마주하면 그곳의 이야기들이 또 다른 세계로 나를 데려간다. 이런 횡재는 당하는 재미가 상당하다. 하여 이 책에서 유럽, 미국과 일본, 중국을 비롯한 아시아, 그리고 우리나라 여행지에 대해 풀어낼 수 있었다. 일본은 언론생활을 시작한 때부터 관심을 가졌던 테마였다. 자주 접하다 보니 언어와 역사, 관계에 대한 생각이 확장되었다. 특히 메이지 유신 전후사는 주요 관심 분야였다. 중국은 대륙의 풍취와 기상이 심정적으로 깊은 유대감을 주는 곳이어서 매력적이었다. 미국과 유럽, 중동, 동남아시아 모두 그곳만의 특색을 지닌 스토리가 가득했다.

이 책에 실린 내용들은 인터넷 경제신문 《컨슈머타임스》에 인문학 칼럼으로 선보인 적이 있다. 또한 네이버와 카카오다음을 통해 〈김경한의 세상이야기〉로 공유되었다. 그동안 성원해주신 독자들에게 깊은 감사를 올린다. 여행과 사유의 고리를 의미 있게 평가해주신 한국경제신문 고두현 논설위원과 정법안 시인에게 먼저 고마움을 드린다. 여행의 동반자로 때로는 사유의 물길을 퍼 올려주신 구자준 회장(전 LIG손해보험)과 미래에셋 박현주 회장, 늘 따뜻하게 격려해주신 유진그룹 유경선 회장, 세아그룹 이순형 회장께 감사드린다. 오랜 세월 변함없이 마음을 주신 신한금융지주 조용병 회장, AJ 문덕영 회장, 팬텍C&I 박병엽 회장, 한국금융지주 김남구 회장, 김앤장 목영준 변호사와 장태평 전 농림수산부 장관께도 머리 숙여 인사를 올린다.

인생은 긴 항해의 길이다. 로마신화 속의 오디세우스는 트로이를 함락시키고 고향 이타카로 돌아가려 했다. 그러나 바다의 신 포세이돈의 방해로 온갖 고난 속에 저승까지 경험했다. 결국 살아 돌아와 아내 페넬로페를 만나고 장엄한 생애를 장식했다. 호메로스는 오디세우스의 여정을 통해 우리네 인생을 그려내고 있다. 누구나 카이로스의 시간 속에서 자신만의 시각으로 경험하는 '인생 여행'은 달콤한 축복과 같다. 모든 순간이 정제된 사유를 길어 올리는 작업일 것이다.

비틀스의
영혼이 머무는 리버풀

비가 내리고 있었다. 간간이 뿌리는가 싶더니 어느새 제법 굵게 쏟아졌다. 검은 구름이 하늘을 덮었다. 하루에도 몇 번씩 지나가는 '아이리시 레인'이다. 리버풀 시내의 매튜 스트리트는 여전히 많은 사람이 붐볐다. '비틀스 신화'에 끌려 온 이들이다. 60년 전 첫 공연으로 전설이 탄생한 비틀스 성지에 도착했다. 그 현장의 중년들은 이미 얼굴이 상기되어 있었다. 잠깐의 비쯤은 문제도 되지 않는다는 표정들이었다. 캐번 클럽Cavern Club은 그렇게 세월을 거슬러 찬란한 과거를 지키고 있었다. 존 레논의 귀여운 동상이 입구에 서 있고 옆으로 이어지는 벽에는 지구상의 모든 언어로 휘갈긴 찬사 메모들이 가득했다. 말 그대로 동굴 같은 지하 펍에 있던 반항적인 10대 소년 4명은 운명처럼 20세기 중반을 두드렸다. 로큰롤 역사를

리버풀 머지 강가의
비틀스 동상에서

다시 쓰게 했고 그 중심에 우뚝 섰다. 아무도 예견하지 못한 일이었다. 하룻밤 단돈 5파운드를 받고 무대에 섰던 소년들은 2년이 지나고 300파운드의 출연료를 받았다. 몸값은 60배가 뛰었고 대우가 달라졌으니 '예술벤처 스타트업'이라고 해야 할까. 이것은 시작에 불과했다. 런던과 미국 진출로 3년 만에 연간 천 만 장씩의 노래집을 팔아 치웠다. 그룹 해체까지 8년 동안 만든 곡들은 12장의 디스크에 담겼고 5억 장이 나갔다. 수수께끼 같은 기록이다. 빌보드 차트 역사상 1위 곡 20개를 제조해낸 경우는 전무후무하다. 1999년 《타임스》지는 20세기의 가장 위대한 예술가로 피카소와 비틀스를 선정하고 새로운 세기를 알렸다.

　"존 레논은 비틀스의 영혼이었고 조지 해리슨은 비틀스의 정신이었으며 폴 매카트니는 비틀스의 심장이었고 링고 스타는 비틀스의 드러머였다." 영국인들 사이에서 나오는 말이다. 1970년에 그룹이 해체하고 1980년에는 천상의 싱어 존 레논의 암살 사건으로 4인조 비틀스를 다시는 볼 수 없게 되었다. 하지만 노래는 세계인들의 가슴속에 영원히 남아있다. 나는 레논의 유품 속에서 발견된 미발표 곡 〈새처럼 자유롭게Free as a bird〉를 좋아한다. 하늘을 훨훨 끝없이 새가 되어 날고 싶은 욕망은 인간의 본능 같은 것이겠지. 레논은 그래서 세상을 일찍 떠났는지도 모른다.

　　리버풀은 영국 대표 항구다. 아이리시해에 인접한 머지 강변을 중심으로 비상했다. 노예무역의 중심지로, 인류 산업혁명의 거점으로 근대를 관통해온 도시는 이제 비틀스의 잔영만이 짙게 남아있었다. 그들의 노래는 아직도 매년 1,500만 명을 이 도시로 불러들인다. 18세기 대항해 시대, 태양의 제국을 거치고 아일랜드와의 연락 거점일 때가 전성기였다. 오후의 석양처럼 스러져 가는 역사 속으로 광장을 건너는 늦은 바람만이 흘러간 추억을 속삭이듯 머뭇거렸다. 강변에서 너무도 익숙한 4명의 얼굴을 만났다. 금방이라도 말을 걸어올 것 같다. 허기를 참지 못해 앨버트 독(빅토리아 여왕 남편의 이름을 딴 조선소)의 조그만 카페에 들렀다. 조선소의 영광은 무너지고 고요한 바다만이 주머니 같은 수면 공간을 감싸고 있었다. 1,700명이 희생된 비극의 타이타닉호가 만들어지고 출항했던 장소다. 상상했던 폐허는 없었다. 대신 완전히 다른 콘셉트로 디자인된 예술촌이 자리 잡고 있었다.

　　피시 앤 칩스를 시키는 동안 그레고리안 성가가 은은하

게 울려 퍼졌다. 소리의 방향을 찾아 귀가 움직였다. 비틀스의 레퍼토리들이 수도원 수사들의 합창으로 리메이크되어 도시를 적시고 있었다. 가벼운 낮술은 오후의 바람을 행복하게 맞이하기 위한 준비였다. 앨버트 독 난간에 머리를 기대고 머지강 강가에서 올라오는 해풍에 몸을 맡겼다. 아직 폴 매카트니가 이 도시에 남아 성모마리아의 품속을 꿈꾸고 있다고 한다. 〈렛 잇 비Let it be〉의 가사처럼. 아련한 선율을 떠올리게 하는 시간이다. 엘리자베스 여왕에게 기사 작위를 받은 폴 매카트니만이 옛 둥지를 맴돌고 있는 셈이다. 밥 딜런과 함께 공연을 준비한다는 풍문도 들렸다. 그들은 나이 70을 넘긴 노인들이다. 생전에 한 무대에서 두 거장을 볼 수 있을지 누가 알겠는가.

20세기의 가장 놀라운 '발명품' 비틀스는 곧바로 21세기의 전설이 되었다. 어떤 찬사로도 설명이 되지 않는다는 데 동의한다. 이제는 '시대'라는 관객만이 남았다. 지나간 생명보다 흘러가는 세월이 그들 앞에 서 있다. 까닭도 없이 가끔 흥얼거리는 노래 〈오블라디 오블라다(인생은 흘러간다라는 뜻의 아프리카 말)〉처럼 말이다. 비틀스는 삼 간 동안 만나 불처럼 타오른 뒤 긴 이별로 각자의 길을 걸었다. 인생의 모든 인연이 그렇듯이. 맥주 한잔을 들고 부두를 서성거리며 비틀스가 출연한 영화 〈HELP!〉1965를 떠올렸다. 심장을 재물로 바쳐야 하는 성스러운 곳에서 마법의 반지가 우연히 폴 매카트니의 수중에 들어가고 동양의 성자 카일리가 반지의 주인공 심장을 꺼내 신을 달래려고 머나먼 리버풀까지 찾아가는 스토리다. 영화는 실패했지만 삽입곡 〈예스터데이〉는 전 세계 청춘들의 가슴을 태워 재로 묻었다. "Why she had to go I don't know she wouldn't say." 청년 시절 가슴이 먹먹해질 때가 많았다. 그러다가 이렇게 묻고 싶은 때가 되었다. "인생이 왜 그냥 허무하게 지나가는지 모르겠어요. 아무런 말도 없이."

잉글랜드 코츠월드,
인간을 초대한 신의 영지

바람이 불고 음산한 안개가 뒤덮여 있으리라는 상상은 보기 좋게 빗나갔다. 공해나 미세먼지 때문에 생긴 선입견을 가지고 걱정해야 할 필요도 없었다. 황홀한 푸른 하늘과 대칭으로 깔린 녹색의 평원, 여기에 간간이 뿌려지는 빗줄기가 연주해내는 교향곡은 대지의 위대한 서사시였다. 영원을 알지 못하고 생을 마쳐야 하는 미천한 내가 신의 초대장을 받은 느낌이었다. 실눈을 뜨고도 한참을 보아야 그 끝이 윤곽으로 어른거리는 지평선은 언어의 표현을 거절하는 경외감이었다. 잉글랜드의 보물이라고 자랑할만도 했다. 600년 전 중세 영국의 모습을 간직하고 있는 세계적 명소, 코츠월드Cotswolds는 시작부터 가슴을 뛰게 했다. 잔잔한 구릉 지대에 펼쳐진 그린의 향연은 이곳이 인간세계와 가깝되 결코 인간의 땅이 아닌, 신의 영지임을 실감하게 했다. 고도 300미터 높이에서 생성되는 최적의 공기 속에 목장과 마을과 초원이 빚어내는 이상향이 었다.

코츠월드의 석회암 지붕은 시간의 역사가 겹겹이 쌓여 있었다. 쪼갠 돌을 다듬어 가지런히 얹고 정성스럽게 이어 만든 박공지붕은 이끼가 피어올라 지나온 날들의 기억을 짐작하게 할 뿐이다. 담장도 벽도, 지붕도 모두 석회암 풍경이다. 대문과 골목마다 예외 없이 내걸린 꽃 화분은 얕은 시냇물 소리를 타고 정경의 세계로 흘러가고 있었다. 셰익스피어 고향인 스트랫퍼드 어폰 에이번 Stratford-upon-Avon부터 남쪽 옥스퍼드까지 100킬로미터에 이르는 광대한 초지는 애초 양들이 뛰어놀던 목장으로 조금씩 넓어지기 시작했다. 유명한 로마 시대의 도시 배스와 세번강 상류를 지나 템스강 하류로 연결되는 비옥한 트라이앵글이다. 글로스터셔, 옥스퍼드셔, 워릭셔, 윌셔, 우스터셔 등 6개 카운티 중에서도 백미는 역시 바이버리 마을이었다. 크림색 돌들이 잘 다듬어진 마을을 수놓고 있었다. 건너편에는 벌꿀 색깔로 변해가는 돌조각 벽채 사이로 육중한 문양이 새겨진 클래식 철제문들이 조화롭다. 누구나 한번쯤 머물고 싶어 하는 스완 호텔 앞 시내를 건넜더니 삼각지붕 물결이 중세의 골목길로 나를 이끌었다. 타운하우스 분위기의 알링턴 로우 Arlington Row 마을의 길이 코츠월드의 심볼이다. 유네스코 세계유산이면서 영국 내셔널 트러스트의 대명사이기

한적한 코츠월드 마을

도 하다. 근처에는 로마 유적지가 산재해 있었다.

현대 정원의 개념을 만든 시인이자 건축가인 윌리엄 모리스는 그의 책 『지상의 낙원』에서 바이버리 마을을 "가장 아름다운 잉글랜드의 상징"이라고 극찬했다. 오죽했으면 미국의 자동차 왕 헨리 포드가 코츠월드를 통째로 사들이고 싶어서 5번이나 왔다 갔는지 짐작할만하다. 모리스는 힐링이 필요할 때마다 바이버리 마을에서 하염없이 걷고 서성거렸다. 그리고 스스로에게 질문했다.

"우리는 전혀 아름답지도 않고 아무런 개성도 없는 단순한 건축물에서 살고 또 일하는 것은 아닌가. 크기에 따라 위치에 따라 돈으로 평가받는 그것들은 너무도 천편일률적이다. 아름다운 집, 멋진 생활은 더는 없지 않은가. 그곳에 아름다운 마음도 없는 것 아닌가. 게다가 과연 우리는 즐겁게 일하는가. 우리의 노동은 정말 가치 있고 보람되며 즐거운가. 휴식은 그것을 누리기 위해, 돈을 벌고자 일하는 과정뿐이어서 과연 즐겁다고 할 수 있을까. 마지못해서 하는 고역은 아닌가. 우리의 삶 자체가 그런 것은 아닌가. 그야말로 사는 것이 고행이 아닌가?"

자연에서 진정한 삶의 에너지를 찾고자 했던 모리스의 고민은 우리 모두의 명제이기도 하다. 코츠월드에서 영감을 얻은 그는 영국의 모든 건축물을 보존하자는 내셔널 트러스트 운동을 전개했고 오늘날 역사적 유산을 온전하게 남기는 데 빛나는 공헌을 했다. 근대 공예운동과 아름다운 책 만들기로 영국 사회 뒤집기를 시도하기도 했다. 세계를 휩쓴 유토피아 디자인과 생활예술은 코츠월드가 가져다준 선물이었다. 아름다운 서머 그린은 갈등의 바다를 떠돌다 만난 해안선 같았다. 병든 일상의 나를 소독하고 일으켜 세우는 특효약처럼 여겨졌다. 노동과 이재에 찌든 속세와 절연하는 평화의 치료제로 이만한 처방전도 찾기 힘들 것 같다. 오랜 기다림 위에 올라탄 듯

눈이 아플 때까지 색다른 대지의 장엄함을 담아내던 나의 시선은 돌멩이가 물속에 가라앉는 속도로 급속히 평온해졌다. 바이버리 둘레 길의 끝은 들판 가득 '라벤더 팜'이었다. 보랏빛 꽃들이 지천에 널려 하늘과 수직의 수평을 이루고 있었다. 이 오솔길이 메마른 감성에 소나기를 퍼부었다. 오래된 돌담을 돌며 철학과 문학과 인간이라는 벽을 뛰어넘어 그들 사이에 걸쳐져 있던 수수께끼 같은 길들을 찾고자 갈망했다. 인간의 정신을 풍요롭게 해주면서 우주 속에 있는 다양한 것들이 어떻게 서로 어깨를 기대고 있는지 조금씩이라도 알 수 있을 것처럼 말이다. 세상의 모든 이야기를 들려주고 질문을 끌어내는 힘으로 잠겨 들어오는 느낌이었다.

마자랭 추기경Le cardinal Mazarin의 첩보원이 날짜 변경선을 어떻게 밝혀내고 '전날'을 회복했는지에 대한 물음(움베르토 에코의 소설 『전날의 섬』)과 멜크의 수도사 아드소(소설 『장미의 이름』 주인공)의 한탄이 함께 들려오고 있었다. "이 세상 도처에서 쉴 곳을 찾아보았으되 마침내 찾아낸 곳은 들판이 보이면서 책이 있는 구석방보다 나은 곳은 없더라"라고 했던가. 단순한 인간의 말들이 이곳에서는 신리의 로고스理性가 되어 공중으로 떠다니는 듯했다. 코츠월드의 사색은 산업혁명으로 세계를 앞서간 영국의 비결이었다. 대문호 셰익스피어와 위대한 예술가들의 정신적 고향으로, 뉴턴과 아인슈타인, 찰스 다윈이 공부했던 옥스퍼드의 영재들에게 이상의 날개를 달아준 벌판이었다. 옥스퍼드의 캠퍼스 교회 크라이스트 처치에 앉아 두 손을 모으면 생각의 점들이 코츠월드 지평선으로 이어지는 섭리의 구조였다. 그들이 가장 가치 있는 에너지를 창조하도록 영감을 준 디딤돌이었다. 인간을 압도하는 위대한 자연은 노동의 즐거움을 만들어내는 최고의 비타민임을 깨닫는 순간이었다.

더블린에서
고도를 기다리며

아일랜드의 초원을 바라보면 눈물이 날 것 같았다. 무성한 푸르름이 그랬고 텅 빈 쓸쓸함이 그랬다. 그 들판은 천하에 얽매이지 않고 거침도 없었다. 하루에도 몇 번씩 오가는 비바람을 견디며 풀들은 이리 눕고 저리 누웠다. 초원은 마치 바닷물결 같았다. 나를 태운 자동차는 푸른 지평선을 가로지르듯 나아갔다. 한 자락도 대지의 맨살이 드러난 곳은 없었다. 경이로운 녹색의 향연이다. 풍경이 흘러와 마음에 스며든 한나절, 낯선 자연은 그렇게 내 몸속에 가두어졌다. 길은 본래 주인이 없는 것, 내가 그 길의 주인이 되고자 했다. 지나온 모든 위치가 무효인 듯 황홀했다.

사뮈엘 베케트의 〈고도를 기다리며〉는 내 인생에서 오래도록 가슴에 남는 연극이었다. 이 작품연출가 임영웅(극단 산

울림)은 베케트가 노벨상을 받은 1969년에 국내 공연을 시작했다. 무려 40년 동안 2,000회를 넘겼으니 베케트의 고향 아일랜드 초청공연이 그리 낯선 일은 아니다. 연극은 지금도 멈추지 않고 있다. 30년 전 대학로에서 봤던 기억이 아스라해질 무렵 홍대 앞에서 다시 만났다. 임영웅. 그도 어느덧 80대를 넘겼다. 베케트가 그랬던 것처럼 고도를 기다리며 오늘도 달리고 있다. 두 사람은 더블린에서 내내 나의 친구가 되어 주었다.

어느 한적한 시골길 앙상한 나무 한 그루만이 서 있는 언덕 밑에서 늙은 두 방랑자(블라디미르와 에스트라공)가 '고도godot'라는 인물이 나타나기를 기다린다. 그들의 기다림은 어제오늘 시작된 게 아니다. 그들도 기억할 수 없을 만큼 아주 오래전부터 시작되었다. 그러다가 지금은 고도가 누구인지, 어디로 온다는 것인지, 왜 기다리는 것인지도 잊었다. 그저 습관처럼 지루한 기다림으로 하루하루를 보낼 뿐이다. 지독한 무료함을 견디기 위해 서로에게 욕하고 질문하고, 회상하고, 싸우고, 장난하고, 춤추고, 운동한다. 그렇지만 고도가 오면 이 지루함이 끝난다는 희망 속에 둘은 끊임없이 말을 이어간다. 그들의 상황이 한계에 이르렀을 때 나타나는 것은 고도가 아니라 그가 오지 않는다는 소식을 갖고 오는 소년이다. 다음 날도 그다음 날도 같은 상황이 되풀이된다.

아무것도 일어난 게 없었고 아무도 오지 않았고 아무도 가지 않았다. 기나긴 공연만이 막을 내렸다. 공연이 진행되는

3시간 동안 나는 전혀 지루하지 않았고 끝난 뒤로는 다른 이들처럼 얼른 일어설 수도 없었다. 기억에 아무것도 남지 않은 느낌이었다. 다만 그 순간 내 마음이 심하게 흔들렸다. 고도라는 낯설지 않은 한 인간이 오랫동안 자신의 절망을 고백하는 모습을 골똘히 지켜본 묘한 경험이었다. 그래서 인간의 내면을 어느 정도 이해할 수도 있겠다는 희망을 품은 시간이었다.

고도는 오지 않는다. 이미 약속은 수없이 지켜지지 않았고 앞으로도 영원히 지켜지지 않을 것이다. 어쩌면 우리 모두가 이미 와있는 고도를 알아보지 못한 것인지도 모른다. 앞으로 영원히 알아보지 못할지도 모른다. 늙고 가난한 두 광대는 서로를 껴안다가 이내 밀치며 상대의 악몽을 깨워주면서도 그 꿈 이야기만은 듣지 않으려 애쓰는 모습이 처연하다. 이제 모든 것이 지긋지긋하니 그만 헤어지자고 돌아서지만 서로가 고도를 기다리고 있다는 사실을 일깨워주며 늙어가고 있다. 시간처럼 무겁고 시간처럼 손쓸 수 없이 흩어지고 마는 모래를 가방 가득 들고서 황량한 언덕을 헤맨다.

잉글랜드의 오랜 압제에 대항하며 꿈을 키웠던 더블린 시내 리피 강변을 돌아 600년의 역사를 가진 트리니티 대학으로 들어섰다. 베케트가 고뇌하며 학창 시절을 보냈던 현장이다. 롱 룸Long Room 도서관은 영어도 아니고 프랑스어도 아닌 아일랜드 모국어(게일어) 저작들을 완벽하게 보존하고 있었다. 나는 사람들을 맞이하는 더블린 문학관과 베케트 다리를 오가며 석양을 보냈다.

수없는 사람이 살아생전 "고도는 누구인가?"라는 질문을 베케트에게 던졌다. 그는 끝내 함구했고, 이승을 떠나기 전 이렇게 이야기했다. "좀 모자랄 때 나는 만족한다. 충분히 이해는 안 되지만 이해하려고 노력한다. 나는 모른다. 등장인물이 왜 고도를 기다리는지 그들에게 물어보라." 이에 나는 자문했다. '고도를 왜 기다리는가?' 그리고 이런 생각이 들었다. 인간은 갈 곳이 없다. 그래서 서로의 이름을 부르며 기다리는 것 아닐까.

다음 날 새벽 다시 가본 베케트 다리 아래는 어제처럼 강물이 느리게 흐르고 어제와 같은 태양이 떠오르고 있었다. 1930년대는 전쟁의 시대였다. 베케트는 청년시절 고국을 떠나 파리에서 살았고 레지스탕스에도 참여했다. 프랑스어로 작품을 집필하면서도 게일어를 잊지 않았다. 고도를 통해 인간의

더블린
사뮈엘 베케트 다리에서

고통을 아름답게 들여다보고자 했다. 은둔, 죽음, 부활의 메시지를 전하기 위해 아무 곳에도 존재하지 않는 종착역의 사람들을 그렸다. 되는 게 없는 주인공Noting to be done들을 사랑했다.

인생에서 고도는 누구인가. 보통 신이라든가 희망, 자유, 미래, 죽음 등으로 해석하기는 하지만 정답은 없다. 삶을 견디게 해주는 것이라면 그 어떤 것도 될 수 있다고 막연히 그려볼 뿐이다. "내 인생이 낯선 곳을 향해 저물고 있구나. 잘못되어가고 있구나"라는 사실을 아는 순간 우리의 영혼은 누더기를 걸치고 이 희곡의 텅 빈 무대 위로 던져진다. 고도가 오지 않는 대신 여름날 홍수처럼 어둠이 덮칠 것이다. 죽음 같은 침묵 속에 쌓여 움직이려 해도 떠나지 못하고 그 자리에서 다시 내일을 맞을 것이다. 아무것도 일어나지 않고, 줄거리도 없고, 해결할 것도 없는 일상을 위하여. 이것이 인생일지니. 미국 생퀸 교도소의 무기수들이 시간을 이겨내기 위해 이 공연을 했고 특사로 풀려난 뒤에도 그들은 전국을 유랑하며 공연을 멈추지 않았다고 한다. 예술은 참으로 신기한 것이다.

베케트를 만날 때마다 나는 처절한 논리의 실종을 맛보아야 했다. 〈고도를 기다리며〉는 부조리 연극이다. 허무, 질망, 결여, 부정, 실패, 상실, 망명, 추방과 같은 언어의 뒷마당에 던져진 술병 같다. 아무것도 모르고 아무것도 할 수 없는 자들, 그런 인간들을 그린 그림이다. 예술은 인간의 결핍을 노래하는 것이다. 못 보는 것을 꺼내어 듣고 보고 소통하게 한다. "이 작품은 빈곤의 시대를 사는 현대인들에게 기쁨을 준다. 기다림이라는 미학으로(노벨상 결정 이유)." 정신적 빈곤 시대에 겉만 번지르르한 사람들에게 베케트는 위대한 선물 '고도'를 주고 떠났다. "내가 무엇을 생각하는지 알게 되면 내 삶에 소홀해질 수가 없다. 내가 무엇을 생각하는지 모를 때 당황하게 되며 끊임없이 생각하게 된다. 예술을 알고 나니 이 작은 세계가 감옥이란 것을 알았다"라는 것이 베케트의 고백이다. 그래서 나는 그를 좋아하고 이 연극을 가슴에 품고 다닌다. "다시 시도하고 다시 실패하고 더 나은 실패를 하라." 이러한 그의 유언까지도 의미 있게 기억하려고 노력한다.

　　더블린 뒷골목의 템플 바에서 스코틀랜드 위스키 한잔을 걸치고 호텔로 돌아왔다. 인생이란 무엇인가. 영화처럼 잠깐 떴다가 사라지지 않고 오래된 연극처럼 내일도 다음날도 또 그다음 날도 계속 새롭게 재해석하면서 그치지 않고 가는 것이 아니던가.

더블린을 세계에 알린
제임스 조이스

타협되지 않는 도시였다. 시도 때도 없이 지나가는 바람과 빗줄기는 일상이고 우울한 거리의 분위기는 용납할 수 없는 장막이었다. 아무것도 알아주지 않는 이 골목에서 젊은 날을 몽땅 다 날리기엔 너무나 억울했을 법하다. 하지만 한 번의 결별은 그를 다시 이 도시로 돌아오지 못하게 했다. 수평적으로 보는 세계지도의 맨 왼쪽 끝 섬나라 아일랜드의 수도 더블린은 그렇게 시야에서 멀어져 갔다.

제임스 조이스James Joyce가 더블린을 떠난 것은 22살 청년 때였다. 그는 이 도시가 죽도록 싫었다. 그의 유년은 예수회 기숙학교에서 시작되었다. 최연소 입학에 모두가 알아주는 우등생이었지만 학교가 지겨웠다. 거친 동급생들과 선생님의 회초리는 참기 힘든 고통이었다. 집안의 몰락으로 시작된 사춘기는 무능한 아버지를 미워한 기억들로 가득했다. 새로 옮긴 학교 역시 욕망과 이단의 기억뿐이었다. 이 무렵 사창가에서 버린 동정으로 지옥 같은 죄의식에 빠져들고 더러워진 영혼을 구원받고자 종교에도 매달려봤지만 그가 채우고자 했던 진실은 종교가 아닌 삶이었다. 작가를 꿈꾼 청년 조이스에게 종교와 가족은 자유와 예술을 갈구하는 인생 항로의 숨 막히는 허들이었다. 척박한 조국 아일랜드는 영혼을 가두는 그물이었다. 결국 모든 것을 접고 떠나는 이유다. 다시는 돌아오지 않을 것을 다짐하면서 살고, 실수하고, 타락하고, 이겨내고, 삶에서 삶을 재창조하는 길. 후회하면서 돌아보지 않을 선택의 결단을 내린 것이다. 그는 이 극적인 방황에 관한 자전적 이야기를 『젊은 예술가의 초상』에 모두 쏟아냈다.

그는 더블린과의 이별 후 37년간 망명객으로 살았고 인생의 황혼과 죽음을 결국 유랑 길에서 맞았다. 방랑은 빈곤과 고독의 연속이었다. 작은 안경 너머 가느다란 눈은 평생을 눈병에 시달렸고 허름한 중절모, 초췌한 얼굴과 시선은 늘 허공을 맴돌았다. 호텔에서 일하던 하녀 노라와 만나 평생을 함께했다. 하지만 역설적이게도 그가 남긴 더블린 3부작 『더블린 사람들』1914, 『젊은 예술가의 초상』1916, 『율리시스』1922는 잊고 싶은 고향과 그 사람들의 심리가 배경으로 진하게 녹아있다. 떠났으되 떠나지 못했고 끝냈으되 끝내지 못한 인연의 끈이 세계적 문학으로 승화되었다.

제임스 조이스는 더블린 뒷골목의 성지 '템플 바' 근처 얼 스트리트 입구에 동상으로 서 있었다. 그것도 아주 지적인 준비 자세로 말이다. 말이라도 걸면 인생의 어떤 질문에도 해답을 줄 것 같았다. 그는 20세기 모더니즘 문학의 선구자답게 고통받는 더블린 하층민들의 삶을 추적했고 그들의 관습과 행동, 사상들을 심미적으로 꿰뚫어내고자 했다. 마비된 영혼들의 도시 더블린에 대한 묘사는 누구도 흉내 내지 못하는 독특함으로 아직도 빛나고 있다. 헤밍웨이와 존 스타인벡, 움베르토 에코, 살만 루슈디까지 수많은 문호들의 모더니즘 등불이 되었다. 강인한 자아의식과 섬세한 감수성을 지닌 소설 속 주인공들은 사실 자기 자신이었다. 등장인물들이 경험하는 시간의 과정을 '의식의 흐름'이라는 새로운 기법으로 담금질했다. 내면을 집요하게 추적해가는 심리묘사나 무의식 세계의 서술은 독자들에게 책 읽기를 포기시키는 양면의 동전이지만 이전에 경험해보지 못한 새로운 스타일은 그 시대를 달궜다.

"나는 항상 더블린에 대해 쓴다. 내가 더블린의 심장에 다가간다는 것은 세계 모든 도시의 심장에 다가간다는 말이다. 그 세부 속에 전체가 담겨 있다." 이러한 제임스 조이스의 고백은 의미심장하다. 문장들 사이에는 1900년대 초반의 더블린이 현장에 있는 듯 들여다보인다. 세인트 스테판스 그린, 그래프턴 스트리트, 템플 바, 오코넬 스트리트, 트리니티 대학 등. 내가 이 도시에서 제임스 조이스의 발자국을 따라가기란 그리 어

더블린 조이스 문학관 앞에서

려운 일이 아니었다. '제임스 조이스 센터'에서 이 위대한 작가를 기리는 강의와 워크숍도 만날 수 있었다.

첫 작품 『더블린 사람들』은 18개 스토리로 구성되어 있다. 조이스 루트를 돌면서 중간마다 들여다보기에 알맞은 글들이다. 이 가운데 으뜸은 '은총'이 아닌가 싶다. 다섯 술꾼이 크게 다친 친구의 병상 주변에 둘러앉아 술을 마셔가며 소위 '아무 말 대잔치'를 벌이는 장면은 압권이다. 영국의 지배에 신음하는 더블린의 치부를 이야기로 세상에 알리고 폭로함으로써 조국의 발전을 염원했던 것 같다. 시내 북쪽의 '더블린 문학관' 2층에는 아일랜드를 빛낸 작가 사뮈엘 베케트와 나란히 제임스 조이스 룸이 별도로 마련돼 있었다. 청동 흉상 옆에 새겨진 짧은 문장 하나가 나를 멈춰 세웠다. 더블린은 우리 안의 수많은 우리가 좌절하고 소리 지르고, 술 마시고, 번민하고, 주저하고, 질투하고, 자책하는 우리 마음 깊은 곳을 부르는 지명이다. 그러니까 마음이 아프다고 말할 때 우리는 더블린이 무겁다고 말하는 것이다.

작품마다 등장하는 공통의 주인공 스티븐 디덜러스는

그리스 신화에서 가장 손재주가 뛰어난 예술의 신神 다이달로스의 현대판 분신이다. 미노스 왕의 왕비가 근육질의 황소를 사모하자 나무로 살아 움직이는 듯한 암소를 만들어 왕비를 그 속에 들여앉히고 황소의 씨를 받게 하였다. 이 사실을 알아버린 왕의 노여움으로 다이달로스는 아들 이카로스와 함께 다시는 인간 세상으로 나올 수 없도록 크레타의 미궁 '라비린토스'에 버려졌다. 미로를 헤매던 부자는 새의 깃털을 주워 모아 그 유명한 이카로스의 날개를 만들어 달고 공중으로 날아올라 목숨을 구한다. 하지만 태양 가까이 오르면 밀랍이 녹아 위험하다는 경고를 무시하고 고공비행을 고집하던 아들 이카로스는 에게해에 떨어져 죽고 만다.

『율리시스』는 스티븐 디덜러스가 음탕한 여인 마리언 블룸을 만난 하루 동안 벌어지는 이야기다. 내용이 음란하다는 이유로 당시 출판은 파리에서 극적으로 이뤄졌다. 율리시스는 호메로스의 '오디세이아'를 패러디한 걸작이다. 기원전 8세기 호메로스의 고전을 1922년 그 시대 '율리시스(오디세우스의 라틴어 이름)'로 부활시켰다. 구성 역시 똑같다. 두 남녀는 아침 8시부터 더블린 시내를 돌아다니다가 새벽 2시가 되어서야 각자 집으로 돌아간다. 친구를 만나고, 식사하고, 고양이 밥 주고, 장례식 가고, 일하고, 식당과 술집에 들르는 단조로운 일상이다. 그러면서도 한편으로는 간음하고, 성적 쾌락을 찾고, 사창가를 어슬렁거리고, 지쳐서 잠자리에 돌아오는 부질없고 부도

덕하고 가련한 일상을 반복한다. 두 사람이 겪는 하루 18시간의 방황은 삶의 소외와 고독에 빠진 우리 모두의 육체와 정신, 욕망의 결핍을 은유하는 현대인의 '오디세이아'다. 율리시스는 읽을 때마다 어렵고 애매한 문장에 두통이 오는 불가침적 난문이다. 난해한 문장이 미안했던지 "이 소설 속에는 너무나 많은 불가사의한 수수께끼가 감춰져 있기 때문에 아마 학자들은 앞으로 몇 세기에 걸쳐 내 의도를 알아내는 데 바쁠 것이다"라는 경고를 남겼다. 현재까지 학위논문을 가장 많이 배출한 소설이 되었으니 예언은 맞아떨어진 셈이다. 인간의 심리와 허세, 가능한 모든 영역의 미추를 들춰내고자 했다.

아일랜드는 600년 영국의 압제를 딛고 일어서 비상했다. 영국보다 소득을 앞질렀다는 기개는 더블린 시내 하늘을 찌르는 스파이어(오코넬 거리의 첨탑)의 위용에 담겨있었다. 영어와 게일어가 공항에서 동시에 들려오고 있었다. 말과 전통에 대한 자부심이 그만큼 강하다는 방증이다. 영국 최고의 작가로 기억되는 조이스는 실상 더블린과 아일랜드의 자랑이다. 죽어서야 고향의 평가와 귀향이 허락되었다. 시대의 자화상과 아일랜드의 고독을 그려낸 조이스의 문체는 당시 유럽 문단의 혁명이었다. 조이스는 스위스와 이탈리아 프랑스를 정처 없이 떠돌면서 "나는 세상의 함정들 사이를 헤매고 다니며 다른 사람의 지혜를 배우도록 운명 지어졌다"라고 토로했다. 사뮈엘 베케트는 그에 대해 이렇게 말한 바 있다. "조이스의 작품에서 형식은 곧 내용이며 내용이 곧 형식이다. 그의 작품은 어떤 것에 대하여 쓴 글이 아니라 그 어떤 것 바로 그 자체다." 맞는 말이다. 문학의 새로운 창조와 탄생의 희열을 맛보게 했으니 어떤 수사인들 수용하지 못할 이유가 없다. 아일랜드 일주는 마치 침묵과 유배의 틈바구니를 오가는 고독한 방랑자의 행로 같았다. 거친 자연과 슬픈 역사, 기근과 고통에 일그러진 사람들의 이야기가 짙게 밴 땅이었기 때문일까. 그때마다 나는 『젊은 예술가의 초상』에서 디덜러스가 던진 수많은 질문을 꺼내보곤 했다. 100년이 지난 지금 이 시대 우리들에게도 여전히 유효한 질문이기 때문이다.

폐허의 미학,
리즈 커크스톨 수도원

가을 벌판의 낡은 수도원은 황량한 시간의 역사 속에 그대로 갇혀있었다. 바람에 날리는 낙엽과 아주 가끔 날아오르는 까마귀 몇 마리만이 오랜 적막을 휘젓고 지나갔다. 런던으로 떠나는 기차는 서쪽에서 다가왔다가 동쪽으로 이내 멀어져 갔다. 자그마한 강물이 흐르고 반복되는 계절에 나이테만 두꺼워진 나무들은 쉬지 않고 마른 잎들을 지상으로 내려보내고 있었다.

어느 곳에서나 건물의 사체가 먼지를 머금고 아직 직립해 있을 때 나는 항상 깊은 수심 속으로 내려가는 죽음을 상상한다. 하지만 이곳은 그런 사색도 허락하지 않을 만큼 형해화된 자취로 남아 쓸쓸했다. 모든 폐허는 아름답다고 했던가. 이전에 그곳은 집이거나 수도원이거나 인간의 냄새로 가득한 영역이었을 테니까. 영국의 북부 요크와 맨체스터를 사이에 두고 트라이앵글을 이루는 도시 리즈는 낡은 수도원을 끌어안고 석양을 맞이하고 있었다.

　　결혼과 이혼으로 얼룩진 사생활의 주인공 헨리8세(튜더왕가의 강력한 군주)는 자신의 마음에 들지 않는 가톨릭 수도원들을 모두 폐쇄했다. 시시콜콜 전통과 규범을 간섭하는 교황청의 끄나풀들이 눈엣가시였다. 여섯 번의 결혼으로 유명한 그는 엄격한 중세교회의 율령들에 숨이 막혔다. 문을 닫은 수도원 대신 만들어진 성공회는 오늘날까지 영국의 정교회로 명맥을 이어오고 있다. 이곳의 커크스톨 애비 수도원은 한때 수백 명의 수사들이 경건한 신앙의 깊이에 빠져들었던 성소다. 리즈가 도시로 성장하기 훨씬 이전부터 존재했던 곳이다. 수도사들은 하루 8번 예배를 드리고 남는 시간은 명상하거나 서적을 읽으면서 신의 진리에 다가서고자 몸부림쳤다. 기도하는 이들의 생은 잔혹하리만큼 엄격했다. 인간의 본능을 헌납한 채 신의 영역에서 인간이기를 포기한 삶이었다. 평신도들은 수도원 앞으로 펼쳐지는 들판에서 농사를 짓거나 양 떼를 돌보며 중세를 살았다. 지금은 마른 잎이 뒹굴고 새의 깃털만이 바람에 날리는 폐허지만 이 수도원은 고대에 세워진 유럽의 귀중한 문화유산이다. 스칸디나비아의 무자비한 바이킹족 침략으로 성지는 무너지고 말았다. 오랜 세월 후 윌리엄 드 퍼시의 재건으로 빛을 보았지만 헨리 8세의 도그마에 무릎을 꿇고 문을 닫을 수밖에 없었다. 잉글랜드와 스코틀랜드 전역에서 가장 유서 깊은 남자 수도원은 그렇게 역사의 그림자만이 남게 되었다. 마른 잎이 지듯이 까닭 없이 숱하게 떠나버린 목숨들과 엷은 썰매 소리 같은 회한을 반추하며 석양의 끝자락까지 하염없이 수도원 들판을 바라보았다.

1300년을 버텨온 돌기둥들은 파르테논의 열주처럼 서 있지만 이끼에 견디다 못해 검은색으로 변해버렸다. 폐허의 황량함, 그 쓸쓸함의 언어들 사이로 불어오는 수도원의 바람은 차갑기 그지없었다. 무너져 내리고 반쯤 남은 수도원 벽 사이로 푸른 바다가 보였다. 언덕으로 올라서 보니 해변 마을이 아늑했다. 붉은 지붕과 흰 벽들로 채워진 건물들이 방파제를 사이에 두고 평행으로 배치되어 바다와 하늘의 원색을 받아내고 있었다. 고대와 중세를 가르는 역사유산. 요크셔의 커크스톨 대수도원은 추억-폐허-망각-역사의 윤회를 밟고 있었다. 바람이 불어오자 돌기둥들은 성당의 오르간처럼 각기 다른 소리를 내면서 진동했다. 이 고장 출신의 화가 윌리엄 터너나 조각가 헨리 무어는 가끔 커크스톨을 산책하며 창작의 에너지를 얻어가곤 했다. 바람 불고 비가 내리는 음산한 날에는 괴이한 광기가 퍼져 오를 것 같아 으스스한 느낌이다. 이곳이 영국의 극작가 브람 스토커의 소설『드라큘라』의 모델이 되었던 이유를 알 만하다. 하지만 모든 폐허는 의미 있고 위대하다. 한때 엄청난 역사를 만든 현장이었으니까.

리즈에 머물면서 나는 이곳을 몇 번이나 서성거렸다. 인생에서 지나가버린 과거는 언제나 변치 않는 아름다움이다. 수도원 앞쪽의 육중한 떡갈나무 산책로가 발길을 붙잡는다. 폐허의 내부공간에 남아있는 돌멩이들은 한때 이곳이 분주한 일상의 성터였음을 침묵으로 증언하고 있었다. 사방을 둘러보아도 가고 오는 시간과 근원의 목마름만이 가득했다. 슬프다. 내가 사랑했던 자리마다 모두 폐허다. 나에게 왔던 사람들. 어딘가 몇 군데는 무너진 채, 모두가 떠났다. 그런 기분으로 폐허의 본채를 돌아 걸었다. 현실은 역사가 되고 역사는 신화처럼 낡아 폐허가 되고야 만다. 숙명이다. 붉게 물들어 천천히 떨어지는 석양 속으로 조용히 침잠해가는 커크스톨 수도원. 그 자취는 늦가을 낙엽과 함께 이내 어둠 속으로 또 한번 묻히고 있었다.

세상에서 가장 오래된 서점,
리스본 베르트랑

코메르시우 광장에 햇살이 내리기 시작했다. 밤의 냉기가 가시자마자 일어서는 태양의 기세는 간단치 않았다. 초여름 지구 서쪽의 끝 이베리아반도의 종착지 리스본은 하루의 긴 여정을 시작하는 중이었다. 대항해 시대 포르투갈 세계경영의 전진기지였던 타구스 강변은 국부가 쌓아올려진 옛 영화가 묻힌 곳이다. 강가에서 리스본 구도심 거리로 연결된 오르막길 언덕길에는 세상에서 가장 오래된 서점이라는 베르트랑 Livraria Bertrand이 위치하고 있었다.

리스본의 명물이자, 에펠의 제자가 만든 철탑타워 산타주스타 Santa justa 에스컬레이터 전망대를 넘어 도착한 이곳은 포르투갈의 지성사를 수놓은 유서 깊은 책방이다. 몇 번의 수리를 거쳤지만 1732년 당시 처음 문을 열 때의 건물 그대로 잘 보존되어 있었다. 7개의 문(포르테스)를 지나 안으로 동굴처럼 이어진 적선 공간구조는 고풍스러운 후박나무 서재와 장식이 세월의 무게를 잘 이겨내고 있었다. 6층 건물의 외벽은 포르투갈 전통 문양이 새겨진 파란색과 흰색의 그림 타일 아줄레주 Azulejo 로 시공되어 빈티지의 내공을 짐작하고도 남기에 충분했다. 프레스코화로 장식된 벽과 심플한 간판은 또 다른 반전이다. 역사의 고비마다 지식인들이 모여 미래를 논의하던 시대 충전소였는데 마치 오래된 사원을 보는 듯한 느낌이었다. 남미로 아프리카로 세력을 확장하며 중세사의 주인공으로 등장했던 이들의 자존심이 묻어있는 문화유산이다.

베르트랑은 아직도 포르투갈 전국에 54개 체인을 갖고 있다. 최고의 문학작품만 엄선하기로 정평이 나 있다. 요즘은 웹 사이트 북 큐레이션 프로그램으로 젊은이들에게 인기를 얻고 있다. 두 번째 포르테스(문) 안에 반가운 책이 진열되어 있었다. 맨부커상을 받은 소설가 한강의 『채식주의자』가 현지어 『베지타리아나 Vegetariana』로 번역되어 아시아 소설 코너에서 독자들을 만나고 있었다. 일본 여성 저널리스트 시미즈 레이나가 전 세계 100여 개 서점을 여행하고 쓴 책 『세계에서 가장 아름다운 서점』이 나를 오래전부터 이곳으로 유혹했다. 리스본까지 15시간의 비행거리는 문제가 되지 않았다. 포르투갈의 영광을 안겨준 지성과 원대한 비전의 원천이 어떻게 이어지고 있는지, 그들의 후세대는 왜 '베르트랑'을 자랑스러운 지식의 보물로 여기는지 그 현장을 보고 싶었다.

세 번째 방의 작은 액자 앞에서 발길을 멈췄다. 300년 가까운 세월동안 베르트랑이 목격한 역사를 주제별로 기록해 놓았다. 1755년에 리스본 시내를 쓸었던 대지진과 한국전쟁과 비슷한 슬픈 내전, 알폰소 5세를 비롯한 9명의 국왕, 한 번의 국왕시해사건, 17명의 대통령, 3번의 공화국, 6번의 쿠데타, 1, 2차 세계대전, 유럽 통합까지 베르트랑은 역사의 생생한 목격자이자 관찰자였다. 아킬리누 히베이루Aquilino Ribeiro가 근대 서점으로 내부를 확장할 때까지 지난한 역사는 이베리아반도의 모든 것을 아우르고 있었다.

늘 그렇듯이 서점은 장대한 우주를 연상하게 한다. 서점은 우주인 동시에 차가운 속세다. 사람들의 마음과 취향, 욕망이 공명하며 하나의 공간을 이루고 생명을 불어넣는 곳이다. 불멸을 만든다는 엄숙함과 시대를 직조해내는 공작소 역할이 소명처럼 이어져 온다. 책이 진열된 곳은 쾌락의 바다 같다. 그 사이로 몸을 숨기고 눈으로 한껏 세상의 모든 이치를 거둬들인다. 책 더미 속에서 헤엄치거나 달아나거나 빠지거나 잠들어 버리고 싶을 때도 있다. 깨어나서도 절대 끝나지 않을 무한 세계의 멈춤이 존재한다. 눈앞에 펼쳐진 세상의 대강을 그려내고 그것을 몸으로 느끼면서 심오한 현실 속으로 걸어 들어간다. 감각이 살아나는 걸 느낀다. 인류사의 모든 결정이 이 공간에서 아카데미를 기초로 완성되었던 이유다. 고대 이집트 알렉

베르트랑 서점

산드리아 해변서점이나 그리스 에게해 산토리니섬의 아틀란
티스 서점들도 베르트랑처럼 문명을 이끌어 온 견인차들이다.

　　우아한 디자인으로 눈길을 사로잡는 '렐루Lello' 서점은
포르투갈의 또 다른 자존심이다. 리스본 북쪽 도시 포르투의
명소로 수많은 방문객이 다녀가는 곳이다. 장인의 정교한 솜
씨로 빚어낸 성당 같은 네오고딕 양식의 건물 내부는 여행자
들의 버킷리스트다. 지구상에서 입장료 4유로를 내고 들어가
야 하는 유일한 서점이다. 렐루는 멕시코시티의 엘 펜두로 서
점과 함께 책과 어울리는 테마의 두터운 의미로 국제적인 지성
들의 관심지다. 오랫동안 영국 안위크의 기차역이었던 바터북

스 서점과 나란히 유명세를 타고 있다. 리스본의 또 다른 서점 레르 데바가르 Ler Devagar는 이름이 독특하다. 포르투어로 '천천히 읽기'라는 뜻이고 책의 근본과 독자의 지적욕망을 함축해놓은 문화언어다. 리스본 시내 인쇄소를 개조한 높은 천정 건물로 문화계 인사들이 공동 투자해서 현재까지도 경영되는 곳이다. 알고 보면 15세기 포르투갈은 엔히크 왕자의 지휘 아래 1498년의 인도 항로발견과 브라질 도착, 말라카 해협 개척과 일본 중국 진출 등의 국운 상승기에 세상을 석권했던 나라다. 고대 로마 시대부터 1138년 아폰수 Afonso Henriques 국왕이 국가를 설립하기까지 이들의 정신적 토대는 방대한 지성에서 출발했음을 보여주는 증거들이다. 유럽문화를 주도한 포르투갈의 넓이와 깊이가 오래된 서점에 신화처럼 새겨져 있다.

언어와 문자는 신이 지상의 인간에게 준 최고의 선물이다. 모든 문명은 이 두 가지 통로를 거쳤다. 디지털로 빠르게 진화해나가는 세상에서 서가에 책이 가득 꽂힌 웅장한 서점들은 우리들의 단순한 노스탤지어가 아니다. 깊이 있는 대안을 만드는 지적 도구들이 숨겨진 보물창고다. 읽고 사색하고 미래를 설계하는 힘은 호모사피엔스의 조건이다. 그 샘물은 서가에서 솟아난다. 맑은 공기와 그림 같은 푸른 하늘 아래 리스본은 여행객들로 만원이었다. 구식 트램전차와 차량들로 뒤섞인 거리는 중세와 첨단문명이 공존하는 드문 풍경이다. 오늘날 현대인들이 분출해내는 문화는 본능적이고 휘발성이 매우 강하다. 그 뒤안길을 베르트랑, 렐루, 레르 데바가르가 지성의 파수꾼처럼 묵묵히 버티고 있었다. "인간은 항상 무엇인가를 하기 위한 무엇이어야 한다"라는 괴테의 명제를 시대 앞에 던져주면서.

바다로 간 엔히크 왕자,
포르투갈 제국을 일구다

포르투갈은 이베리아반도 서쪽 끝의 작은 나라다. 이슬람 세력을 몰아낸 중세의 역사적 사건 레콩키스타 Reconquista 과정에서 어렵게 독립했다. 동양에서 주원장이 명나라를 출범시킬 무렵에 세계사에 등장한 국가다. 주앙 1세가 아비스 왕조를 시작하면서 국가의 틀을 갖췄다. 동쪽은 당시 가장 강력한 카스티야 왕국이었다. 이사벨 여왕이 이베리아반도에서 아랍 통치세력인 무어인들을 축출하고 되찾은 제국이다. 국경의 서쪽은 거친 대서양이었다. 먹고 살길을 찾아야 했던 약소국 포르투갈은 동쪽의 강대국을 상대로 전쟁을 치르고 뻗어나갈 수 없는 형편이었다. 할 수 없이 바다로 눈길을 돌려야 했다. 경제적으로 자립하고 생존하기 위해서는 알 수 없는 미지의 세계로 향하는 방법 외에 선택지가 없었다. 당시 사람들은 바다에 관한 이론이나 연구 자료가 없어 무지했다. 포르투갈만의 일은 아니었다. 큰 배를 만들어야 바다로 나갈 수 있었지만 기술이 부족했다. 연안을 넘어 멀리 대서양은 이들에게 말 그대로 공포와 죽음의 대상이었다. 그렇다고 도전을 멈출 수는 없었다.

　　주앙1세의 셋째 아들 엔히크 왕자는 유럽대륙의 땅끝 사그레스에 항해학교를 세우고 전 유럽과 물러간 이슬람 세력권에서 인재를 끌어모았다. 이론적 깊이는 없었지만 바다 경험이 있는 항해, 천문, 지리, 선박 전문가들을 수소문해 불러들였다. 왕자의 간곡한 설득에 중세 기사들은 말을 버리고 항구로 모였다. 수많은 시간을 들여 노력한 끝에 작은 범선 카라벨 Caravel을 만들었다. 기존의 소형 배들을 기초로 개조한 최초의 큰 배였다. 대양에 대한 인간의 첫 도전장이었던 셈이다. 선박이 마련되자 이들은 모두 배에 올랐다. 리스본은 개척자들을 기억하고 있었다. 항구 바닷가에 우뚝 선 발견기념비는 푸른 바다를 배경으로 위용을 뽐냈다. 엔히크 왕자 서거 500주기를 추모하면서 거대한 현재의 탑이 완성되었다. 카라벨의 갑판을 상징하는 거대한 석조 기념물은 나를 압도했다. 엔히크 왕자와 그를 따른 수많은 장인, 기사들이 용감한 자세로 도열한 조각상은 비장함까지 그대로 간직하고 있었다. 조각상들의 시선은 한결같이 두려움의 바다, 대서양을 향하고 있었다. 조잡한 범선과 낡은 항해술은 이들에게 숱한 시련을 안겼다. 괴혈병으로 선원의 반이 죽어 나가는 고통이 덮쳤다. 끈질긴 도전 끝

리스본 항구의 디스커버리 타워

에 포르투갈인들은 마침내 인도로 가는 항로를 개척했다. 죽
음을 두려워하지 않고 전진한 덕분이었다. 향료와 차, 비단 같
은 사치품과 노예를 획득했다. 부국으로 가는 최고의 상품들
을 손에 넣었다. 리스본 항구 서쪽 끝 벨렝 구역은 세계적으로
유명한 에그타르트를 맛보거나 포르투갈 최대의 제로니무스
수도원을 돌아보기 위해 찾는 곳이다. 그리고 이제는 그들이
세계사의 주인공이었던 시대의 영광을 기억하는 장소가 되었
다. 광활한 해변 광장에는 멋진 나침반 모자이크와 세계지도
가 컬러스톤으로 바닥에 장식되어 있었다. 희망봉을 발견해준

은혜로 공사 경비 전액을 당시 남아공 백인정권이 부담했다고 한다. 현지의 조각가 텔모와 아메이다가 나눠 세운 동쪽 탑과 서쪽 탑에는 33명의 당대 개척자들이 용기있는 표정으로 도열해 있었다.

동탑에는 엔히크 왕자. 그리고 인도항로를 개척하고 무려 세 번이나 그곳을 다녀온 포르투갈의 영웅 바스코 다 가마Vasco da Gama를 비롯해 브라질을 발견한 페드로 카브랄Pedro Cabral, 최초의 세계일주로 유명한 탐험가 마젤란, 희망봉을 처음 발견한 디아스 등 16명의 조각상이 사선으로 줄지어 서 있었다. 서탑에는 당대 최고의 화가 곤잘레스와 베네딕트 정교회 소속의 선교사들, 시인 루이스, 작가 핀투와 지도제작자, 과학자, 그리스 기사단들이 생생한 모습으로 중세 개척시대를 증언하고 있었다. 주인공 엔히크 왕자는 공작이면서 그리스 기사단 단장이었다. 향락과 사치놀음에 빠질 수도 있었지만 왕자는 다른 쪽에 시선을 돌렸다. 높은 지위를 이용해 자금과 사람을 끌어 모았다. 최초의 항해 학교를 열고 수많은 항해사들을 길러냈다. 아라비아와 유대인 수학자들을 리스본으로 초청해 지도를 제작하고 천문, 지리, 의학을 연구했다. 선박 건조에 온 힘을 기울인 주인공이었다. 포르투갈 왕실은 집중된 투자로 무역통로를 개척하고 기독교를 전파하기 위해 동분서주했다. 현재까지 옛 영광이 유지되는 카나리아 제도, 아조레스 제도, 마데이라 군도는 물론 세네갈과 가나 등 중부 아프리카 항로와 무역거점도 이때 만들어낸 수확이었다. 바다는 포르투갈의 운명이고 숙명이었다. 본토 해안선만 1,230킬로미터에 이른다. 아조레스 제도 667킬로미터, 마데이라 군도 250킬로미터까지 합하면 세계적인 해양국이다. 긴 해안선은 역사 이래 대양의 꿈을 키우기에 거부할 수 없는 환경이었다. 하지만 엔히크 왕자 등장 이전까지는 한 번도 시도해보지 못한 불가능의 비전이었다.

1415년 세우타 점령을 시작으로 600여 년 동안 아프리카, 아시아, 남아메리카, 오세아니아를 아우르는 대제국이 탄생 유지되었다. 세계사 최초의 사건이었다. 1821년 브라질 독립, 1974년 기니비사우 독립, 1975년 모잠비크 독립, 앙골라 독립, 1999년에 중국에 반환된 마카오까지 포르투갈 제국의 명맥이 이어졌다. 훗날 대항해 시대의 개척자들로 평가되었지만 시작은 그렇지 않았다. 제국의 영광이나 역사적인 사명감과는 거리가 먼 세속적 동기에서 시작된 투쟁이었다. 경제적 여유를 충족시키기 위해 무조건 바다로 나간 것이 가장 큰 동기였다. 돈을 벌어 풍요를 누리기 위한 욕망이 빚어낸 결과였다. 인도항로 무역은 엔히크 사후에도 이어졌다. 포르투갈의 성공은 유럽 사람들을 자극했다. 대항해 시대의 서막은 이렇게 열렸다. 귀한 물건을 소유하고 남보다 더 많이 돈을 벌어 잘 살고 싶다는 생각은 인간의 기본 욕망이다. 이 단순한 에너지가 척박한 역사를 바꿨다. 숭고한 정치적 이상보다 현실적이고 세속적인 그 시대의 열정이 더 강렬한 국가발전의 시작점이 되었다. 시대의 흐름을 바꾼 처절한 혁신과 도전은 지극히 이기적 동기에서 시작된다. 포르투갈이 증명하고 있다.

유럽 변방의 작은 나라가 인류역사의 장대한 제국반열에 올라선 것은 고단한 현실을 넘어서려는 결단의 힘이었다. 간절함이 담긴 도전은 이 세상에서 늘 유효한 결과로 끝을 맺었다. 현실과 동떨어진 고상한 명분과 이상론은 미래의 대안이 될 수 없다. 정치적 이념의 대결은 세월이 가면 무익하고 허무하다. 실용적 이념에 사활을 걸어야 희망이 있을 것이다.

세상에서 가장 사랑받는
미친 남자, 돈키호테

　　오래전부터 스페인의 라만차를 눈에 담고 싶었다. 사막과 마른 초원이 끝없는 평원의 중심부를 지중해에서 올라온 태양이 지배하고 있었다. 견딜 수 없는 열사의 땅이자 생명이 발붙이기 힘든 쓸쓸한 곳. 이 버려진 땅을 지나간 돈키호테의 모험이 오늘날까지 세상 사람들에게 영감과 사유를 안겨주는 비결이 무엇일까? 400년 동안 인류의 보편적 문학사를 관통하는 장대한 서사의 배경이 궁금했다. 스페인의 가장 넓은 지역을 차지하는 라만차는 이베리아 이베리아반도 중앙의 광활한 땅이다. 이슬람의 마지막 왕조 알함브라 궁전의 그라나다에서 마드리드로 종단하려면 라만차 평원을 지나야 지름길이다. 5시간의 질주에도 지평선은 사방으로 더 멀어지면서 넓어졌다. 황토색 지면에 올리브 숲으로 채색된 녹색을 뺀다면 끝없는 황무지였다.

마드리드가 수도로 정해지면서 카스티요 지방과 레온의 라만차는 오늘날까지 500여 년 동안 스페인의 중심지였다. 물론 바르셀로나를 기반으로 하는 동쪽의 아라곤과 카탈로니아 왕국이 합쳐진 결과이기는 하다. 15세기 말 콜럼버스의 신대륙 발견 당시 이사벨 여왕과 아라곤의 왕자가 결혼해 17개 지역으로 흩어졌던 이베리아 반도에 가장 큰 통일국가가 들어서는 순간이었다. 무어인(북아프리카 이슬람 세력)의 800년 통치를 몰아내고 이뤄낸 성취였다.

세르반테스 Miguei de Cervantes는 이때 라만차를 담은『돈키호테』를 세계문학사에 선물했다. 약간은 모자란 듯하지만 지칠 줄 모르고 전진하는 인간 돈키호테를 통해 속세를 풍자하거나 칭찬하며 잔잔한 삶의 길을 제시했다. 사람이라면 마땅히 알아야 할 인간의 도리를 본편과 속편에 담아내 오랜 세월 빛나는 문학의 보고가 되었다. 세르반테스는 마드리드 근교에서 태어나 어린 시절 수도사의 길을 걷고자 했다. 이런 그의 꿈은 레판토 해전이 벌어지면서 운명이 뒤바뀌었다. 전쟁터에서 돌아오는 길에 지중해 건너 알제리 해적들에게 붙잡혀 포로가 되었고 4년 동안 5번이나 목숨을 건 탈출을 시도했다. 돈키호테는 1605년 출간된 전편『기발한 이달고 돈키호테 데 라만차』와 1615년 출간된 후편『기발한 기사 돈키호테 데 라만차』등 2권으로 세상에 선보였다. 당시 소설 형식으로 2,000페이

라만차 돈키호테 마을의 콘스에그라 풍차

지가 넘는 방대한 작품은 드물다. 필리핀을 식민지로 개척한 펠리페 3세와 에스파냐 국민들이 애독한 책이기도 하다.

1616년 4월 23일, 세르반테스는 영국의 문호 셰익스피어와 같은 날에 죽음을 맞이했다. 두 거장의 정신을 이어받고자 유네스코는 1995년 총회를 통해 매년 4월 23일을 '세계 책의 날'로 선포했다. 펜은 영혼의 '혀'이므로 영혼에서 싹튼 생각이 정결하면 좋은 글이라고 자평한 세르반테스의 고백은 지금도 유효하다.

시골 마을의 평범한 농부 산초는 가난한 귀족 돈키호테

의 제안으로 모험을 떠난다. 자기를 영주로 만들어준다는 제안에 홀딱 넘어갔다. 그런데 돈키호테가 이상하다. 적들을 제압하겠다며 용감하게 풍차에 달려드는가 하면 장례행렬을 보고 억울하게 죽은 자의 시신을 훔쳐가는 도둑들이라며 시체를 내놓으라고 생떼를 쓰기도 한다. 공작부부가 이 모험담에 끌려 섬을 내주고 산초는 정말 영주가 되기도 하지만 두 사람은 일주일 만에 다시 모험을 떠난다. 길에서 만나는 모든 것들이 작가의 상상 속에서 다른 대상으로 변한다. 전편 25장에 나오는 부분이다. "제대로 살피고 일을 하시라고요. 저건 풍차예요. 머릿속에 그런 해괴한 생각을 담고 있지 않다면 누가 그걸 모르겠어요." 산초의 핀잔에도 아랑곳하지 않는 돈키호테는 "자네 눈엔 이발사 대야로 보이는 것이 내 눈에는 맘브리노 투구로 보이는 걸세. 다른 사람에게는 또 다른 것으로 보일 수 있겠지." 이들의 엉뚱함과 유머는 오랜 시간 후세들의 교훈과 사유의 창고가 되었다.

어느 시대에나 인간세계는 고통과 위기의 연속이었다. 돈키호테는 말한다. "세월과 함께 잊히지 않는 기억은 없고 죽음과 함께 끝나지 않는 고통은 없다." 그 무대를 딛고 일어서는 인생의 본질은 갖가지 형태를 취하는 운동이다. 끝없이 흔들리고 움직이는 다양한 사고행위를 통해 얻는 지식이나 이해를 감성에 버무리면 기발한 것이 탄생한다. 만약 막힌다 해도 한쪽 문이 닫히면 다른 쪽 문이 열린다. "아이들은 손으로 가지고 놀고 젊은이들은 읽으며 어른들은 이해하고 노인들은 기린다"라는 산초의 말처럼 인생을 살아보면 이것이 진리임을 알게 된다. 결국 삶은 경험 있는 자아와 끊임없이 싸우며 성장하는 과정임을 반증해주는 명구들이다. 생각과 노동이 죽음인 시대의 나라에서 희망의 서사시를 읊다 떠난 세르반테스. 그가 불멸하는 이유는 지혜를 선물했기 때문이다.

인생에서 정해진 것은 아무것도 없다. 운명이란 주어지는 것이 아니라 창조하는 것이다. 소크라테스의 "내가 알고 있는 것은 내가 아무것도 모른다는 한 가지 사실뿐이다"라는 말을 체화하기까지의 기억들이 아득하다. 사는 동안 내가 이겨낸 고통이 경험이 되고 고통으로 단련된 강인한 정신력이 나의 운명이 되는 것 같다. 그러니 운명을 자기편으로 끌어당기는 사람이 되어야 싹수가 있겠지. 개인만 그럴까. 국가공동체도 마찬가지다. 전편 11장의 돈키호테의 감칠맛 나는 문학적 서사는 이 세상의 질서를 표현하고 있다. "황금시대 행복한 세기에 살았던 사람들은 내 것, 네 것이라는 두 개의 말을 몰랐기 때문이라오. 모든 것이 다 공동소유였소. 맑은 샘과 강물은 맛있고 깨끗한 물을 사람들에게 아낌없이 베풀었소. 모든 것이 화평했고 모두의 의리가 두터웠고 모든 것이 조화로웠소."

오늘날 세상의 모든 갈등을 그 시대에 예견한 세르반테스는 문학의 경계를 넘어 후손들의 경제에도 한몫을 톡톡히 해내고 있었다. 스페인 정부는 몇 년 전부터 '돈키호테 순례길'

을 만들었다. 마드리드에서 옛 수도 톨레도를 거쳐 라만차로 이어지는 장대한 코스다. 길을 잃은 방문자들을 위해 타일에 X 자 문양을 넣고 구운 표지석을 길바닥이나 갈래 길 곳곳에 걸었다. 지금은 피레네산맥을 넘어오는 산티아고 순례길 못지않은 주목을 받고 있다.

스페인 바로크 문학의 거장 칼데론이 돈키호테를 평론하면서 남긴 문장이 있다. "인생이란 무엇인가 하나의 열정이다. 인생이란 무엇인가 하나의 환상이자 그림자이며 허상이다. 모든 인생이 꿈이며 꿈은 단지 꿈일 따름이다." 나는 이 내용을 가끔 애송할 정도로 좋아한다. 이 명제대로 세르반테스가 그려내고 창조한 구성과 언어는 시대를 멀리 내다보는 선지자의 예언이었다. 심각하다가 더해지면 미쳐버리고 싶은 보통 사람들의 심리적 변론이자 피난처다. 돈키호테처럼 꿈에 미쳐보는 것, 그것이 열정이고 그래서 삶이다. 은화한 광인이 세상을 바꾼다. 훌륭한 희망이 보잘것없는 소유보다 나을 수도 있다. 세상에서 가장 아름다운 광인이 들려주는 인생의 경전이다.

그라나다에서 한나절을 종단한 버스는 이베리아 반도의 종착역 마드리드 아토차역 근처에서 나를 버렸다. 솔 광장과 에스파냐 광장을 차례로 거쳐 마드리드 중심가 네거리에 마련된 세르반테스 광장에 들어섰을 때 내 온몸은 땀으로 얼룩져 있었다. 위대한 작가는 거기 거대한 청동상으로 우뚝 서 여정에 지친 나를 내려다보고 있었다.

곡선이 흐르는 집,
훈데르트바서

거실 밖 조그만 정원에 자리한 꽃들이 계절마다 번갈아 고개를 내민다. 소나무, 앵두, 라일락, 장미, 무스카리, 개나리, 연꽃이 잘 어울려 지낸다. 나이가 들면 자연을 찾는다더니 틈날 때마다 물주고 그들을 찬찬히 들여다보는 게 이젠 큰 재미다. 배신하지 않고 땀의 보상을 제대로 주는 식물들. 세상에 지친 몸을 이끌고 야밤에 들어와도 이들의 향기 속으로 잠시 나서면 언제나 오감이 다시 열린다. 삭막한 아파트 옥상에 화초를 가꾸는 아이디어를 낸 건축화가 훈데르트바서Friedensreich Hundertwasser를 알게 되었다. "우리가 사는 곳의 진정한 주인은 자연이고 그들을 주인으로 모시는 예의를 갖추어야 한다"라고 주장해 문명 세계에 큰 파문을 던졌던 괴짜 예술인이다. 직선은 거부하고 곡선을 고집한 그의 작품세계는 오스트리아를 넘어 세계 각지에서 도시에 지친 사람들에게 자연주의와 동심을 자극하고 있다. 기능주의 건축의 위세가 하늘을 찌를 때 그는 모더니티의 본질을 정확히 꿰뚫어봤다. "직선은 무신론적이며 비도덕적이다. 착한 곡선을 회복하지 않으면 인간 문명 세계의 미래는 없다"고 선언했다. 건축가 르 코르뷔지에Le Corbusier로부터 시작된 아파트는 직선의 건축이다. 한국만큼 직선의 문화를 빨리 접목했던 나라도 없다. 뭔가 색다른 근원을 찾아보고 싶어지는 것은 어쩌면 당연한 심리의 변화다. 비엔나로 떠나는 길은 그래서 더욱 기대가 되었다.

공항에서 시내로 들어가는 다뉴브 강변길 초록이 짙었다. 도심지가 보이기 시작하자 알록달록 색칠한 거대한 소각장이 눈에 확 들어왔다. 쓰레기 처리장을 예술 건물로 바꿔놓은 훈데르트바서의 작품이다. 전 세계 환경 관련 공무원들의 순례코스 1번으로 잘 알려진 곳이다. 역사도 팔고 현대 건축으로도 시선을 모으는 이 나라가 부러웠다. 호텔에 여장을 풀고 곧바로 비엔나 도심을 향했다. 트램과 지하철을 바꿔 타고 부지런히 걸어 라데츠키 플라츠의 훈데르트바서 하우스를 찾았다. 벽면이 물결처럼 휘어지고 흘러내리는 듯한 디자인이 독특했다. 공간이 확보된 기둥은 파스텔 톤의 원형공이 중간중간 박혀있다. 창문 모양은 제각각이다. 아파트라기보다 동화 나라 판타지 랜드 같았다. 네모 건축에 질린 서울을 떠나 비엔나에서 만난 곡선 예술은 신선한 충격이다. 맞은편 칼케 빌리지에 들러 그가 남긴 흥미로운 건축 디자인과 그림들을 두 눈에 실컷 채워넣었다.

프리덴 슈리이히 훈데르트바서는 2차 대전 때 외가 친척 69명을 잃었다. 어린 시절 전쟁으로 파괴된 건물 폐허 속에서 피어나는 새싹을 보고 자연정신주의Natural Spirit를 떠올렸다. 이를 테마로 평생 '건축치료의 길'을 고집했다. 집은 단순한 주거공간이 아니라 인간이 숨을 쉬고 살아야 하는 제3의 피부로 봐야 한다는 것이다. 곡선으로 현대문명에 맞서려 했던 그의 생각을 이해할 수 있었다. 구스타프 클림트나 에곤 실레와 함께 오스트리아를 세계에 알린 대표적인 화가지만 훈데르트바서는 유럽에 머물지 않고 일본과 뉴질랜드 미국 등 글로벌 무대를 지향했다. 일본문화에 심취해 나고야에서 판화작업에 직접 참여하기도 하고 일본인 부인과 살았다. 그래서인지 일본에 그의 많은 작품이 남겨져 있다. 노년에는 오스트리아 국적을 버리고 뉴질랜드 사람이 되어 그곳에서 생을 마감했다. 환경운동가, 건축가, 화가, 평화주의자로 행동하는 예술가의 삶을 살았다. 본인이 직접 지은 이름 훈데르트바서는 백 개의 물줄기를 뜻한다. 이름부터 자연주의 냄새가 물씬 풍긴다.

"신은 서두르지 않았다"라는 말로 80년째 시공 중인 바르셀로나 대성당의 건축디자이너 가우디. "신은 직선을 만들지 않았다"라는 훈데르트바서의 자연주의 건축. 이러한 느림과 곡선의 미학이 21세기 건축역사를 주도하고 있다. 반지의 제왕 호빗족 마을의 모태 블루마우 온천이 그의 대표작이다. "우리가 사는 곳은 자연이 진정한 주인이다. 인간은 그저 잠깐 들러 빌려 쓰는 것인데 우리는 그들의 터전을 뺏으려 한다"라는 그의 주장은 원시적이면서 신선하다. 창문에 대한 당신의 권리만큼 나무에 대한 당신의 의무를 지켜야 한다고 강조했던 정신세계가 호기심을 불러일으켰다. 훈데르트바서가 세상을 떠난 뒤 서울에서 두어 번 전시회가 있었다. 미래에 영향을 미칠 예술가 서열 1위에 꼽히는 그의 이야기가 우리나라 초등학교 교과서에도 실렸다. 그가 남긴 작품세계의 진정한 정신은 무엇인가. 그것은 지식기반사회에서 요구되는 창의력을 자연주의에 입혀서 잘 익혀낸 것이 아닐까.

창조적 인간을 뜻하는 '호모 크리에이티브'는 시대의 아이콘이다. 훈데르트바서를 본 우리 어린이들 가운데 예술사를 새로 써내는 혁신적 아이디어가 나오기를 기대해본다. 훈데르트바서는 루소를 좋아했다. 고상한 야만인 또는 순진무구한 철학자로 오늘날까지 지대한 영향력을 미치고 있는 장 자크 루소. 그가 태어난 지 300년이 되는 날. 나는 공교롭게도 비엔나에서 바서를 만났다. 유럽의 문명사를 장식한 거장들은 귀국하면 다시 아파트로 돌아가야 하는 나에게 고백한다. "그 모든 것의 시작과 끝인 자연으로 돌아가라." 이것만이 인간의 위대한 깨달음이 될 것이다.

대지의 노래,
구스타프 말러

가을이 깊어가고 있다. 무성했던 잎들은 가을바람과 함께 떨어져 흩날리고 낙엽과 고독이 남아 길어지는 가을밤을 적신다. 햇빛이 엷어지고 조락의 계절이 찾아오면 누구나 자연이든 인생이든 이별이라는 주제 앞에 선다. "홀로 달빛 아래 나와 그대에게 잔을 권하노니, 불러도 대답 없이 이승에 나 홀로 남았구나"라고 가을밤의 아픈 가슴을 노래했던 이태백은 서기 700년대 당나라 시대를 살다간 동양의 시성詩聖이다. 이태백의 주옥같은 시들은 1908년 오스트리아의 작곡가 구스타프 말러 Gustav Mahler를 만나 〈대지의 노래〉로 부활한다. 10개의 교향곡은 독보적이다. 이 가운데 9번 교향곡이 리바이와 첸치, 멍하오란, 왕웨이 등 당시 거장들의 서정시가 배경이다.

〈대지의 노래〉를 작곡할 무렵 말러는 죽음에 대한 고민에 빠져있었다. 어린 딸의 갑작스러운 사망에 이어 자신도 불치의 심장병에 걸린 사실을 알게 되었기 때문이다. 그래도 말러는 "교향곡을 쓰는 것이 세상을 건설하는 것이나 마찬가지다"라며 개인적 인생의 회한을 녹여 담금질한 불멸의 명작 〈대지의 노래〉를 완성한다. 인생이 그다지 행복하지 못했던 말러였지만 독일 라히프치히에서 지휘자로 있을 때만큼은 달랐다. 그의 음악세계에 큰 영향을 미쳤던 베버를 만났고 바그너의 오페라 〈니벨룽겐의 반지〉 연작을 무대에 처음 올렸다. 일생에서 가장 평온한 시절이었다. 비엔나를 돌아다니던 마지막 날에 나는 말러의 묘지를 찾아 나섰다. 그린칭 마을 주소를 가지고 공동묘지 앞에 도착해 정문부터 걸었다. 무덤도 예술적 정감이 넘치는 화강암 조각들이 인상적인 풍경이다. 6번 구역 세 번째 열에서 아담한 시계탑 모양으로 만들어진 말러의 흔적을 찾았다. 묘지에는 그의 6번 교향곡 아다지오가 울려 퍼지고 있었다. 세상이 존경하는 대 음악가의 한 평 남짓한 유택 앞에 고개를 숙였다. 당시 말러를 사로잡은 것은 무위자연이나 인간 내면의 치열한 감정을 서정적으로 묘사한 당나라의 아름다운 시였다. 이제까지 독일과 오스트리아 문학에서 접할 수 없었던 감동이 밀려왔다고 고백하고 있다.

동양을 향한 말러의 동경과 놀라움은 생의 마지막으로 접어들수록 대단했으리라고 짐작된다. 한스 베트게의 번역 시집 『중국의 피리』에서 영감을 얻어 만든 이 곡은 10개의 교향곡 가운데 가장 완성도가 뛰어난 작품으로 평가받고 있다. 눈을 감고 한 줄기 빛처럼 흐르는 이 곡을 듣고 있으면 이태백의 주옥같은 서정시들이 가슴을 후비듯 처연한 아픔으로 소생해 온다. 아름다운 동양의 향수와 서양의 감수성이 빚어내는 음표들은 듣는 이들을 어느덧 깊은 사색과 고독의 세계로 초대한다.

〈대지의 노래〉는 이탈리아 출신의 세계적 지휘자 클라우디오 아바도의 노력으로 말러 서거 100주년 기념 음악회에서 재탄생되었다. 음악 애호가들은 전성기 베를린필하모니를 이끈 아바도의 공연에서 〈대지의 노래〉와 말러의 미완성 교향곡 10번 아다지오를 들으며 위대한 작곡가를 추모했다. 정작 말러는 노래를 쓴 뒤 연주를 듣지 못하고 세상을 떠났었다. 이승에서 보낸 마지막 인사였던 것이다. 베토벤과 슈베르트, 브루크너처럼 그 역시 교향곡 9번을 쓴 뒤 죽음의 벽을 넘지 못했다. 말러는 임종에 직면해있던 지휘자 브루노 발터에게 이곡의 초연을 부탁했다. 발터는 빈 필하모닉 오케스트라와 함께 〈대지의 노래〉를 불러줄 가수를 찾아 영국까지 찾아 헤맨 끝에 캐슬린 페리어 Kathleen Ferrier라는 여가수를 만나게 된다. 그녀가 부른 대지의 노래를 듣고 당시 청중들이 모두 눈물을 흘렸다. 두드러진 대조, 갑작스러운 기분 변화, 격렬한 색채감, 거칠고 도발적인 장단, 숭고함과 저속함, 환상과 낭만, 신비주의가 혼합된 말러의 작품세계를 극적으로 승화시키고 있다. 이

곡을 듣고 있노라면 인생의 무상함과 허무함이 가슴을 절절히 적신다. 며칠 동안 당나라 한시집을 꺼내 말러의 심금을 울렸던 이태백의 시어들을 음미했다.

말러는 대지의 노래를 통해 삶과 죽음, 기쁨과 슬픔, 디오니소스와 아폴로의 대립적 세계관을 자신만의 독특한 방식으로 풀어냈다. 교향곡은 항상 인생을 품어야 한다고 말해왔던 만큼 실제로 그렇게 작곡한 것이다. 전체 6악장으로 된 〈대지의 노래〉 가운데 제1악장은 대지의 슬픔을 그린 이태백의 시가 배경이다. 2악장은 가을의 쓸쓸한 나그네 인생에 대한 전기(첸치)의 시를, 3악장 청춘과 4악장 아름다움, 5악장 봄에 취한 자들에 대한 이태백의 시에 이어 6악장은 고별에 대한 맹호연(멍하오란)과 왕유(왕웨이)의 한시들이 소리로 만들어졌다. 한잔의 술과 가슴을 다독여주는 음악, 애잔한 친구, 별빛 같은 시, 잊을 수 없는 이별 등이 연상되는 상념들이다. 말러 이외에도 당시 유럽에서는 이국적이고 신비로운 동양문화에 대한 관심이 높았다. 푸치니가 일본이 배경인 오페라 〈나비부인〉과 중국 배경인 〈투란도트〉를 작곡해 무대에 올렸다. 당나라가 멸망하고 서기 800년부터 1900년대에 이르기까지 서양역사에 가려져 있던 동양 문화가 재평가받고 있다. 그때 노벨문학상이 있었다면 아마 이태백을 비롯한 두보와 소동파 등 당송의 대가들이 휩쓸었을 것이다. 안드레 군더 프랑크 Andre Gunder Frank 같은 학자는 『리오리엔트』를 통해 세계사의 중심이 이제 다시 아시아로 향하고 있다고 역설했다. 실제로 글로벌 경제의 중심이 동북아시아로 향하고 있음은 주지의 사실이다. 서양인들의 관심이 모아지는 서원문誓願文에는 물질의 욕망을 넘어서는 아시아적 가치의 진수가 담겨있다.

> "사물을 깊이 있게 관찰하면서 마음 모아 숨 쉬고 미소 짓기를 서원합니다. 자비와 연민을 기르고 기쁨과 평정의 수행을 하고 중생들의 고통을 이해하기를 서원합니다. 단순하고 맑은 정신으로 살면서 적은 소유로 만족하고 몸과 마음의 건강을 지키기를 서원합니다. 가볍고 자유롭기 위하여 근심과 걱정을 놓아버리기를 서원합니다."

물질과 경제 발전뿐만 아니라 불교의 선禪을 연구하는 서양의 젊은이들도 계속 늘고 있다. 중국의 경극과 일본의 가부키, 우리의 구성진 남도창을 문화인류학 측면에서 공부하는 외국인들도 많다. 아시아적 가치, 동양의 아름다운 정신문화는 확실히 세계인들의 주목을 받을만한 이유가 있다.

장미의 이름,
멜크 수도원 가는 길

영화 〈수도원 살인사건〉은 많은 이에게 충격으로 다가 왔다. 성서의 예언대로 사제가 죽어 나가니 세상의 종말이 왔 다는 공포에 중세유럽이 침묵했다는 사실. 그리고 이 사건으 로 그 시대를 관통하던 신권神權이 무너지는 계기가 되었다는 역사성 때문이었을 것이다. 주인공 숀 코네리의 명연기는 백 미였다. 수도원의 미스터리를 풀기 위해 스코틀랜드식 망토를 뒤집어쓰고 주로 야밤과 새벽에 동분서주하는 사제의 모습이 강한 인상으로 남는 수작이었다. 무대가 된 이탈리아 토리노 의 생 미셸 성당 모습은 화면의 무게감을 더해줬다. 비밀로 묻 힐 뻔했던 사건이 멜크 수도원의 사제 아드소의 기록으로 남 아 유럽을 변화의 소용돌이로 몰아넣었다.

그로부터 줄곧 멜크 수도원은 궁금증의 대상이었다. 이

탈리아의 천재작가 움베르토 에코의 『장미의 이름』은 내 호기심에 더욱 불을 붙였다. 900쪽이 넘는 방대한 저작은 소설이라기보다 다큐멘터리 종교기록으로 이해되었다. 에코 역시 사건이 일어난 이탈리아 피에몬테 산중(피사에서 산티아고에 이르는 순례자들의 길)에 있었다는 수도원과 멜크를 수없이 오가며 장서를 뒤지고 옛 흔적을 발견하려 땀을 흘렸다. 영화로, 소설로, 사람들의 구전으로 알려진 멜크는 한해 300만 명이 찾는 오스트리아의 관광명소가 되었다.

비엔나에서 하루를 묵고 여장을 챙겼다. 알프스의 아름다운 호반 할슈타트에서 이틀을 더 보내고 심신을 가다듬은 뒤 멜크로 향했다. 자동차로 한 시간 만에 비옥한 토지의 중심지 바카우에 도착했다. 합스부르크 이전 왕가였던 바벤베르그 왕조의 수도였던 소도시. 그곳을 지켜온 수도원은 유네스코 세계유산이다. 다뉴브강변의 낮은 언덕에 자리하고 있는 황금빛 벽체와 견고한 첨탑. 중세의 암울했던 수도원 이미지는 찾아보기 어려웠다. 유럽 최대의 바로크 양식 수도원답게 입구부터 웅장함과 섬세함이 보는 이를 사로잡는다. 발코니에 서서 푸른 벌판과 유유히 흐르는 다뉴브강을 내려다보았다. 평온한 시골이다. 낮은 산들과 기름진 평야는 천 년 이상 이곳 귀족사회의 젖줄이었다. 더불어 수도사들의 안식처였다. 지금은 오스트리아 최대의 와인 산지다. 끝없는 포도원은 지평선을 두 개로 가르고 있었다.

멜크 수도원은 1089년 최초로 베네딕트 수도회의 수도원으로 건축되어 1297년 대화재로 완전히 불타버렸다. 14세기 들어 복원이 이뤄졌고 1683년에 다시 파괴되었다. 재차 1736년 지금의 모습으로 돌아왔다. 『장미의 이름』은 살인이 이어지는 7일 동안의 기록이다. 첫 번째 시체는 항아리에 거꾸로 박힌 채 발견된다. 두 번째는 낡은 욕조에 퉁퉁 불어 떠올랐다. 장서에 관심을 가진 젊은 사제들의 희생이었다. 아델모, 베난티오, 베렝가리오, 세베리노. 죽음은 요한묵시록(신이 죄로 가득 찬 세계를 파괴하고 신심이 깊은 자들을 구원하며 새로운 하늘과 땅이 열리는 우주적 역사적 비전을 서술한 성경)의 예언대로다. 수도원은 종말이 오고 있다며 공포에 휩싸이고 결국 교계 전체가 나서 수사가 이뤄진다.

1327년 영국의 수도사 윌리엄은 그를 수행하는 아드소와 함께 조사의 임무를 띠고 문제의 수도원에 도착했다. 살인은 묵시록대로 벌어지고 사건의 열쇠를 쥔 책은 눈앞에서 연기처럼 사라진다. 마침내 미궁을 헤치고 거대한 암호를 풀어낸 윌리엄은 어둠 속에서 수도원을 지배하는 광신의 정체를 만난다. 의문의 지하 서고를 예의주시한 것이다. 마지막 문을 열고 들어서는 순간 늙은 사제 호르헤는 바짝 마른 양피지 서책에 불을 붙이고 그 자신도 수도원 건물과 함께 불타버린다. 기독교 세계에서 가장 훌륭한 장서관이 잿더미가 되는 순간이었다. 비밀 서책은 다름 아닌 아리스토텔레스의 『시학』. 이 책을 보고 첫 장을 넘기는 순간 거기에 뿌려진 독이 침을 묻히는 손가락으로 죽음을 불렀던 것이다.

사제 아드소의 기록은 우리와 너무 동떨어져 있다. 신권이 지배하던 시대의 유물처럼 취급되었던 사실이 이성이 회복된 지금 새로운 판단을 요구하며 다가온다. 우리 시대와 아무런 관련이 없는 것일 수도 있고 우리의 희망이나 기대로부터 먼 이야기일 수 있다. 이단과 필사, 갈등과 심판이 반복되는 스토리다. 살인사건에 관해서는 신앙의 어떤 방해도 용납하지 않겠다는 교회의 오만이 묻어있다. 모순과 기호의 관계를 풀기 위해 어디론가 사라지는 지혜의 강을 찾기 위해 헤매지만 우주의 질서가 없음을 깨닫지 못한 인간의 비극만이 남았을 뿐이다. 아드소의 기록 원본은 볼 수가 없었다. 서고로 내려가는 지하 2층 길은 막혀있었다. 10만 권의 장서와 2,000종의 필사본은 14세기 이후 이 수도원의 자랑거리다. 하지만 그저 듣는 것으로 만족해야 했다. "책이 없는 수도원은 재산이 없는 도시, 군대 없는 성채, 그릇 없는 부엌, 먹을 것 없는 밥상, 풀 없는 뜰, 꽃 없는 목장, 잎 없는 나무 같은 것이다. 공부하고 기도하라." 그 시대 수도원이 지혜의 보고인 이유를 알려주는 수사이다. 육중한 대리석 기둥을 지나 긴 회랑들을 살펴보았다.

애초부터 사건은 없었다. 아집에 갇힌 늙은 수도사가 가짜 그리스도 역할을 하면서 패러독스를 극복하지 못한 것이다. 허위와 복종을 강요하는 비밀주의 중세교회의 그림자

멜크 수도원 전경

를 고발하고자 하는 의도가 엿보인다. 고기를 잡으면 그물을
버리고 높은데 이르면 사다리를 버려야 한다고 했는데 쓸모
는 있었지만 그 자체로는 아무 의미가 없는 도그마가 중세교회
를 망가지게 했다는 추론이 가능할 뿐이다. 에코는 어떤 결론
도 주지 않고 탄식했다. "나는 누구를 위해 무엇을 쓰고자 했
는지도 모르겠다. 지난날의 장미는 이제 그 이름뿐. 우리에게
남은 것은 그 덧없는 이름뿐. 장미는 실은 우리의 모습이다. 아
침이 되어 만개했다가 이윽고 시들어버리는 허무를 보라." 이
러한 『장미의 이름』은 전 세계 60개국에서 3,000만 부 이상 팔

려나갔다. 영적 희열과 종교적 광기는 종이 한 장 차이다. 장미는 어린양의 순결한 피를 상징한다. 욕망으로 덮인 탐욕과 권력 다툼, 부패가 바로 그 벌레 먹은 장미를 은유한다. 입으로는 청빈과 성스러움을 주장하면서 안으로는 금으로 치장하고 민초들의 피와 땀을 주님과 장미의 이름으로 갈취하며 죽지 않을 만큼만 허기를 때우며 살아가라고 한다. 그들의 권위를 지키기 위한 마녀사냥은 공포와 복종을 강요한다. 수도사 아드소는 모순을 밝히고자 했던 윌리엄의 불씨를 이어받아 참회에 나서고 이는 결국 종교개혁으로 연결되었다.

사람들은 저마다 가치관, 신념을 갖고 살아간다. 그러한 가치관이나 신념들이 모여 사회가 만들어지고 인간은 완성되어 간다. 그러나 그 신념들이 모두 나에게로만 향하게 한다면 그것은 오만과 독선이다. 중세 프란체스코 수도회를 궁지로 몰아넣으려는 세력들은 자신들의 탐욕을 채우려 왜곡된 신념을 강요했다. 그 결과 다툼과 분열 끝에 모든 게 소멸했다. 지금은 어떤가. 중세의 이야기는 아직도 진행 중이다. 우리는 모두 광막한 사막으로 들어간다. 오래지 않아 동등과 부등이 존재하지 않는 적막과 화합과 절멸의 나라, 하늘의 어둠에 든다. 이 심연에서는 인간의 영혼 역시 무화無化하며 동등함과 부등함을 알지 못할 것이다. 모든 차이가 잊히고 같음과 다름에 대한 분별이 없고 깊고 깊은 바닥에 내려앉는다. 수고도 없고 형상도 없는 무인지경의 적막한 신성神性에 든다. 죽음이다.

그 끝을 아는지 모르는지 밀려드는 관광객들은 수없이 카메라 셔터를 누르고 무리 지어 이동하며 알 수 없는 언어들로 수도원을 가득 채웠다. 여름으로 가는 태양이 강렬하게 마당으로 쏟아져 내렸다. 나는 천주교인이 아니다. 그러나 인류 보편의 진리와 불멸의 성사聖事를 찬미한다.

당신은
'조르바'인가 '나'인가

　　소리도 자국도 남기지 않고 내리는 봄비는 새벽을 재촉했다. 드디어 마지막 책장을 덮고 하염없이 눈물을 흘렸다. 소설 따위를 읽고 눈물을 보인다는 건 내게 있을 수 없는 일이었지만, 적어도 조르바의 죽음을 편지로 접하는 대목에서는 그랬다. 이 세상을 모두 나눈 두 남자의 언어와 영혼이 포개져 토해내는 우정, 그리고 인생이란 어차피 이렇게 두 개의 평행선을 달리다가 마지막에는 모두 기약 없이 헤어지고 만다는 것임을 알았을 때 흘리는 눈물이었을 거다. 『그리스인 조르바』를 남긴 니코스 카잔차키스는 아무리 생각해도 신의 필체를 가진 것 같다. 아니면 신을 닮고 싶었던 인간이었거나. 저 알 수 없는 우주와 자연에 나를 맡기고 영원한 자유를 꿈꾸며 남은 생을 방랑해보고 싶은 회한은 중년의 간이역을 지나가는 사람들의 공통된 허무다. 육체와 정신으로 분리된 인간의 실체가 결국 방법만 다를 뿐, 가보지 못한 자유를 그리워하기 때문이다. 석양이 지는 그리스 펠로폰네소스 반도에서 한동안 머물며 21세기 위대한 여정 속의 그를 만나고 싶었다. 아테네에서 크레타섬으로 가는 여정은 지중해 사람들의 삶이었다. 평범한 사람들에게 평범하지 않은 주인공을 설정해 20세기 초반의 분위기를 매우 사실적으로 묘사했다. 스파르타의 함성도 아테네의 지혜도 모두 밤바다에 잠겨버린 시간. 이렇게 만물은 다시 고요 속으로 침잠해간다. 에게해 남쪽 어딘가에 길게 누워 있을 크레타섬을 그리려니 갑자기 영혼의 허기가 밀려온다. 달콤한 포도주와 한 조각 빵으로 지친 육신을 달래는 관습적 행위를 접고 좀 더 높은 곳으로 날아오르는 구름이 되어야 했었던가. 솔로몬 왕의 탄식처럼 모든 것이 헛되고 헛되며, 또 헛된 것을.

소설 속 '조르바'는 평범한 삶을 뛰어넘는 크레타 자유인의 상징이다. 그리고 '나'라는 인물은 기존의 틀을 버리지 못하고 고민하는 새장 속의 새. 말하자면 일상의 굴레에서 쳇바퀴 도는 우리 모두다. 서로에게는 상대가 늘 피난처다. 둘 사이 본능과 이성의 경계선에서 색칠되는 인간애가 가슴에 고동친다. 노동하고, 마시고, 먹고, 즐기고, 잠자는 조르바는 본능에 충실하다. 자유인이기 때문이다. 하지만 글을 쓰고, 사색하고,

고민하고 구도자를 찾아 잠 못 이루는 '나'는 늘 불안하고 정처가 없다. 이야기는 1인칭 관찰자 시점으로 전개된다. 친절한 소제목이나 설명도 없다. 26번까지 매겨진 단락이 전부다. 서술자인 '나'와 '조르바', 조르바의 여자 친구인 늙은 과부 '오르탕스', 미친 수도사 '자하리아' 정도가 등장인물의 전부다. '나'는 그리스의 한 항구도시 선착장 카페에서 조르바를 처음 만난다. 한눈에 보기에도 자유롭고 우악스럽고 거친 조르바와 이야기를 나눴을 때 '나'는 알 수 없는 그의 매력에 끌려 함께 크레타로 떠나자고 제안한다. '나'는 지금까지 학문이나 사상, 책 속의 공상에서 벗어나 실존을 꿈꾸며 느끼기 위해 크레타에 가려 했다. 그때 마침 완벽한 동행 조르바를 만난 것이다. 둘은

그리스 크레타섬에 있는 카잔차키스 묘지

의기투합해 배에 오르고 크레타에서 숱한 일들을 겪은 뒤 다시 그곳에서 헤어진다. 그리고 '나'는 조르바의 죽음을 전보로 접한다.

카잔차키스는 행동주의자를 꿈꾸는 사상가였다. 본능에 충실해 가장 야만스럽게 살아가는 사람들이, 문명과 권위와 신의 이름으로 악행을 자행하는 이들보다 훨씬 더 인간적이라고 생각했다. 인간으로서 인간을 섬기고 순수함으로 인간을 대하는 인간 조르바를 이상형으로 설정해 자신이 가지 못한 길을 세상 사람들에게 안내해주고자 했다. 카잔차키스에게 크레타는 한 번 부르면 가슴이 뛰고 두 번 부르면 코끝이 뜨거워지는 이름이었다. 살아있는 동안 자신이 크레타 사람이었다는 사실을 기적으로 여겼다. 터키의 압제에 맞서 죽음으로 생을 마감한 아버지 미할리스 대장(그가 쓴 소설의 제목이기도 하다)과 함께 어린 시절을 보냈던 곳이다. 방랑과 여행은 사색의 샘이자 사고의 실천이었다. 그리스 본토 순례를 마치고 마케도니아와 이웃 알바니아, 터키, 지중해 남쪽 아프리카 모로코, 리비아, 아시아의 인도, 중국까지 영혼의 샘물을 길어 올리려는 여정에서 인생 후반부를 서성거렸다. 정신을 구축하고 있는 피라미드의 밑바닥에는 유년의 크레타가 자리하고 있다고 그는 늘 고백했다.

새벽 정원은 씨앗이 불어 터지는 소리며 꽃봉오리가 팽팽해지는 기적들이 가득했다. 에게해 바닷가에서 잠이 깨 울던 그 봄밤이 떠올랐다. 시공을 넘어 피안이라는 세계를 향하는 범선에는 '조르바'도 타고 '나'도 타고 우리 모두가 타야 하는 운명임을 안다. 이 세상에는 '조르바'와 '나' 같은 두 가지 유형의 인간이 있다. 세속인과 자유인. 아프리카의 뱀처럼 온몸을 대지에 바짝 붙여야 제대로 흙을 느낄 수 있는데 인간은 항상 직립하는 세속인이어서 땅의 기운을 알기가 매우 어렵다.

1919년 베니젤로스 총리를 도와 공공복지부 장관을 하기도 했던 카잔차키스는 조국 그리스가 터키와의 전쟁에서 패배했다는 소식을 듣고 민족주의 대신 불교적인 사상에 빠졌다. 생의 마지막까지 석가의 해탈을 알고 싶어 했다. 두 차례나 노벨문학상 후보에 오르면서 도스토옙스키에 견줄만한 대문호로 대접받았지만 그 또한 죽음을 비껴가진 못했다.

다시 봄이다. 마른가지에 물이 오르고 꽃이 피는 끊임없는 윤회의 기적은 아무리 보아도 싫증이 나지 않는다. 아프리카의 노토스(마그레브에서 지중해를 건너 불어오는 봄바람)는 천지의 생명을 일깨운다. 이 책을 봄에 또 읽은 게 잘못이었다. 조르바가 내 방랑 기질에 기름을 부었고 그리스 한 지식인의 머릿속에서 그려진 인간의 본질을 좀 더 깊게 알아보고 싶었다. 붓다와 목자의 대화는 죽기 전 몇 년 동안 작가의 가슴을 데워준 평화의 주문이었다.

에게해 바닷가를 떠날 때까지 두 개의 목소리가 내 귀

를 울렸다. 그리스 반도의 수많은 섬들 사이에서 만들어진 신화처럼 아득하게 말을 걸어온다. 경제가 파탄 난 지금의 그리스는 고단하지만 고대부터 인류문명의 지평선을 관통해온 두께는 범접할 수 없다. 주머니에 넣어온 그리스 소주, 오주 한 모금을 마셨다. 바다는 잠잠했으며 모든 움직임이 정지된 상태였다. 다만 알 수 없는 의식만이 삶에 지친 나를 다른 세상으로 데려가고 있는 느낌이다. 그리스 전통악기 산투르Santoor를 뜯으며 미친 듯이 막춤을 추던 안소니 퀸의 연기가 뛰어났던 탓일까. 조르바를 생각하면 퀸이 오버랩되어 영화와 소설의 경계가 무너지곤 한다.

　　나는 고백한다. 20대에는 조르바를 눈으로만 읽었다. 40대에는 조르바를 닮고 싶어서 읽었다. 50대에는 조르바를 영혼으로 읽었다. 시골에서 성장한 이라면 나처럼 번데기에 대한 기억이 있을 것이다. 어느 날 아침 나뭇등걸에 붙어있는 나비 번데기를 발견했었다. 나비는 빠져나오려고 번데기에 구멍을 내고 있었다. 나는 한참을 기다렸다. 그 과정이 너무 더뎌서 참기 힘들어 나는 나비 번데기를 입김으로 덥히기 시작했다. 나비 집을 따뜻하게 만들어주었더니 바로 눈앞에서 생명의 속도보다 빠른 기적이 일어나기 시작했다. 구멍이 열리고 나비가 엉금엉금 기어 나왔다. 나는 그때 뒤로 붙은 채 구겨진 그의 날개를 보고 느낀 공포를 잊을 수 없다. 불쌍한 나비는 온몸을 부르르 떨면서 날개를 펴려고 기를 썼다. 나는 입김으로 날개

펴는 것을 도와주려 했다. 그러나 부질없는 짓이었다. 나비가 부화되기를 기다렸어야 했다. 그리고 날개를 펴는 일은 태양 아래서 천천히 진행되는 작업이어야 했다. 나비는 필사적으로 버둥거렸지만 몇 초 만에 내 손바닥에서 죽고 말았다. 그때 나는 자연의 법칙을 어긴다는 것이 얼마나 큰 죄악인지 알았다. 조르바 역시 같은 생각을 그의 소설 속에 묘사했다. 놀랍고 신기한 일이다. 인간의 길과 자연의 길을 먼저 깨달은 것이었다. 시대는 달라도 사유는 공통의 테마임이 틀림없다.

고향 크레타에 남겨진 돌무덤은 오늘날 세계 지성인들의 순례코스다. 카잔차키스의 짧은 묘비명을 보기 위해서다. 붓다를 따라나선 운명의 터널이 보인다. 평생 실천하지 못했던 자신의 길을 대리인 '조르바'에게 남기고 그는 지하에서 미소 짓고 있을 것이다. 묘비명에 새겨진 그의 유언은 살아있는 모든 이들의 가슴을 때린다.

"나는 아무것도 바라지 않는다.
나는 아무것도 두렵지 않다.
나는 완전한 자유다"

세상살이에 지친 당신의 영혼이 자유를 원할 때, 그런데도 이놈의 현실 때문에 아무 곳으로도 떠나지 못할 때 당신에

게 드릴 수 있는 나의 처방은 '조르바'를 다시 한번 꺼내 읽어
보라는 것이다.

보헤미아의
하늘

누구일까. 거장들이 떠난 그 하늘을 지키는 사람이. 운명적으로 태어나 음악을 사랑하고, 이름을 남긴 사람들의 빈자리를 채우며 도시에 윤기를 흐르게 하는 그는 놀랍게도 83세의 노익장 이반 모라베츠Ivan Moravec였다. 피아노 난간을 잡고 일어서서 인사를 해야 할 정도로 육체는 쇠잔해졌지만 건반을 두드리는 손가락은 민첩했다. 미소를 보내는 얼굴에는 아직도 발그레한 소년의 뺨이 남아있다. 현존하는 최고의 피아니스트. 체코의 자존심을 프라하의 드보르작 홀에서 만났다. 쇼팽의 녹턴을 두드리는 그의 모습은 보헤미아를 밝히는 등대 같았다. 야나체크, 스메타나, 드보르작이 떠나버린 지금 체코 국민음악 계보를 이어가는 모라베츠의 모습은 강렬했다. 3번이나 반복된 커튼콜과 관객들의 존경 어린 시선이 감동을 더 해준다. 콘서트의 흥분을 식히면서 홀을 나서니 바로 몰다우강 강변이었다.

　　신성로마제국의 위세가 하늘에 닿았던 시절에 만들어진 카를교의 위용이 주변을 압도했다. 600년 된 거대한 다리는 전 세계의 관광객들로 분주했고 모두가 밤을 잊은 표정들이었다. 야경을 보고 터져나온 탄성들이 불빛 속 강물에 실려갔다. 내 청년기의 방황이 끝날 무렵 이 도시와 아무 연관도 없는 록 밴드 퀸의 〈보헤미안 랩소디〉에 마취된 시간이 있었다. 터질 듯한 허스키 창법에 취해 심하게 가보고 싶었던 곳. 이 저녁 드디어 보헤미아의 하늘을 안았으니 두 팔을 벌리고 나를 송두리째 프라하의 정취 속에 실컷 버무리고 싶었다. 스메타나는 보헤미안들의 삶과 죽음을 〈나의 조국〉 6악장에 담아 프라하시에 헌정했다. 강을 끼고 살아온 이들의 인생을 잘 그려낸 3악장 〈몰다우〉가 백미다. 억눌린 체코 사람들에게 꿈을 주고 싶었으리라. 그래서 이들은 스메타나를 가슴에 묻고 산다.

　　집시 문화를 탄생시킨 보헤미안의 상징은 체스키 크룸로프에 고스란히 담겨 있다. 지구상에서 가장 아름다운 중세 마을. 유네스코 문화유산에 등재된 체스키 땅을 밟아보는 것 자체가 설렘이다. 15세기 수도원 건물이었던 로제호텔의 음산한 무게를 느끼며 문을 나서면 바로 보이는 체스키 고성. 약속이나 한 듯이 한결같은 주황색 지붕들 사이로 고딕, 바로크, 르네상스 건물들이 혼재해 있다. 시간의 감옥을 탈출해 꿈꾸

세계문화유산으로 지정된 체스키 크룸로프

듯 비상해온 성문에 들어서자 때마침 여름비가 뿌려진다. 세월
을 거스르며 고독한 전설로 남은 체스키 성의 그림자가 짙다.
이 마을을 말발굽 모양으로 휘감고 나와 프라하까지 이어지는
몰다우강 강변에서 민초들은 역사를 만들어 왔다. 성에서 바
라본 사방은 동유럽의 끝없는 지평선이다.

　　보헤미아는 체코의 라틴어다. 보헤미안들은 기원전부
터 엘베강과 블타바(몰다우)강을 젖줄로 살아온 민족이다. 근
대 들어 300년 동안 합스부르크의 지배로 고통을 겪었다. 이
때 많은 사람이 주변 국가로 유랑 길에 올랐다. 그들의 슬픈

역사가 집시 음악에 짙게 배어있다. 보헤미아라는 말을 떠올리는 것만으로도 아련한 꿈이나 연민, 그리움 같은 이미지가 강한 이유는 그 때문이다. 하지만 이제 집시의 흔적은 세월만큼 엷어졌다. 바츨라프 광장과 체르닌 궁전, 프라하 대성당 그 어디에도 추억으로만 남아있을 뿐이다.

극작가이자 노벨평화상을 받은 하벨 전 대통령의 문민통치는 체코의 또 다른 자랑거리다. 소련의 오랜 그늘에서 벗어나 선진화를 시작한 주인공이다. 소득과 성장 모두 새로운 기록을 갈아치웠다. 세계적 명품 '보헤미아 크리스탈'과 군수산업의 경쟁력이 바탕이 되었다. 체코와 슬로바키아로 분리해 평화롭게 살아가는 모습을 본 뒤 그는 세상을 떠났다. 하벨의 잔영은 프라하 곳곳에 남아있었다. 그의 리더십에 깊은 존경을 보낸다. 자유선언과 벨벳혁명까지 수많은 저항과 피의 투쟁을 통해 얻어낸 과정이 우리와 닮은꼴이다. 억지로 갈라진 남북은 아직도 그대로인데 스스로 나눠서 행복해진 체코가 부럽다.

국내 드라마 〈프라하의 연인〉을 촬영한 전망대 카페를 돌아 다시 강변에 섰다. 프라하는 우리에게도 이제 매우 익숙한 도시다. 청년 관광이 급증하고 문화교류도 활발하다. 우리뿐인가. 보헤미아를 보려고 세계인들은 매년 8,000만 명씩이나 이 나라의 산하를 찾는다. 보헤미아 유산이 최대 수출상품이다. 집시문화가 21세기 먹거리인 셈이다. 어디 스토리만 가지고 이 도시가 최고의 매력을 유지할 수 있었겠는가. 지붕 색깔 하나 바닥 돌 한 조각에 쏟은 정성이 오늘날 동구권의 리더로 올라선 비결이다. 그냥 이뤄지는 건 없다.

소설가 프란츠 카프카는 이 도시를 매우 사랑했다. 그가 집필하던 작은 서재가 있는 프라하 대성당 골목길을 찾았다. 그가 생전에 쓰던 도구들을 만져볼 수 있었다. "그러니까 지금, 이곳, 여기, 우리의 모습, 우리가 사는 세상의 고립으로부터 힘들게 떠났는데 다시 돌아오고야 마는 숙명적인 출발지, 그곳이 바로 프라하." 그가 남긴 단편 「낯선 일상성」의 한 구절을 떠올리며 나 자신이 100년 전 중세의 골목을 살다간 카프카가 되는 걸 느꼈다.

율 브린너와
조선의 인연

율 브린너Yul Brynner는 그야말로 신비로운 사람이었다. 강렬한 눈빛과 구릿빛 피부는 물론이고 패기와 정열의 화신으로 각인된 느낌. 무모하지만 그냥 따르고 싶었던 젊은 날의 우상, 동양과 서양을 잘 버무려 놓은 듯한 묘한 분위기. 영화를 본 사람이면 누구나 한 번쯤 흠모했던 매력적인 대머리 배우의 생은 극동 블라디보스토크에서 시작되었다. 그곳에 도착했을 때, 항구가 보이는 낮은 언덕. 지금은 아파트로 변해버린 바닷가 중턱의 정겨운 동상 하나가 나를 반겼다. 멀리 루스키섬으로 이어지는 대형 현수교가 내려다보였다. 블라디보스토크 부동항 광장에서 얼마 떨어지지 않은 곳이다. 민족과 전쟁의 소용돌이가 무섭게 일렁이던 1920년 이곳에서 태어난 사람. 그토록 유명한 할리우드 명배우의 고향이라고는 쉽게 생각해내지 못한 반전이었다. 작열하는 남성미로 연기했던 영화 〈왕과 나〉The King and Me는 아직도 기억 속에 생생히 살아있다. 영국 작가 마거릿 랜던의 소설 『애나와 시암의 왕』을 각색해 만든 히트작이다. 은둔제국 시암(태국)의 라마 후예 몽꿋 왕은 밀려드는 제국주의 파도 앞에 정세를 파악하고자 미모의 서양 가정교사 데보라 카Deborah Kerr를 궁정에 들여놓는다. 그러면서 벌어지는 우정과 애정, 이성 사이의 카리스마는 사람들을 사로잡았다. 이 작품으로 율 브린너는 1956년 아카데미 남우주연상을 받았다. 뮤지컬로도 만들어진 이후 35년간 이어진 공연에 그는 4,000회가 넘도록 출연했다. 예술사에서 전무한 기록이다.

동방정책을 밀어붙였던 러시아 황제 차르의 해군은 블라디보스토크를 번성시켰다. 소년 율 브린너가 살았던 '극동공화국' 시절이다. 그러나 허망한 일이었다. 당시로서는 안중에도 없었던 일본함대와 단 한판의 해전에서 무참하게 깨졌다. 러일전쟁 패전의 아픔은 훗날까지 오랫동안 견뎌내야 했다. 해군박물관에는 비극의 유물들이 제국의 황혼처럼 남아있었다. 다음 2차 대전에서 독일을 괴롭혔던 잠수함이 국가 영웅 칭호를 받고 나란히 자리해 그나마 피 끓는 슬라브 청년들의 자존심을 달래주고 있었다.

율 브린너의 아버지는 보리스 브리너는 광산업자였다.

어머니는 루마니아계 집시 출신 러시아 배우였다. 보리스는 대한제국의 벌목권을 따낸 사업가였다. 그의 부친이 우리나라와 관련을 맺고 있었다는 사실은 매우 흥미로운 대목이었다. 조선 말 압록강의 무성한 산림벌채권을 확보한 보리스는 목재와 광산업으로 큰돈을 벌었다. 페테스부르크에서 광업 학위를 받고 돌아온 뒤의 일이었다. 하지만 부부는 오래가지 못했다. 아버지는 떠나고 율 브린너는 어머니를 따라 하얼빈으로 이주했다가 거기서 다시 파리를 거쳐 미국으로 건너갔다. 문제는 율 브린너의 할머니였다. 할아버지 율리는 독일계 스위스인으로 러시아 여자와 결혼해 6남매를 뒀는데, 할머니가 몽골계였다. 대머리 명배우의 혈통은 로마와 몽골, 독일, 스위스, 루마니아, 러시아, 중국인들의 피가 뒤섞여 만들어진 작품인 셈이다. 손자가 할아버지 '율리'의 이름을 '율'로 이어받았다. 이 시대 연해주 블라디보스토크는 혼란했다. 러시아는 역사적으로 100여 개 민족이 흥망을 거듭하며 지난한 역사를 이뤄왔다. 그 배경에서 본다면 충분히 가능한 일이다.

율 브린너가 태어난 집터에 들어선 아파트 벽에는 동판이 새겨져 있었다. 안내를 해주던 러시아 남자는 엄지손가락을 치켜세우며 자랑스러워했다. 앞마당 동상에 젊은 시절 그의 얼굴이 되살아나 있었다. 연해주 한인들이 일본압제에 맞서 싸울 때 조선인들과 섞여 그는 어린 시절을 보냈다. 아버지를 따라 두만강 강가 겨울 산에서 호랑이 사냥을 하던 사진은

할리우드에서도 화제가 되었다. 생가터를 지나 내리막길은 항구로 이어졌다. 광장 한쪽에 레닌의 동상이 남아있었다. 소련이 무너지고 붉은 혁명의 잔재가 모두 사라졌는데 드문 일이다. 편협하지 않은 극동 사람들의 정서 덕분이다. "나는 다양한 혈통 속에 태어났음을 자랑스럽게 생각한다. 그 가운데서도 나는 가장 멋지고 튼튼한 몽골 청년으로 기억되는 것을 희망한다. 내 몸속에는 타클라마칸 사막과 초원의 피가 흐르고 있는 것 같다." 왕과 나, 카라마조프의 형제들, 십계, 아나스타샤 등 주옥같은 영화들이 모두 성공을 이룬 뒤 밝힌 그의 본심이다. 서부영화의 최고 걸작으로 꼽히는 「황야의 7인」에서 율 브린너는 사람을 잡아먹을 듯한 카리스마로 다른 출연 배우들을 완벽하게 압도했다. 율 브린너는 폐암으로 미국에서 생을 마감했다. 생각해보면 인간이 산다는 것은 티끌 같은 것이다. 대륙을 넘나들면서 피고 지고 다시 알 수 없는 어느 한 점으로 회귀해 돌아갔다. 그는 프랑스 투렌의 성 로버트 묘지에 묻혔다. 이데올로기에 갇혀 오갈 수 없었던 시절, 그의 이야기는 오랫동안 감춰져 있었다. 조선 사람들과의 짧지 않은 인연은 가슴을 뜨겁게 했다. 가을로 깊어가는 극동의 하늘은 눈 속에 우수가 짙게 배어있는 죽은 사나이를 생각하게 했다.

놀라운 뮤지컬
'해밀턴'의 세계

카리브해 섬 출신의 마이너리티 소년 이야기로 미국이 들썩거렸다. 건국 초기부터 평등과 자유를 기치로 내건 신생 아메리카에서 차별을 딛고 일어선 주인공, 알렉산더 해밀턴 Alexander Hamilton이다. 촘촘한 유럽 주류사회 이민자 사이의 엄연한 격차도 피부색부터 다른 소년을 굴복시키지는 못했다. 서인도제도 설탕 섬, 세인트 크루아 St. Croix의 사생아라는 기구한 운명으로 태어나 13살 때 어머니를 잃고 고아가 된 그는 동네 유지들이 마련해준 노잣돈으로 뉴욕 유학길에 올랐다. 하지만 공부보다 정치에 관심이 더 많았다. 해밀턴은 재학 중 아메리카 독립군에 입대해 미국을 위해 싸웠다. 이때 조지 워싱턴 장군을 만났다. 인생의 대반전이었다. 그의 부관으로 발탁되어 미국 독립을 목격했고, 초대 정부 재무장관으로 임명되었다. 재정 시스템이 바탕이 되는 강력한 연방정부를 설계한 주인공이 된 것이다. 건국의 아버지들은 대개 단정한 뉴잉글랜드 마을 가정에서 자랐거나 버지니아 사유지에서 애지중지 길러진 이들이다. 해밀턴만은 예외였다. 초대 정부 요인 가운데 신분이 가장 낮아 스코틀랜드 행상(아버지)의 사생아라는 놀림이 따라다녔다. 그러나 뛰어난 지혜와 인내, 노력, 담대함으로 조롱과 비난을 넘어섰다. 오늘날까지 미국 역사 속에 우뚝 서 있는 이유다.

그러한 해밀턴의 일생이 글로벌 뮤지컬로 재탄생했다. 뉴욕 브로드웨이 리처드 로저스 극장 앞은 줄의 끝이 보이지 않았다. 뮤지컬 〈해밀턴〉을 보기 위해서다. 100만 원에 육박하는 티켓은 1년 전부터 매진이고 당일 암표는 부르는 게 값이었다. 비가 오락가락하는 궂은 날씨였지만 관객들은 로저스 근처로 몰려 움직이지 않았다. 세계적인 전기 작가 론 처노Ron Chernow의 역작이 된 『알렉산더 해밀턴』은 잠시도 눈을 떼지 못하게 했다. 론 처노는 미국금융의 민낯을 까발린 책 『금융제국 J.P 모건』으로 이미 대중에게 익숙한 저널리스트다. 단순히 역사적 인물만을 다뤘다면 많은 관객이 그렇게 오랫동안 열광하지 않았을 것이다. 해밀턴은 정치와 정부와 국가라는 울타리를 이어가기 위해서 어떤 희생과 타협, 양보가 있어야 하는지를 가르쳐준 미국 역사의 위대한 스승이었다. 건국 영웅 가운데 한 사람으로 추앙받을만한 요소가 가득했다. 게다가 2시간

넘는 공연이 모두 랩으로 짜여 있을 줄은 몰랐다. 가창력 넘치는 열창은 아예 없었다. 딱딱한 건국 초기의 정치 이야기를 이처럼 재미있고 어깨가 들썩거리는 공연으로 만든 연출가 린마누엘 미란다의 솜씨가 놀랍다. 론 처노의 원작을 기본으로 다양한 연출이 가미되었다. 해밀턴의 업적을 기려 그는 10달러 지폐의 주인공이 되었다.

랩과 힙합, 알앤비 스타일의 46개 삽입곡들은 현란했다. 주인공 해밀턴은 물론 워싱턴 대통령 역에 흑인 가수, 라파예트 역에 히스패닉 배우, 부인 엘리자베스 역도 흑인 연극 스타로 주연급 대부분이 유색인종이다. 아시안과 중동 출신도 기용되었다. 다양한 인종이 빚어내는 에너지와 하모니는 강렬했다. 맨해튼을 걷다 만났을 법한 소수인종들이 아메리카 이민사의 스펙트럼을 유감없이 선사해주는 느낌이었다. 오바마 대통령은 재임 당시 출연진 전원을 백악관으로 초청해 앞뜰에서 해밀턴 야외 공연을 가졌다. 그리고 퇴임 이후에도 2번이나 이 극장을 다시 찾았다. 얼마 전에는 부인 미셸 여사를 옆자리에 태우고 직접 운전해 다시 공연을 관람했다. 오바마 자신의 정치철학 일부는 알렉산더 해밀턴에게서 이어받은 타협과 양보였음을 몇 번이나 고백했었다. 상식을 뒤엎는 자유로운 캐스팅, 랩으로 이어지는 빠른 구성, 임팩트 넘치는 신선한 노래들, 배우들이 직접 무대를 바꿔가면서 쉴 사이 없이 전개되는 템포감, 진지함과 코믹이 적당히 버무려진 유쾌함이 관통하는 걸작이다. 모든 노래가 신선하고 모던한 감각적이었다. 그 가운데서도 나는 〈My shot〉에 꽂혔다. 해밀턴이 1776년 뉴욕에 도착해 라파에트나 허큘리스, 멀리건 등 젊은 청년 친구들과 함께 자신이 꿈꾼 원대한 포부를 당차게 담아낸 곡이다. 이들은 나란히 건국의 주인공들로 역사를 장식했다. 육중한 체구의 흑인 주인공 '해밀턴'이 구성지게 불러대는 랩 음악은 관객들의 어깨를 그대로 두지 않았다. 브로드웨이는 그동안 수많은 뮤지컬을 쏟아냈다. 〈미스 사이공〉, 〈맘마미아〉, 〈레미제라블〉, 〈오페라의 유령〉 등 세계적 대작부터 수천 편이 무대에 올려졌다. 그 가운데 사람들의 기억 속에 오래 머무는 슈퍼 뮤지컬들의 계보를 지금 해밀턴이 바꾸는 중이다. 갈등과 대결과 음모가 춤추는 정치 무대에서 양보와 화해, 타협, 희생을 이끌어내는 주인공의 사람 냄새 때문에 사람들은 진심으로 박수를 보내는 것이다.

세상살이 어느 곳이나 갈등과 증오, 대립과 음모가 가득하지만 결국 스스로 극한 상황들을 긍정적으로 풀어내야 하는 게 순리적인 이치다. 언제나 구성원 자신들이 마지막 열쇠를 쥐고 있는 셈이다. 나를 희생하는 사람들이 많아지면 공동체의 미래는 밝다. 이 어지러운 정치 혼란기에 미국인들은 해밀턴을 250년 만에 불러내 향수를 즐기고 있는지도 모른다. 그 시대나 지금이나 인간의 권력 헤게모니 싸움, 갈등과 통합의 회전목마는 여전히 유효한 쳇바퀴다.

현직 부통령 애런 버의 총탄에 쓰러진 해밀턴은 49세에 세상을 떠났지만 미망인 엘리자베스 해밀턴은 이후 반세기를 더 살면서 7명의 자녀를 키워냈다. 오직 남편에 대한 존경심과 위대함을 가슴에 안고 버티면서 말이다. 후세인들은 꼿꼿했던 미망인의 삶에도 깊은 경의를 표하고 있다. 생전의 해밀턴은 메피스토텔레스(괴테의 작품 파우스트에 나오는 악마 역)나 오만함과 야망, 고압적 성정이 혼재된 사악한 천재라는 비난도 받았다. 하지만 대통령 출신 이상으로 아메리카 대륙에서 가장 위대하고 영속적인 영향력을 가진 지도자로 주목받고 있다. 오늘의 아메리카 리더들이 해밀턴의 일대기에서 눈을 뗄 수가 없는 것은 미국 자본주의의 혁명을 예고했다는 점이다. 너그러울 때 온 세상을 다 받아들이다가 한번 옹졸해지면 바늘 하나 꽂을 여유조차 없는 것이 인간이다. 그러한 마음을 돌이키기란 결코 쉬운 일이 아니다. 그래서 마음에 따르지 말고 마음의 주인이 되라고 옛사람들은 말했을 것이다.

해밀턴이 오랫동안 미국인의 사랑을 받는 이유는 짧은 인생 전체를 마음의 주인으로 살았기 때문일 것이다. 유례없는 갈등의 터널을 지나 정권이 바뀐 미국 백악관에서도 해밀턴은 조용한 변화의 주인공이 되었다. 트럼프가 떠나고 새로운 지도자로 취임한 조 바이든 대통령은 그의 집무실에 토머스 제퍼슨 3대 대통령과 해밀턴의 사진을 나란히 걸도록 했다.

2달러의 제퍼슨, 10달러의 해밀턴

취임사에서 여러 차례 국민통합을 강조한 소신이 반영된 결과
로 보인다. 두 사람은 건국 초기 중앙은행 설립을 둘러싸고 격
렬한 대립과 갈등을 빚었다. 이들 초상화를 같이 걸어놓음으
로써 바이든 대통령은 서로 다른 의견을 배척하지 않고 조율
해 나가겠다고 의지를 천명한 것으로 분석된다. 정치와 통합
의 메시지는 때로 말보다 상징으로 보이는 경우가 더 많다. 정
치 체계의 울타리 안에서 표현되는 상호 이견이 민주주의에
필수임을 보여주는 증거다. 두 사람은 역사의 증인으로 현직
대통령과 미국 민주주의를 지켜볼 것이다. 2달러 지폐의 주인

공 제퍼슨과 10달러 지폐 해밀턴의 조화는 미국이 지향하는 통합의 상징이다.

공공미술의 천국,
시카고

범죄의 어두운 그림자는 어디에도 없었다. 과거 시카고
가 밀주와 폭력, 인종차별이 난무하던 도시였다고는 도저히
믿어지지 않았다. 알 카포네도 총 맞는 목사님도 다 지난 이야
기다. 미국 동부에서 서부로 금광을 찾아 대이동할 때 중간 기
지로 발전해 이민의 역사를 다져온 이 도시는 거친 과거를 넘
어 예술의 중심지로 재탄생해 있었다. 고급스러운 빌딩들과 시
가지 대로변 중앙화단에 만개한 튤립 군락은 미시간 호수에서
불어오는 산들바람에 격조 있는 시가지의 오후를 수놓고 있었
다. 이곳은 원래 인디언 전사들의 땅이었다. 콜럼버스가 아메
리카를 인도로 착각해 굳어진 명칭 '인디언'에 흔쾌히 동의할
수는 없지만. 시민공원 그랜트 파크 진입로에 두 명의 인디언
전사가 옛 영광을 머금고 있었다. 한 명은 창을 던지고 한 명

은 활을 쏘는 모습이다. 무기는 없었다. 실제로 무기를 들고 있지는 않고 동작이 행동을 은유할 뿐이다. 존재일 수도 있고 비존재일 수도 있다. 깊이 따지지 않고 그냥 이곳을 지나는 이들의 시선을 담담하게 받아내는 모습이다. 오바마 대통령(시카고 출신 변호사)이 대권 확정 순간 이곳 그랜트 파크에서 당선 연설을 하던 모습이 기억났다.

조각품 〈클라우드 게이트〉 주변은 인산인해였다. 시카고시가 마음먹고 만든 밀레니엄 공원의 대표 명물이다. 말 그대로 '구름을 열고 들어가는 문'이니 천국의 계단쯤 되는 걸까. 인도 출신의 세계적 조각가 아니시 카푸어Anish Kapoor의 스테인리스 작품이다. 그 앞에 서니 물방울처럼 생긴 지름 20미터의 초대형 구조물에 압도되는 느낌이었다. 매끈한 표면은 거울처럼 모든 것을 비춰내고 있었다. 맑은 시카고의 하늘과 구름, 바람까지. 비싼 조각품은 만지지 말라는 40년 금기도 깨졌다. 시민들은 클라우드 게이트를 즐겁게 터치하며 자유롭게 놀고 있었다. 거대한 콩 모양이어서 '빈The Bean'으로 더 잘 알려진 걸작이다. 이름이야 어쨌든 조각품은 카푸어의 손을 떠났고 보는 이들의 시선 속에서 시카고의 스카이라인이 날마다 재창조되고 있었다.

연방법원과 우체국 등이 몰려있는 지하철 잭슨역 앞 붉은색의 유쾌한 철 구조물이 가장 마음에 와닿았다. 잿빛 건물들 사이로 조각가 알렉산더 칼데의 대표작 '춤추는 플라밍고'

시카고의 명물, 클라우트 게이트

의 형상이 복잡한 도시의 부담을 털어내고 있었다. 육중하거나 작업의 밀도가 구체적이지 않아서 좋았다. 건조한 도시의 나른함을 홍학의 긴 다리 율동으로 바꾸는 추상이 그저 기분 좋을 뿐이다. 체이스 타워 광장에서 만난 길이 20미터의 대형 타일벽화 또한 이색적이었다. 회화 거리를 따라 다시 미시간 호숫가의 광활한 녹색단지로 들어섰다. 밀레니엄 파크 광장 양 끝에는 거대한 사각 탑이 마주보고 있었다. 높이 15미터 돌 탑에 분수에서 나온 물이 스며들었다가 다시 흘러나오는 색다른 미술품이다.

뭔가 특별해 보이지만 그냥 평범한 시카고 시민들의 모습이다. 지나가는 이들의 맑은 미소를 영상으로 담은 디지털 화면이 보였고 웃는 입에서는 시원한 물줄기가 솟아오르고 있었다. 스페인 조각가 호메 플렌사의 크라운 파운틴The Crown Fountain이다. 어두워지면서 화면 속 미소는 더욱 선명하게 주변으로 퍼져 나갔다.

시카고에 오면 누구나 미시간 호반을 걷는다. 공원을 끼고 펼쳐지는 바다 같은 거대한 수면은 도시를 자연의 바람과 혼합시켜 놓는 재료다. 세계 3대 규모를 자랑하는 박물관 아트센터와 오페라 하우스, 110층의 윌리스 타워가 나란히 들어서 있다. 19세기 초 대화재로 완벽하게 잿더미가 되어버린 폐허에서 숱한 영욕을 거치며 오늘의 예술 거리를 만들어냈다. 시내에는 약 700점의 조각품들이 배치되어 어딜 가나 격조 있는 풍경이 연출되고 있었다. 아트 시카고의 비결은 공공미술이다. 미술계의 거장 마크 켈리Mark Kelly를 문화담당관으로 영입해 1984년 조직을 만들고 도시 전체의 미술품을 총괄하면서 분위기는 바뀌었다. 대형 조각품을 기증받거나 사들여 디자인에 맞게 치밀한 배치작업을 거쳤다. 음습하고 너저분했던 시가지는 녹색의 질서 속에 어우러진 예술작품으로 채워져 전혀 다른 공간으로 변해있었다.

예술은 특정 개인의 전유물이 아니다. 모두가 그런 시대에 살고 있다. 많은 대중이 함께해야 진정한 예술의 가치가 매겨진다. 문화도시를 지향하는 우리나라 전국의 지자체들이 트랜드처럼 공공예술에 관심을 가지지만 일부 예술가나 관료들의 취향을 표현해내는 데 그치지는 않았는지 돌아볼 때다.

리처드 델레이 시빅센터 광장은 과거 50년 동안 과격시위의 중심지였다. 이곳에 어느 날 피카소의 거작 '언타이틀'이 들어선 후로 분위기는 반전되었다. 시끄러운 데모 대신 시민들의 축제가 열리기 시작했고 완전히 새로운 시카고의 아이콘으로 자리 잡았다. 한 도시를 바꾸는 것은 이제 더 이상 거대한 이데올로기도 날 선 시위도 아니다. 서울시청 광장에 세계가 인정하는 대형 조각품이 하나 설치되면 분위기가 어떻게 바뀔까. 상상만으로도 즐겁다.

18세기를
고집하는 사람들, 아미시

위싱턴에서 몇 시간 동안 자동차를 몰아 펜실베이니아 랭커스터로 들어섰다. 문명을 등지고 살아가는 아미시Amish들의 평화로운 모습을 보기 위해 오랫동안 벼르던 길이었다. 푸른 하늘에 점점이 떠 있는 조각구름이 마치 동화나라 같았다. 서울에서 볼 수 없었던 완벽한 청정 하늘이다. 집마다 지붕 위로 솟아오른 건초저장고 사이로Silo는 오후의 햇빛에 반사되어 목가적인 전원풍경을 정감있게 그려내고 있었다. 간간이 오가는 마차만이 마을의 정적을 깼다. 사방으로 뻥 뚫린 벌판은 시선의 끝을 가늠하기가 어렵다. 진초록이 넘실대는 무성한 밀밭, 여름 기운이 왕성한 옥수수 벌판을 지나 마을로 접어들었다.

아미시 마을(스트라스버그)은 '미국의 청학동'이다. 18세기 방식으로 현대를 살아가고 있었다. 이들은 전통을 고수

유럽·미국 인문 기행   105

하는 침례교의 한 종파다. 1693년 스위스의 야코프 암만Jacob Anman이 이끈 종파 분립의 결과 그를 따르는 사람들의 종교 커뮤니티다. 유럽의 군국주의와 종교박해를 피해 신세계 미국으로 떠나온 사람들이 그들 방식대로 전통의 틀 속에서 살고 있다. 20만 명의 아미시들은 오하이오와 인디아나 그리고 이곳 랭커스터에 가장 많이 거주한다. 내가 이곳을 동경하게 된 건 1984년 언론사 입사 무렵, 장안을 휩쓸었던 해리슨 포드 주연의 아미시 배경 영화 〈위트니스〉Witness도 한몫했다. 인간의 서로 다른 신념이 충돌할 때 벌어지는 갈등의 모습이 인상적으로 묘사된 명작이다.

두 마리의 말이 이끄는 마차인 바기Buggies에 올랐다. 1시간 동안 마을을 훔쳐보기로 했다. 흰 머리 수건과 블라우스가 달린 아미시 전통의상, 고동색 치마 원피스를 입은 마차꾼 주디가 고삐를 당겼다. 마차는 들판으로 난 시골길로 서서히 움직였다. 검게 그을린 목덜미를 가진 여장부의 마차는 중세의 리무진과 같다. 그녀는 또랑또랑한 영어로 보이는 모든 것을 설명했다. 세탁기를 쓰지 않는 손빨래와 아침마다 소젖을 짜는 이야기며 남자들은 왜 모자를 쓰고, 젊은 청년인데도 수염을 기르는지, 여인들의 퀼트는 어떻게 만드는지 등에 대해서 말이다. 아미시에 관한 더 자세한 이야기를 원한다면 존 A. 호스테들러의 책을 읽어봐도 좋을 것이다. "아미시 사람들은 교

아미시 마을의 운송수단인 마차

회가 없어 서로의 집을 돌아다니며 예배를 본다고 한다. 그들 사이에는 거리가 없는 대신 소외되는 사람이 적은 것이다. 그러니 그들 삶 속에서 시장과 경쟁이 멀어질 수밖에 없다. 대신 호혜의 정신과 자연 친화가 살아있다."

　동네 마구간에 들렀다. 코를 감싸 쥐고 싶은 냄새가 어린 날 시골 정취로 다가와 오히려 정겨웠다. 건초를 꺼내오고 밭을 가는 일들이 이곳에서 시작되고 있었다. 직접 짜낸 아침 우유로 아미시 브라우니를 만들고 그것을 내다 파는 꼬마들의 작업이 함께 이뤄지고 있었다. 아이들은 8학년까지만 학교에서 배우고 남은 인생은 각자 농사를 지으면서 순박하게 살아간다. 지식보다 지혜를 택하는 셈이다. 18~19세에 결혼하고 곧바로 수염을 기른다. 마을에는 전화, 전기, 인터넷이 없다. 화려함을 배제하고 검소하게, 청렴하게 사는 게 하느님을 따르는 가장 올바른 삶의 방식으로 믿고 살아간다. 농사로 모든 것을 자급자족한다. 외부세계와 단절하여 아미시만의 전통을 고수한다. 옛 독일어를 사용하고 겨자에 버무린 돼지 수육과 프라이드치킨 같은 요리, 쿠키가 주로 식탁에 오른다.

요즘은 체험 민박이 생겨 문명에 지친 도시인들의 발길이 계속 이어지고 있다. 그러나 이들에게도 고민이 없는 것은 아니다. 아미시의 번영이냐 쇠퇴냐를 고민하는 침묵의 담론과 자기실현이나 개인적 성취를 어떻게 할 것인지에 대한 언어적 담론이 그것이다. 마을을 돌아 나오는 길에 집 벽에 새겨진 글귀를 보았다. "어린이들이여 부모님께 순종하라. 이것이 곧 주님을 기쁘게 하리니." 효는 동양의 전유물이 아닌 듯하다. 그런 이들이 500년 전통에 따라 세속과 분리되어 폭력 없이 평화롭고 겸손하게 살아가는 곳이다. 멀리 보이는 고속도로가 문명으로 돌아가는 지름길인데도 느리게 느리게만 흘러가는 아미시의 시간은 나의 온몸을 흠뻑 적시고 스며들었다.

인간의 문명은 원래 공동체 사회였다. 종교사회에서 가족사회로 유기적 연합체를 이뤄냈다가 좀 더 발전해 통합사회가 되었다. 소규모성, 균질성, 자급자족 모델의 소사이어티가

서구 자본주의의 정중앙 미국에서 유지되고 있는 것이 신비로웠다. 국가는 가끔 폭력적이다. 징세와 치안을 볼모로 개인을 억압한다. 역시 인간의 존엄과 자유는 국가 시스템보다 원시의 공동체가 더 나은 대안이 아닐까 하는 생각으로 '오래된 미래'를 보았다. 마차가 이끄는 절제와 겸손을 따라 오후의 한복판으로 돌아왔다. 물질사회에서 찾기 힘든 만족과 평화, 인간의 궁극적 지향점인 유토피아가 다른 방식으로 존재할 수도 있다는 사실이 흥미로웠다. 물론 방문객으로 한나절만 돌아보는 아쉬움이 있긴 했지만 그 종교적 가치관과 신념으로 버티는 최후의 18세기 사람들. 이들을 만나본 것만으로도 아미시 빌리지는 내 기억의 탱크에 오래 저장해두고 싶은 '무공해 산소'였다.

포용정치의 성인
링컨

알래스카에는 윌리엄 수어드William Seward의 이름을 딴
항구 도시와 주州를 가로지르는 수어드 하이웨이, 고속도로가
있다. 알래스카 사람들은 왜 수어드에 집착할까. 그 이유는 그
가 알래스카를 사들인 장본인이기 때문이다. 수어드는 재정 러
시아에서 720만 달러(당시 우리나라 돈으로 약 70억 원)에 알래스
카를 사들였다. 땅 천 평당 1원씩 주고 산 셈이다. 거대한 자원
보고를 미국 땅으로 만든 영웅이다. 정적 수어드를 국무장관
으로 발탁한 사람은 바로 링컨이었다. 포용은 그를 미국 역사
상 가장 위대한 성인으로 기억하게 했다. 발아래로 펼쳐지는
오벨리스크와 수평 광장으로 탁 트인 워싱턴 시가지는 한여름
의 더위에 이글거리고 있었다. 위대한 역사적 대통령 에이브러
햄 링컨을 추모하는 행렬은 링컨 기념관의 오르막 계단을 가

득 메웠다. 뜨거운 오후의 태양 빛에도 불구하고 민주주의의 아버지를 기념관에서나마 만나기 위해 방문객들은 긴 대열에서 인내하고 있었다. 추모라는 이름의 아름다운 축제였다. 수어드는 링컨의 라이벌이었다. 1860년 당시 대선에서 공화당 내의 가장 강력한 상대였다. 학벌도 경력도 약한 링컨이 최종 후보로 선출되어 대통령까지 올랐지만 초반에는 수어드가 압도적이었다. 파격은 당선 후 벌어졌다. 링컨은 새로운 정부를 구성하면서 다시는 쳐다보기도 싫었을 법한 정적 수어드를 국무장관으로 발탁했다. 전당대회에서 그를 켄터키 촌뜨기에 수준 이하 인간이라고 뭉개던 라이벌을 정부의 가장 중요한 보직에 앉힌 것이다. 측근들의 엄청난 반대에도 링컨은 그 결정을 바꾸지 않았다. 기념관 옆쪽에서 그를 올려다보았다. 여전히 인자한 모습, 다소 긴 물결머리에 덥수룩한 수염까지 섬세하게 표현된 좌상이다. 왼쪽에는 남북전쟁을 마치고 희생자들의 추도식에서 행한 게티즈버그^{Gettysburg} 연설 내용이 화강암에 새겨져 있다.

"나는 오늘 이 자리에서 우리는 이들의 숭고한 희생이 헛되지 않을 것이라고 다짐합니다. 신의 가호 아래 이 나라에서 자유가 새롭게 태동할 것이며 국민의, 국민에 의한, 국민을 위한of the people, by the people, for the people 정부는 이 땅 위에서 결코 사라지지 않을 것입니다"

링컨 기념관의 동상

　　오른쪽 벽으로 시선을 돌려 링컨의 감동적인 대통령 취임사를 몇 번이나 읽었다. 남북으로 갈라서고 백인과 노예로, 보수와 진보로 갈기갈기 찢긴 아메리카를 위해 비장하게 호소했을 그의 모습이 그려진다. 링컨 포용정치의 정점은 남북전쟁을 이끌 국방부 장관에 최고의 정적 스탠턴을 기용한 것이었다. 윌리엄 스탠턴은 같은 변호사 출신이면서 10여 년 동안 그를 끝없이 괴롭히고 비하한 원수지간이었다. 참모들의 극렬한 반대에 링컨은 "스탠턴 만한 인물을 데려오면 국방장관을 바꾸겠다"라고 하며 뜻을 굽히지 않았다. 그의 혜안은 적중했다.

스탠턴은 남북전쟁을 승리로 마무리 지었다.

1865년 워싱턴 포드 극장에서 저격당한 링컨은 맞은편 가정집으로 급히 옮겨져 임시 보호되었다. 이때 링컨의 곁을 가장 오래 지킨 사람은 스탠턴이었다. 다음날 링컨이 숨을 거둔 뒤 스탠턴은 눈물을 흘리며 "시대는 변하고 세상은 바뀐다. 그러나 이 사람은 온 역사의 자산으로 남을 것이다. 그 이름은 오래도록 영원할 것이다"라고 말했다. 남북전쟁이 끝난 뒤 링컨은 공화당 강경파들에 맞서 남군의 어떤 지휘관도 처벌하지 않았다. 모든 영광은 부하들에게, 책임은 항상 자신에게 있다는 자세를 지켰다. 보복보다는 화해가, 강요보다는 설득이, 비난보다는 칭찬이 공동체를 평화롭게 만든다는 신념의 결과였다. 44명의 대통령이 지나갔지만 생일을 기념일로 정한 것은 링컨이 유일하다.

워싱턴을 떠나 명연설의 현장을 향했다. 펜실베이니아의 광활한 대지는 끝이 없어 보였다. 자동차로 2시간 만에 도착한 게티즈버그는 평온했다. 낮은 언덕으로 이어지는 전투지(배틀 필드)는 무성한 초록 속에 묻혀 있었다. 치열했던 전쟁은 끝났고 노예들은 해방되어 미국의 새로운 역사에 동참했다. 희생자들의 묘지를 만들고 민주주의 정부의 원리를 설파한 링컨의 추억만이 사람들의 가슴속에 남았다. 목숨을 걸고 싸웠던 남군의 로버트 리 장군이나 북군의 조지 미드도 이미 역사의 한 페이지가 되었다. 사방은 끝을 알 수 없는 지평선이다.

링컨은 150년 전 사람이지만, 시간이 흐를수록 그의 포용과 협치는 빛나고 있다. 만델라가 따랐고 오바마가 택했다. 링컨의 길은 오늘날 모든 지도자에게 근본 물음으로 다가오고 있다. 적을 친구로 만들어야 평화롭다는 상생정신은 불멸의 진리다. 수어드나 스탠턴뿐만이 아니다. 체이스 재무장관도 야전사령관 맥클렐런 장군도 링컨을 죽도록 미워했지만 결국은 등용되어 승복했고 그를 존경하게 되었다. 여기에 링컨의 위대함이 있다. 그 위대한 협치를 한국에서도 보고 싶다는 생각으로 가득한 날이었다.

금각사,
너무 소란스러운 고독

그곳에는 퇴폐와 쇠락을 품은 데카당스decadence의 기억이 깊게 남아있었다. 20킬로그램의 금을 녹여 10센티미터 정사각형 10만 장의 금박을 만들고 옻칠과 아교로 몇 년에 걸쳐 빚어낸 황금색 '허무'였다. 3층 구조의 단순하고 조용한 절. 넓은 1층부터 조금씩 사각이 줄어드는 3층까지 시선으로 더듬어 올라갔다가 내려오기를 몇 번 했다. 평범한 건물 하나가 영원의 순간을 가졌다고 해석되는 경지에 오르기까지 동원된 무수한 상상력을 가늠할 수 없었다. 무로마치 막부시대의 쇼군 아시카가 요시미쓰足利義満가 개인 별장으로 사용하려 했지만 그가 죽은 뒤 가마쿠라 시대에 지어진 사이온지가의 산장을 다시 별장으로 개조했다든지, 그의 유언대로 쇼쿠구사타의 선사가 지은 로쿠온지鹿苑寺가 되었고 에도시대를 거치면서 긴카쿠지金閣寺로 남았다든지. 2,000개가 넘는 교토의 사찰 가운데 사람들이 가장 많이 찾는 곳이고 그래서 유네스코 세계문화유산으로 지정되었다든지 하는 것들은 나의 관심이 아니었다.

1950년, 정신병을 앓던 수도승의 방화 사건을 모티브로 쓴 소설 『금각사』를 창작해낸 미시마 유키오三島由紀夫의 탐미적 본질이 궁금했다. 나는 그 현장을 시선에 담아보고 싶은 마음으로 교토에 올 때마다 들렀고, 결국 사계절의 금각사를 다 보았다. 역시 쓸쓸한 겨울 금각사가 가장 깊은 맛이 있었다. 금각사는 매 순간 연못 교코지鏡湖池에 비친 데칼코마니로 시간을 거스르고 있었다. 가라앉은 낙엽들의 죽음을 안고 가는 쓸쓸한 물그림자. 미시마 유키오는 소설 속에 곧 자신의 인생을 색칠해냈다. 할머니 손에 자라 연약하고 수줍은 소년이 그 콤플렉스를 털어내려고 청년기에 검도로 육체를 단련했다. 심리의 이중적 구조는 이승에서 아름다운 것을 영원히 가지려면 그 대상을 파멸시켜야 한다는 세계관으로 전이되어 갔다. 미시마는 결코 평범한 인간이 아니었다. 그래서였을까. 그는 45세라는 인생 절정의 나이에 소설 원고를 출판사에 보내고 추종자 4명과 함께 미치가와 육상자위대에 난입해 할복으로 생을 마감했다.

몇 년 전 나오시마 미술관에서 보았던 미시마의 절규와 머리띠를 맨 마지막 모습이 자꾸 오버랩 되었다. 군국과 제국의 향수를 잊지 못한 극우주의자라는 비판은 이제 역사로 남았다. 삶 그 자체를 최고의 미로 생각한 한 예술가의 심미주의 세계관이 온전히 실린 금각사는 소설과 현실의 묘한 경계에서 세계적 명소가 되었다. 군국주의자이기 이전에 탐미주의에 젖은 한 인간의 진실을 엿보고 싶었던 젊은 날의 기억이 아련하다.

소설 『금각사』의 주인공 미조구치는 말더듬이 왕따 소년이었다. 어느 날 학교를 방문한 학도병 선배의 단검이 탐미의 대상이었다. 그것을 가질 수 없던 미조구치는 단검에 거친 흠집을 냄으로써 선배의 물건이 아닌 자신의 것으로 인식하는 경험을 한다. 외관으로 존재하던 단검은 이제 미조구치의 관념 속으로 들어왔고 영원불변의 아름다움으로 존재하게 되었다. 또 다른 인물 우이코는 미조구치에게 처음으로 이성에 대한 충동을 느끼게 해준 대상이다. 하지만 관능적인 그녀는 말더듬이에게 눈길도 주지 않았다. 어느 날 탈주범과의 사건으로 우이코는 총에 맞아 허무하게 죽는다. 그녀에게 가졌던 증오는 죽음 그 자체가 되어 온전히 미조구치의 내면에 머물게 된다. 쓰루카와는 미조구치가 금각사 수도승으로 들어간 뒤 처음 사귄 친구다. 말더듬이로 살아가면서 고립되었던 주인공에게 정화의 통로이자 연결고리가 되어준다. 신체적 허물을 덮고 진실로 대해주던 그도 얼마 후 교통사고로 죽고 만다. 순수한 쓰루카와의 우연한 죽음은 아름다움이 더욱 빛나는 연장선으로 여겨진다. 아버지 때문에 알게 된 금각사지만 그사이 아버지가 죽고 미조구치는 사찰 생활에 익숙해진다. 금각사를 마주하며 매일 황홀한 아름다움에 빠져들수록 하나의 욕망이 자라기 시작한다. 지상 최고의 사찰을 가지려면 주지를 살해하는 것보다 금각사 자체를 불태우는 상상이었다. 이토록 아름다운 것은 결코 본 적이 없다고 경탄하면서 어느 날 결국 불을 지르고 만다. 금각사는 미의 절정이자 극복 대상이었다. 아름답지만 소유할 수 없는 질시의 대상. 소유하는 길은 파멸뿐이다. 이것이 소유의 유일한 방법이다. 미조구치가 불타오르는 금각사를 뒷산에서 숨어보며 소설은 끝난다.

　　영원불멸의 대상인 금각사를 잿더미로 만드는 것은 존재의 부정이다. 절을 없애버려야 오로지 자신만이 인지하고 있는 미를 완전히 가질 수 있다. 욕망의 대상을 소멸시켜 영원을 추구하던 상상으로 미시마 유키오는 한창 나이에 자살로 육체를 버렸다. 미를 향한 소유의 방법이 파괴와 소멸이므로 최고의 미를 부숴야 영원히 내 것이 된다는 논리다. 아름다움은 소멸과 파괴 속에서만 영원할 수 있기 때문이다. 세상살이에 부대끼며 사는 모든 인생이 그렇지 않을까. 사랑과 욕망, 질시의 틈바구니에서 인간은 누구나 금각사처럼 방화의 숙명 앞에 놓인 존재일지도 모른다. 일상의 모든 일은 소설과 현실의 난해한 언저리에 걸쳐있다. 탐미가 상상이 아닌 현실로 이뤄질 수 있다고 믿고 살면 고통스러운 일상에서 얼마간의 위안을 얻을

금각사 연못

지도 모른다.

　　실제 방화범이었던 하야시 쇼켄의 재판 기록을 구해 읽어보았다. 절간에서 일하던 부부 사이에서 태어났고 불교적 본성이 강한 심리구조였다. 그의 인생은 소설에서 묘사된 미조구치와 똑같은 길을 걸었다. 하야시 쇼켄은 법정 최후진술에서 "나는 아무 잘못도 저지르지 않았다고 생각한다. 하지만 방화의 원인이 나에게 있었으니 누구를 원망하지는 않겠다. 항소도 하지 않겠다"라는 말을 했다. 징역 7년 만기 출소 후 폐결핵 합병증으로 27세에 사망한 그는 소설 속 미조구치의 아바타였다. 금각사의 도제생활과 방화까지 사실적 취재를 바탕으로 작품을 만들어낸 미시마의 독특함이 오랜 여운으로 남는다. 인간의 본능과 미의 상징성을 자기만의 철학으로 채색한 수작이다. 인간은 선한 존재인가 악한 괴물인가. 맹자와 순자가 수없이 교차하는 현세의 시간들이 광대한 실험장이다. 선은 악의 독성을 제거하면서 밝은 쪽을 향하는 특성이 있다. 악은 금기의 대상이 아니라 고유한 그 자체의 특성이 있다고 주장하는 이들도 있다. 불에 타버린 금각사는 일본 국민들의 모금으로 재건되었다. 서울로 돌아가면 『금각사』를 다시 읽어야겠다는 생각이 들었다. 라흐마니노프의 피아노 곡을 들으며 읽어야 이 소설의 제맛을 느낄 수 있다는 어느 시인의 친절한 안내를 따라 해볼 작정이다. 러시아 풍경과 일본신도神道의 토템적 혼동이 주는 묘한 조화는 어떤 기분일까.

아름다움은 변화하고 흘러가는 것이다. 최초에는 탄생이 아름답고 나중에는 죽음이 아름다운 것처럼. 누구를 좋아하면서 상처가 두려워 그 중심의 미학을 피하며 사는 것이 인생이다. 변방으로 도피하다가 어둠으로 사라져 잠적한다. 금각사는 찬란하지만 다가설수록 사라져가는 인생의 페르소나 같았다. 얼마 전 불타버린 내장사가 어른거렸다. 정신이상이라고 여겨졌던 방화범은 정상이었다. 다만 술에 취한 상태였다. 승려 최 씨에 대해 법원은 징역 5년을 선고했다. 불타버린 절터와 금각사의 연못이 묘한 감정으로 오버랩되었다. 태우고 싶은 인간의 원초적 감정으로 접근해야 하는지 혼란스럽다.

사방의 풍경을 시선에 담고 다시 금각사 호수 앞에 섰다. 눈을 감고 상상 속으로 걸어 들어가고 싶었다. 나도 미조구치나 최 씨처럼 갑자기 이 절에 불을 지르고 싶다는 강한 충동이 일렁거렸다. 하지만 짧은 상념 뒤 내 눈앞의 금각사는 더욱 찬란하게 빛나고 있었다. 3층 지붕 끝 청동 봉황은 색다른 상승감으로 충천해 있었다. 단선으로 날렵한 건축의 화룡점정이다. 금각사는 이곳을 스쳐 지나가는 수많은 인간들의 소란한 발걸음과 탐미적 상처를 그저 묵묵히 담아내고 있었다.

칼의 기억,
히젠토

조선의 황후 민자영은 일본 사무라이 칼에 찔려 비명에 세상을 떠났다. 야심 차고 지적이던 한 나라의 왕비가 낭인들에게 무참히 난자당한 사건은 세계사를 다 뒤져도 찾아보기 어렵다. 을미사변이라고 칭하는 명성황후 시해사건을 발단으로 조선과 일본은 피로써 피를 씻는 비극적 관계가 시작되었다. 궁궐 한가운데서 황후를 찌르고 시체를 옆 숲속으로 끌고 가 불태운 만행은 나라가 존재하는 한 영원히 물어야 할 국가적 질문이다.

소설가 이문열의 희곡 〈여우사냥〉을 토대로 만든 뮤지컬 〈명성황후〉를 마지막까지 차마 다 보지 못한 기억이 있다. 나는 지금도 그녀의 한을 노래한 소프라노 조수미의 〈나 가거든〉을 자주 듣는다. 청각으로 꽂히는 지극한 슬픔은 분노보다는 우리가 더 강해져야 한다는 의연함을 품게 한다. '여우사냥'은 일본의 명성황후 시해사건 작전명이다. 국모를 찌른 칼, 히젠도肥前刀 칼집에는 번개처럼 일순간에 늙은 여우를 베다라는 뜻의 '일순전광자노호一瞬電光刺老狐'가 선명하게 새겨져 있다. 사건에 가담한 56명의 낭인 가운데 가장 연장자였던 토오 가쓰야키는 이 끔찍한 범행을 잊고 싶었다. 일본으로 돌아간 그는 자신의 칼 히젠토를 절에 맡기려 했으나 거절당하고 결국 후쿠오카 구시다 신사에 보관을 요청했다. 인간이었기에 참회하는 마음이었을 거라 추측할 뿐이다. 미우라 공사 외의 가담자 여럿은 잠깐 히로시마 구치소에 있다가 증거불충분으로 전원 석방되었다. 일본이 꾸민 짓이니 당연한 결과였다. 구시다 신사의 붉은색 정문은 교토의 분위기를 연상하게 했다. 넘치는 붉은 색감이 토속신앙을 믿는 그들의 경건함이 느껴지기보다 오히려 시각을 혼란스럽게 만드는 것 같았다. 후쿠오카의 명물 캐널시티를 끼고 걸어서 금방 구시다에 이르렀다. 겨울 하카다는 맑고 청명했다. 신사 관계자들에게 히젠토를 볼 수 있느냐고 물었지만 답변을 들을 수는 없었다. 10여 년 전까지 일반에 전시되었던 칼을 거둬들인 것이다.

여흥 민씨 가문에서 태어난 그녀는 15살 때 고종의 왕비로 간택되어 파란만장한 일생을 살았다. 흥선대원군이 외척세력을 만들지 않으려고 잘 알려지지 않은 가문의 고아 소녀를 중전으로 삼았다고 알려져 있다. 하지만 여흥 민씨는 원경

왕후(태종)와 인현왕후(숙종) 등 유명한 왕비를 배출한 노론의 명문가다. 명성황후의 증조부와 조부는 성균관 대사성과 이조참판을 지냈고 그 덕에 부친은 음서로 벼슬자리를 얻어 종4품까지 올랐다. 안동 김씨나 풍양 조씨보다는 못했지만 조선에서 이 정도면 세도가 당당한 집안이었다.

히젠도가 보관된
후쿠오카 구시다 신사에서

1873년 고종 집권부터 난국을 바로잡고 조정을 일신하기 위해 1894년 김홍집 내각을 수립할 때까지 고위직을 자치한 민씨 일가는 51명이었다. 흥선대원군의 모친과 부인도 여흥 민씨였다. 구한말은 혼란의 연속이었다. 명성황후는 기울어가는 나라를 구하기 위해 동분서주했다. 러시아를 끌어들여 팽창하는 일본 세력을 견제하고자 했다. 그것이 자신의 죽음을 불러올 줄은 몰랐을 것이다. 러시아로 일본을 견제한다는 인아거일引俄拒日, 아관파천俄館播遷 등이 어지럽게 떠돌던 시대였다.

"명성황후의 눈은 차고 날카로웠지만 매혹적이고 사랑스러운 여인이었으며 훌륭한 지성의 소유자였다." 구한말 조선의 상황을 유럽에 처음 알린 영국 출신 여류작가 이사벨라 버드 비숍이 남긴 명성황후의 모습이다. 사건의 총책임자였던 미우라조차도 "조선의 국모는 지나치게 총명하고 정치적이어서 위험한 존재"라는 기록을 남겼다. 한때 우리는 구시다 신사에 보관 중인 히젠토를 한국으로 반환시켜 폐기하고 일본을 국제사법재판소에 세우자는 시민운동을 전개했다. 하지만 지속적이지 못했고 지금은 조용하다. 많은 일본인은 구시다 신사에 이 같은 슬픈 역사의 도구가 숨겨져 있는 줄 모르고 들어오는 것 같다. 고개를 숙이고 무엇인가를 염원하는 일본인들의 간절한 기원을 한동안 바라보았다. 가끔 보이는 한국 관광객 중에는 신사 앞에서 두 손을 모으는 이도 있었다. 히젠토의 과거를 알고 하는 행동인지 안타까운 마음을 누를 뿐이다. 이 비극적 시해 사건은 훗날 일본의 한 젊은 지성인을 한국으로 귀화시키는 계기가 되었다. 독도는 한국 땅이라고 외치고 다니는 일본인 호사카 유지 교수(세종대 독도연구소장)가 주인공이다. 그가 일본을 오가며 찾아낸 독도에 관한 실증적 자료는 그동안 우리가 국가적으로 수집한 내용을 압도하고 있다. 호사카는 대학 시절 명성황후의 비극적 죽음을 알게 되면서 한국으로 건너와 역사 공부를 했고 15년 만에 한국인으로 국적을 바꿨다.

이토 히로부미를 죽이고 만주 뤼순 감옥에 갇혔던 안중근 장군은 자신의 행위 이유를 15가지로 정리해 재판부에 제출

했다. 그 가운데 첫 번째는 "남의 나라 국모를 죽인 죄를 복수하기 위해 이토를 사살했다"라고 고백했다. 황후의 처참한 죽음이 조선 젊은이들의 피를 끓게 한 것이다.

아픈 역사가 봉인되어 있는 구시다 신사를 나와 후쿠오카의 번화가인 나카스 강변에 섰다. 역사를 잊은 민족에게 미래는 없다고 했던가. 단재 신채호 선생의 "영토를 잃은 민족은 재생할 수 있어도 역사를 잊은 민족은 재생할 수 없다"라는 말처럼 격동하는 동아시아의 정세를 돌아보자면, 125년 전의 이 사건은 그리 먼 과거가 아니다. "소레와 소레, 고레와 고레(그것은 그것이고 이것은 이것)"라는 식의 현실적 대처 때문일까. 물론 한일관계의 현실에서 이와 같은 상황은 충분히 동의한다. 역사와 교류 문제를 나눠서 투 트랙으로 접근하는 자세가 필요하다. 과거로 미래를 다 덮어내기는 애초부터 불가능하기 때문이다. 하지만 그 슬픈 '칼의 기억'만은 결코 잊지 말아야 할 것이다. 그리고 때가 오면 반드시 그 역사의 책임을 물어야 한다.

철학자의
길 위에서

끝나지 않은 여름은 무서운 태양의 막바지 파상공세에 시달리고 있었다. 지상에는 아무것도 온전히 남겨둘 수 없다는 듯 빛은 강렬한 직선으로 내리꽂히고 있었다. 2,000개가 넘는다는 교토의 절들은 열기에 갇혀 속수무책으로 달아올랐다. 살면서 좀처럼 만날 수 없었던 폭서다. 땀이 흥건해지는 더위를 헤치고 나는 묵묵히 '철학자의 길'을 걸었다. 교토 시내의 동쪽을 완만하게 감고 도는 코스다. 가끔 휘어지고 꺾이는 길 양쪽엔 수목이 빈틈없이 장벽을 만들고 있었다.

이 길의 주인공은 교토대학 철학과 교수 니시다 기타로 西田 幾多郎다. 칸트처럼 매일 하루 한 번 이 길을 걸으면서 명상을 즐겼다. 니시다는 메이지 유신 이후 개항과 서구화로 국가의 정체성이 혼란을 겪을 때 정신철학의 중심을 잡아준 스승이고, 현재까지도 일본인들의 추앙을 받는 인물이다. 이 고장 교토 출신 소설가 모리미 도미히코의 말처럼 "철학자의 길은 가장 교토다운 길"이라고 알려져 있다. 봄날 짧게 피었다가 꽃이 져버린 벚나무는 무성한 잎으로 개천의 허물을 감싸고 있었다. 가는 방향으로 흘러내리는 물줄기를 거스르는 잉어가 백미였다. 일본에서 남자아이의 성장과 출세를 상징하는 잉어 깃발 '고이 노보리'의 현장이다. 강을 거꾸로 거슬러 올라가는 잉어처럼 강인한 아이들을 기대하며 그들은 매년 성년의 날을 잉어 이야기로 장식한다. 이 길가에 수많은 잉어를 방류시킨 의미를 알 것 같다. 씨알이 굵은 어미와 새끼들이 끝없이 역류에 도전하고 있었다.

　　니시다는 대상의 주어들을 비판했다. 아리스토텔레스를 재해석해 술어의 방향을 철저히 유화시켰다. 그렇게 해야만 무의 장소에 도달하고 그 '절대무無'는 변증법의 기초가 된다고 보았다. "이해의 개념은 활동으로 얻어진 '안다知'의 세계이지 지각적 한계점의 도달은 애초부터 불가하다. 세계는 우리가 보는 시야에 지나지 않으며 우리가 존재하는 세계는 아니다"라는 주장을 미美의 연구에서도 살펴볼 수 있다. 이는 실존의 개념이 추상적 자기 한정에 머문다고 본 칼 야스퍼스 Karl Jaspers 의 현상학과도 상통하는 논리다. 니시다의 철학은 선불교가 바탕이다. 선종의 참선이 생각의 궁극에 도달한다고 믿었다. 이시가와현 시골에서 고등학교를 퇴학당하고 떠나 도쿄대 철학과에 입학한 뒤 매일 참선을 통해 세상을 깨닫고자 했다.

　　만다라는 원형의 제단을 의미한다. 우주 구성의 원리다. 그는 선종의 원환논리, 불교의 윤회나 회귀, 노자와 주역의 순환법칙 사유를 모두 담아내고자 했다. 세상을 순수한 경험의 실제로 본 사상은 지극히 동양적이다. 형이상학의 근본 바탕을 이루는 동양철학의 기초 위에서 절대무의 이론을 논리화시킨 셈이다. 이 때문에 서양철학의 비판 위에 독자적인 일본 철학을 정립시켰다는 후한 평가를 받고 있다. 하지만 이후 "자각은 직관이다. 작용하는 것에서 보는 것으로, 장소는 행위적 직관의 한정이며, 주체와 객체 사이의 대립이 없는 순수한 경험이 근본이다"라는 논리는 군국주의 철학의 기반이 되었다는 비판을 받기도 했다. 역사적 생명론으로 전쟁을 옹호했다는 것이다.

　　철학자의 길 중간에서 만난 동네 화가에게서 그림을 하나 샀다. 그는 매일 이 길에 나와 무려 32년의 세월을 보냈다고 했다. 머리카락처럼 가늘게 다듬어낸 연필로 철학자의 길을 완벽하게 재현시키고 있었다. 나를 쳐다보는 그의 눈은 이미 붉게 충혈되어 있었다. 그림값을 내미는데도 별 관심이 없다. 그 순간에도 연필 끝은 하얀 종이를 빠르게 메워나가고 있었다. 철사로 동여맨 허름한 낚시 의자에 앉아 순례자들에게 '니시다의 길'을 팔고 있는 그가 마치 선불교의 고승처럼 보였다. 헤겔과 칸트는 세계철학사에 우뚝 서 있는 양대 산맥이다.

벚꽃이 핀 철학자의 길

메이지 유학생들은 1900년대 초반에 이미 이들의 사상을 활발하게 연구하고 재해석했다. 그 중심에 니시다 기타로가 있었다. 오늘날 동양철학의 한 계보를 형성한 '교토학파'는 이렇게 탄생되었다. 벌써 120년 전의 일이다. 국책연구의 중심센터로 노벨상 수상자를 6명이나 배출한 교토대학은 일본의 정신문화 그 자체다. 아직도 헤겔과 칸트를 가장 많이 연구하는 나라는 독일, 영국, 일본이 꼽힌다. 니시다를 기리는 철학자의 길에는 시간을 초월해 사람들의 발길이 계속 이어지고 있었다.

윤동주,
얼음 속의 잉어

　　차디찬 돌 시비詩碑가 반가웠다. 고풍스러운 벽돌 건물의 명문사학 도시샤대학 캠퍼스 복판에서 시인 윤동주가 현세를 살고 있었다. 일본의 천년고도인 교토 시내 헤이안 신궁과 교토대 사이 가모가와강 안쪽의 교정은 영국풍 건물로 바뀌었고 흩어진 꽃다발과 종이학 몇 마리가 시비 제단을 지키고 있었다. 문학의 열망을 저버린 채 짧은 목숨을 마친 식민지 청년의 아픈 사연은 아직도 수용하기 힘든 역사의 현실이었다. "죽는 날까지 하늘을 우러러 한 점 부끄럼 없기를." 자필로 쓴 필체 그대로의 「서시」는 검은 대리석에 새겨져 지나간 시간을 담고 있었다. 푸른 시의 파편들은 계절이 지나가는 하늘을 향해 손짓하고 다가올 미래를 불러 모으고 있었다. 이승의 육신 대신 남겨진 그의 노래들이 영혼의 숨결처럼 다가왔다. 한글과 일본어로 나란히 새겨진 검은 화강암은 오가는 세월과 바람을 잘 견디고 있었다. 곁에 정지용의 시비가 나란히 있어 조금은 덜 외로워 보였다. 일제 강점기 북간도 명동촌에서 어린 시절을 보낸 시인은 평양과 서울을 거쳐 도쿄까지 선진학문의 문을 두드렸다. 숭실학교, 연희전문, 도쿄 릿쿄대, 다시 교토의 도시샤대학까지. 28살 짧은 생의 여정은 간단치 않았다. 도시샤의 선배 정지용을 흠모해서였거나 함께 유학길 친구가 되어준 친구 송몽규와의 우정 때문만은 아니었을 것이다. 정지용은 해방 후 이화여대 교수로 재직하면서 문학평론가가 되었다. 그는 무시무시한 고독 속에 죽어간 후배 동주를 "동지섣달 엄동설한에도 꽃과 같은 얼음 아래 한 마리 잉어"라고 표현했다.

윤동주가 태어난 1917년은 역사적 인물들이 줄줄이 세상 땅을 밟았다. 같은 북간도 명동촌의 친구 문익환 목사와 장준하 선생, 구미의 박정희, 통영의 윤이상, 신학자 안병무 등이 동갑내기다. 각자의 무늬대로 다른 방향에서 한국현대사를 격렬하게 색칠한 이들이다. 어떤 사람은 날개를 폈고 그 때문에 날개가 부러지며 생을 마감한 이도 있었다. 동시대의 우연과 악연이 교차했던 아픈 시간이었다. 윤동주는 한글 사용이 금지된 식민지 시대에 한글로 시를 썼다는 이유로 감옥에 갔다. 교토의 관할 재판소가 후쿠오카였기에 그곳 형무소에 수감되었고 1945년 2월에 옥사했다. "외마디 소리를 높이 지르면서 갑자기 쓰러져 급사했다"라는 것이 가족들에게 전해진

사인이다. 하지만 이를 믿는 이들은 아무도 없었다. 규슈대학 부속병원은 당시 조선인 수형자들에게 약물 주사 실험을 여러 번 자행했고 그 때문에 피 끓는 젊은 청년이 절명한 것으로 전해지고 있다.

윤동주의 글들은 세월이 한참 흐른 뒤 일본 고교 교과서에 실렸다. NHK는 훗날 윤동주 특집방송을 내보냈다. 후쿠오카에서는 윤동주 시 읽기 대회가 열리기도 했다. 와세다대 명예 교수인 오무라 마오大村益夫는 윤동주 연구를 위해 20년 동안 만주와 제주도를 수없이 오갔다. 한중 수교 전인 80년대까지 그는 연변대로 직장을 옮겨가면서 동주를 연구했다. 식민지 청년 시인의 생애를 마음으로 들여다보고 실증적 연구로 '윤동주 문학'을 세계적 수준으로 격상시켰다. 또한 시인 이바라기 노리코는 한글을 배우면서 윤동주의 시 세계로 깊은 탐험을 시작했다. 그 마음들이 도시샤 교정에 차가운 비석으로 남았다. 국가의 폭력을 개인의 참회로 풀어내려는 일본의 모습에서 묘한 감정이 일렁인다. 도시샤를 돌아 나와 가모가와 강변을 걸었다. 윤동주가 하숙집에서 이 길을 따라 학교를 오가던 길이다. 나라 시대를 마치고 교토로 천왕이 옮겨오면서부터 천 년 이상 도시를 지키고 있는 강이다. 말 그대로 오리들이 놀던 강은 「압천」이라는 정지용의 시로 남았고 윤동주의 「나그네」 속에도 그려져 있다. 이 물은 다시 이마데가와今出川로 나누어지고 시내를 흐르는 수로의 물줄기로 흩어지고 있었다.

윤동주 시비

잊기는 쉬워도 잊히기는 어렵다. 동주의 시비가 서있는 공간에서 나의 사고는 망각과 기억 사이를 분주히 들락거렸다. 앞마당에는 벌써 홍매화가 만개해 있었다. 바람이 아직 차가운데 이렇게 모든 걸 다 내놓고 봄을 맞이하는 매화의 향기가 애처롭다. 어긋난 시대의 길목에서 오래전 목숨을 떠나보낸 한 청년이 해마다 때 이른 홍매紅梅로 부활하는 것 아닐까. 그의 언어는 죽어서 명예를 지켰고 남겨진 사람들의 긍지로 부활했다. 그를 따라다니던 죽음의 십자가를 넘어야 오랜 이 갈등이 풀려날 텐데. 아직은 두 나라 사이에 가파른 비탈길은 끝나지 않고 있다. 슬기롭게 지나쳐야 할 역사의 커튼 뒤에서 서로가 발목을 잡는 것은 아닌지 혼란스럽다. 아픈 기억을 놓아야 서로에게 미래가 있지 않을까.

지식의 제국,
다케오 도서관

인류문명의 줄기는 언제부터 시작되었을까. 기원전 1만 년에 해저 속으로 사라졌다는 '아틀란티스'는 플라톤이 평생 증명해내려고 했던 지식의 도시였다. 상상할 수 없는 시간의 두께다. 신비의 제국이 있었다는 기억만으로도 인류는 즐겁고 뿌듯하다. 문명의 지식과 경주하며 차근차근 쌓아 올린 벽돌 탑이 현재로 이어졌기 때문이다. 그 이름을 못 잊어 후세인들은 아름다운 그리스 산토리니 해변에 세상에서 가장 멋진 서점 '아틀란티스 북스'를 열고 집요하게 지식의 열망을 유혹하는지도 모른다. 생각해보면 어느 시대에서나 그랬다. 당대 최고의 역사와 문화, 인재는 도서관에서 탄생했다. 인류사의 가장 오래된 바티칸 도서관은 물론 세계 최대 규모의 보스턴 시립도서관, 아일랜드 더블린의 트리티니 대학 장서관, 이집트의 영광을 가져다준 알렉산드리아 도서관 같은 명소들은 이름만 들어도 가슴이 설렌다. 인류는 언제나 하늘의 원리와 땅의 진실을 알고자 했다.

일본 규슈의 다케오 도서관을 처음 봤을 때 거대한 콘서트홀 같았다. 고대 원형 극장에 지붕을 덮은 구조물 같은 느낌이었다. 외형만 보자면 잘 디자인된 미술관 분위기였다. 트러스 공법으로 연결된 처마 밑 4층 높이의 모든 공간이 한곳으로 모이게 설계되었다. 인구 5만의 작은 도시에 세계인이 주목하는 시립도서관이 문을 연 것은 불과 몇 년 전이다. 다케오시 시장과 일본 최대의 서점 츠타야TSUTAYA가 손을 잡고 일을 저질렀다. 츠타야의 주인 마스다 무네아키는 설명이 필요 없는 '지식 슈퍼스타'다. 생활 속 독서를 지향하며 일본의 낡은 서점과 도서관 문화를 확 바꿔버린 장본인이다. 1,500개의 연결된 서점으로 츠타야 왕국을 만들어냈다. 서점이나 도서관은 단순히 지식만을 습득하는 곳이 아니라 이제 개개인이 '취향을 설계하는 곳'으로 개념을 전환시켰다. 츠타야는 그래서 주식회사가 아니라 문화 인프라 창조 기획회사다. 이 작은 도시에 이 큰 도서관이라니, 그런데 이곳을 보려고 연간 100만 명이나 찾아온다니, 두 번 놀라지 않으면 이상하다.

세상에는 너무나 많은 도서관이 있다. 하지만 다케오는 터치부터 달랐다. 벽돌 외벽의 멋스러움 안으로 낮게 배치된 서가의 모든 선이 시원하고 유쾌했다. 층간 높이를 통합한 복층

구조에 잘 정돈된 수 만권의 책들이 시선을 압도했다. 기둥을 뺀 전 공간이 한눈에 집약되면서도 거슬리지 않는 디테일을 갖췄다. 어른 키 높이에 맞게 정리된 장서는 이용객들을 최대한 배려하려는 노력이 엿보였다. 소비자 시대의 산물이다. 사람들은 적당히 워킹하면서

다케오 도서관에서

인문, 여행, 요리, 풍물, 디자인, 건축, 모든 소설, 모든 매거진과 만날 수 있다.

역사자료관은 다케오 도서관의 자랑이다. 발코니 형태로 매달려 있는 2층 서관에 일본 각 지역의 자료들이 정밀하게 수집되어 있었다. 들판에서 일을 막 끝내고 휴식하러 온 주민 몇 명이 열람실에서 신문을 탐독하는 모습은 정겨웠다. 이곳에서 책은 젊은이들만의 전유물이 아니라 중장년층 모두의 기호품이었다. 인생살이에 지쳐 영혼이 말라갈 때쯤 한 번씩 단비처럼 적셔주는 향신료다. 도서관 내부는 스타벅스와 함께 운영되고 있었다. 카페에서처럼 대화를 나누고 책도 볼 수 있게 만든 이스라엘의 예시바Yeshiva 도서관 스타일과 닮았다. 도서관의 전통적인 고요는 없었다. 조용한 대화, 낮은 음악이 자연스럽고 편안한 21세기형 공간을 만들어내고 있었다. 사색이

필요하면 규슈 올레길이 바로 뒷산으로 연결된다. 3,000년 된 녹나무가 굽어보고 있었다. 울창한 대나무 숲 가운데 성스러운 역사를 지탱해주는 지혜의 수호신처럼 말이다. 더 올라가면 사방은 첩첩산중이다. 내려다보니 다케오 지붕은 원형 유리를 통해 하늘빛을 열람실 안으로 초대하고 있었다. 꽉 채워진 유리 벽들이 낮지만 낮지 않게, 높지만 높지 않은 산들과 부드러운 곡선으로 연결되는 구조다. 온화한 능선들은 다시 도서관 지붕을 타고 석양으로 이어져 마침내 하나의 인연으로 떨어지고 있었다.

규슈는 이전부터 평화롭고 풍요한 땅이었다. 그 가운데서도 사가현의 농산물은 최고품질로 정평이 나 있다. 사가의 소고기인 니쿠는 일본 전국에서 가장 비싸게 팔린다. 이 도서관 15분 거리에 일본 5대 온천장 우레시노가 기다리고 있다. 후쿠오카나 나가사키 도회지 사람들의 '에너지 충전소'로 오래 사랑을 받아온 고을이다. 지식사업은 돈만 있다고 되는 일은 아니다. 감각과 철학, 고집, 디자인, 주민들과의 교감, 그곳을 이용하는 이들이 필요 충분 조건이다. 이 모두가 모여야 가능한 일이다. 옛사람들은 만물의 분열과 성장, 변화의 원리를 그림으로 표현한 하도河圖를 숭상했다. 인지식의 총합이라고 여겼던 고대 왕조 주나라의 낙서洛書에는 우주관, 상제관, 인간관, 신관이 망라되어 있다. 하도와 낙서에서 한자씩 가져다가 '도서圖書'관이 유래했으니 도서관이 지금도 문명의 출발점이라는 가설은 유력하다. 천문, 지리, 인문을 통해 세상의 이치를 알고자 했던 몸부림이 현재의 문사철文史哲 아니겠는가. 독서광 정조 임금이 남긴 글이다.

> "눈 내리는 밤에 글을 읽거나 맑은 새벽에 책을 펼칠 때 조금이라도 나태한 생각이 일어나면 문득 달빛 아래서 입김을 불며 언 손을 녹이는 선비가 떠올라 정신이 번쩍 뜨이지 않은 적이 없었다"

역사 속에서 모든 중흥기는 그냥 이뤄지지 않았다. 치열한 선비정신과 문화감각이 함께 만들어낸 결과물이었다. 오늘날 도서관은 '지혜의 숲' 혹은 '종이 무덤' 둘 중 하나다. 지혜의 숲으로 남으려면 그 도서관은 살아있어야 한다. 사람들의 발길이 이어지고 격조 높은 독서의 두터움이 함께 해야 가능하다. 관청의 주도로 만들어지는 공공도서관들이 형식적으로만 존재하다가 시간이 가면 왜 종이 무덤으로 전락하는지를 돌아볼 때다.

츠타야 서점의
유쾌한 반란

키 높은 푸른 나무가 시원하게 그늘을 만들어주고 있었다. 울타리도 없이 사방으로 뚫려 있는 오픈 디자인은 새롭다 못해 낯설다. 놀이터를 옮겨 놓은 듯하고 자유공간 같기도 했다. 아니면 사람들이 모여들어 무엇인가를 살펴보고 채우는 거대한 충전소 같은 분위기였다. 메인 도로변에서 보면 자그마한 간판 하나만 붙어 있어 이곳이 소문난 서점인지 모르고 그냥 지나칠 수도 있다. 츠타야 서점은 그렇게 나타났다. 책방은 책방다워야 한다는 선입견을 완전히 뒤집은 반란이었다. 야외공원을 기초로 만든 아담한 인텔리전트 건물이 완벽한 조화를 이루고 있었다. 책을 판매하는 곳을 상상하고 갔다가 하나의 작품을 돌아본 느낌이었다. 낮은 2층 건물 3개 동을 중간 다리로 연결해낸 공법. 내부에서는 하나의 공간으로 인식

츠타야 서점

되었다. 연결통로는 투명 소재로 처리해 외부의 빛이 자연스럽게 스며들었다. 100여 개의 전문 서적 코너를 따라 돌 수 있도록 동선을 그려냈다. 밖에서 보는 왜소함은 내부에서의 확 트인 공간감으로 상쇄된다. 서점 중앙에 배치된 스타벅스가 이색적이었다. 커피와 책이라는 두 가지 요소를 콜라보레이션 해낸 것이다. 커피 향 속에 독서와 지식탐구를 함께 소구한 셈이다. 패밀리마트와 애견숍, 명품식당 아이비 플레이스, 사진용품점, 소규모 공연장도 함께 들어서 있다. 수시로 신간서적 발표회도 열린다. 그래서 츠타야 서점보다 '다이칸야마 T-하우스 가든'으로 많이 알려져 있다. 외벽의 아름다운 T자형 벽돌은 츠타야의 이니셜 영문 첫 자를 디자인해 따로 구워냈다고 한다. 모든 콘셉트가 하나의 흐름으로 연결되어 색다른 맛을 낸다. 놀이와 지식 충전의 공존이다.

다이칸야마는 오래전부터 외국 대사관들이 많은 동네다. 주변의 500여 개 가게들은 츠타야 덕분에 상권이 완전히 바뀌었다. 하루 2,000명에 불과하던 방문객이 주말이면 3만 명을 넘는다. 식사하러 오는 사람, 강아지 용품을 사러 오는 사람, 책을 보거나 구매하고 또 이 분위기를 즐기려는 관광객까지 거리 전체가 늘 북적인다. 신개념의 츠타야는 단기간에 도쿄의 명소가 되었다. 책은 젊은이들만의 전유물이 아니라 중장년층의 기호품이라는 말이 있듯, 인문 문학, 아트, 건축 디자인, 자동차 바이크, 요리, 여행의 6개 테마섹터는 50~60대들의 시선을 사로잡았다. 물론 주제별 전문 매니저가 코너마다 고객들을 기다리고 있었다. 책 이야기에서 시작되지만 일상의 대화나 인생 상담까지 확장된다. 나이 지긋한 소비자들이 이곳을 다시 찾는 이유를 알만하다. 바로 옆에는 T-트레블이 있다. 책 속에서 자신의 꿈을 발견하면 바로 옆 코너에 와서 호텔과 비행기 표를 예약하고 떠나라는 뜻이겠지. 볼거리와 읽을거리, 먹을거리가 가득해 한나절을 보내고도 아쉬웠다. 사람은 주머니가 채워지면 문화와 창작의 세계가 그리워진다. 그게 채워져야 만족한다. 인간만이 갖고 있는 특이한 원형질이다. 인생살이에 지쳐 말라가는 영혼을 듬뿍 채워주는 멋진 서점은 존재 자체만으로도 의미 있다.

츠타야 공간 디자인에는 크리에이티브 디렉터 이케미 도모코池見知子와 그래픽 디자이너 하라 켄야原 研哉가 참여했다. 일본의 현대 지식건축 디자인계의 잘 알려진 파트너다. 이 밖에도 수많은 문화계 인사들이 아이디어를 모아줬다. 21세기형 서점 창가의 독서의자에 나란히 앉아 책을 읽는 모습은 보기만 해도 아름답다. 정신없이 돌아가는 도심 속에서 찾은 낭만의 파라다이스다. 한번 들어서면 좀처럼 빠져나오기 힘든 마법의 영지라고 할 수 있을까.

아틀란티스 북스는 에게해의 기적으로 불린다. 그리스 산토리니섬에 남아있는 서점으로 전 세계 작가 지망생들의 버킷리스트이기도 하다. 츠타야는 시미즈 레이나의 『세상에서 가장 아름다운 서점』에서 파리의 셰익스피어 앤드 컴퍼니, 남미의 건축상을 휩쓴 브라질의 빌라 회전문 서점, 『해리포터』 작가 조앤 K. 롤링이 영감을 받았다는 포르투갈 리스본의 렐루 서점 등과 함께 도시의 문화를 키우는 명소로 18위에 랭크되기도 했다. 츠타는 담쟁이 넝쿨을 뜻한다. 그러니 츠타야는 담쟁이 넝쿨이 덮힌 책들의 집인 셈이다. "담쟁이 잎 하나는 천천히 앞으로 나아가 수천 개의 잎을 이끌고 결국 그 벽을 넘는다"라는 도종환의 시처럼, 척박한 도시가 지식으로 푸르게 덮이는 모습이었다. 츠타야는 수백 년의 역사를 자랑하는 기노쿠니야 같은 대형 서점의 구조를 완벽하게 허물었다. 일본 주요 도시마다 츠타야 서점이 있을 정도다. 그러나 다이칸야마 T-하우스는 특별하다. 책을 읽지 않는 세대들도 찾아와서 유쾌하게 돌아보고 다른 휴식을 동시에 취할 수 있도록 융복합을 시도한 것이 가장 큰 차별점이다. 지식을 접하도록 지혜롭게 안내한다는 명제에 충실한 현장이다.

우리나라에 한때 6,000개의 서점이 있었다. 시대의 흐름에 밀려 지금은 1,300개 정도 남았다. 그나마도 생존이 아슬아슬하다. 신촌과 홍대 앞, 대학로의 문화거리가 옷 가게와 부동산, 주점으로 변해가는 현실을 목격하며 살고 있다. 먹고 입고 마시는 세대에 밀려 문화는 갈 곳이 없다. 한국의 츠타야를 기대해본 시간이었다.

만들어진 영웅,
사카모토 료마

신화는 신들의 이야기이고 역사는 사람들의 스토리다. 사실 그대로를 기록하는 것이 역사라고 할 수 있다. 하지만 지나고 보면 후대가 만들어내는 부분이 더 매력적인 역사로 자리 잡기도 한다. 있지도 않았던 사실을 허무맹랑하게 조작하는 수준이 아니라면 어느 정도의 가감과 첨삭은 기본이다. 시대 상황이나 보는 사람의 시각에 따라 달라질 수 있다. 특히 역사적 인물은 관점의 기교가 만들어내는 역할이 지대하다.

봄이 오는 항구는 따뜻한 남풍으로 가득했다. 고베는 오사카를 서쪽으로 연결해주는 해안선상의 도시다. 반대쪽으로 천 년의 고도 교토가 자리한다. 일본 역사의 본거지이면서 간사이 지역의 핵이다. 태평양을 건너온 바람이 부두를 넘고 있었다. 처절하게 부서졌던 한신 대지진의 기억은 말끔히 지워졌다. 2킬로미터의 접안 시설은 이전보다 새로운 모습으로 단장되었다.

메이지 유신의 영웅 사카모토 료마坂本龍馬의 개혁이 숨차던 현장에는 가이엔타이海援隊 기념물이 깔끔한 모습으로 재등장해 있었다. 일본 해군의 시작점이다. 료마가 헌신했던 가이엔타이를 중심으로 근대 일본은 유신 후 20년 만에 군함 20척을 건조했다. 병부성의 적극적인 지원 덕분이었다. 1894년 청일전쟁과 1904년 러일전쟁에서 승리를 거머쥔 신의 한 수가되었다. 개항을 받아들이고 초단기간에 만들어진 해군력은 국가를 제국의 반열에 올려놓았다. 이름도 없던 일본이 세계사의 전면에 등장하는 계기였다. 수만 명의 지진 희생자를 새겨넣은 추모관 옆으로 조국의 개항과 미래를 꿈꿨던 청년 료마의 발자취는 살아있었다. 가이엔타이 기념물을 돌아보려는 사람들의 발길은 계속 이어졌다. 여기에는 그만한 이유가 있다. 메이지유신 150주년이어서다. 일본 근대화의 전기를 마련해준 영웅의 이야기를 좀 더 가까이에서 관찰하기에 더없이 좋은타이밍이다. 역사는 잊지 않으려는 사람들에게 오래 기억된다.

료마는 일본의 국민작가 시바 료타로司馬遼太郎에 의해다시 살아났다. 메이지유신 100년 만에 일본의 국민적 영웅으로 각색된 것이다. 1962년 4년 동안 《산케이 신문》에 연재된 8,000매의 원고는 단박에 베스트셀러가 되었다. 혁명기의 풍운아였지만 19세기 말 당시에는 큰 조명을 받지 못했다. 그가 수줍음을 잘 타고 시골 출신이라는 점, 놀라운 검술과 뛰어난 조정력으로 사쓰마, 조슈, 도사번이 가담한 막부 반란군 삿조동맹薩長同盟을 성사시켜 유신이 무혈혁명으로 마무리되었다는 점, 일본 근대화의 기초가 되었지만 32세의 젊은 나이에 살해되어 생을 마친 인생 역정은 스토리텔링의 완결판이 되기에 충분했다. 료마는 도사번의 탈번(에도 시대에 사무라이가 일본의 번을 벗어나 낭인이 되는 것) 무사다. 오직 혈기 하나로 나라에 도움이 되는 길을 고민하고자 했던 인물이다. 사이고 다카모리처럼 반란군 대장도 아니었고 가쓰 가이슈처럼 막부정권의 고위직을 지낸 적도 없다. 이름 없는 낭인이었지만 내전을 피하고 사무라이 왕국을 개항으로 이끌어 부국이 되는 방법을 고민했다. 도쿠가와 막부 15대 쇼군 도쿠가와 요시노부가 메이지 천황에게 통치권을 반납하는 것을 선언한 정치적 사건, 대정봉환大政奉還을 통해 메이지 유신이라는 역사적 전환점을 이끌어낸 것은 료마의 설득과 협상이 낳은 작품이다. 규슈의 나가사키에서 고베까지 선박으로만 이동할 수 있던 때에 그는 선상에서 수많은 고뇌를 거듭했다. 뱃전에서 구상해낸 선중팔책船中八策은 근대역사의 중요한 대목이다. 참의원과 중의원의 양원제, 차별 없이 인재를 등용시키고 헌법을 만들자는 제안, 만국공법(국제법) 준수로 서구열강들과 어깨를 나란히 하자는 제안들은 시대를 뛰어넘는 것들이었다. 일본은 아직까지 료마의 구상을 골격으로 유지하고 있다. 인생 경험이 일천한 20대 후반 청년의 제안이라고는 상상하기 힘든 부분이다.

시바 료타로는 불후의 소설 『료마가 간다』를 써서 잊혀가는 인물 료마를 현실로 초대했다. 그를 통해 존왕양이尊王攘夷를 극복하고 서양문물을 받아들여 강대국으로 도약해나가는 일본의 꿈을 담아냈다. NHK 대하드라마로 제작되기도 했다. 청년의 야망과 헌신이 극적으로 그려진 이 작품으로 료마는 단숨에 최고의 정치가 반열에 올랐다. 2000년 《아사히신문》이 조사한 지난 천 년 동안의 위대한 정치가 순위에서 압도적으로 1위를 차지했다. 메이지 유신은 노력의 결과물이다. 개화기 청년들의 애국심과 결단이 빚어낸 성공이다. 공익에 헌신하고자 했던 젊은 선각자들이 유신의 물줄기를 잡아냈다. 후세들은 그들을 정확히 관찰하면서 옳은 평가를 내리고자 했다. 치밀한 분석과 따뜻한 시선이 유지되어야 가능한 영역이다. 인간의 역사는 만들어지는 부분이 많다. 위대함과 추악함은 종이 한 장 차이에 불과할 때가 많다. 어떻게 보는가에 따라 빛나는 역사가 되기도 하고 불편한 과거가 되기도 한다.

공익자본주의의 모델,
나오시마

후쿠다케 쇼이치로福武長一郞의 아버지 후쿠다케 테츠히코는 꿈을 이루지 못하고 1986년 세상을 떠났다. 아동 학습서와《바다제비》같은 사상 잡지를 만들던 '후쿠다케 서점'의 창업주다. 그가 늘 그리워하던 곳 나오시마에 천진한 아이들이 자연을 즐기는 캠프장을 만들고 싶었지만 그러지 못하고 눈을 감았다. 아들은 도쿄의 가업을 정리하고 고향 오카야마로 돌아왔다. 회사 이름도 후쿠다케 서점에서 '잘 살다'라는 의미의 '베네세Benesse'로 바꿔버렸다.

어느 날, 후쿠다케는 바다 건너 나오시마에 내린 순간 아버지가 왜 그토록 이 섬을 못 잊었는지 알 것 같았다. 세토나이카이瀨戶內海의 아름다운 바다는 섬을 타고 흘러내리는 부드러운 곡선에 안겨있었다. 한없이 고요한 석양 바다는 단번에 마음을 사로잡았다. 인간의 문명에 피폐해진 구리제련소의 잔해가 부담스럽긴 했지만 몇 바퀴 섬을 둘러본 뒤 평소 알고 지내던 세계적인 건축가 안도 다다오에게 도움을 요청했다. 두 사람은 선술집에서 밤늦도록 술잔을 기울였다. 세상에서 하나뿐인 갤러리를 만들어보자는 제안을 들은 안도는 무척 당황했다. 상상이 가지 않는 그림이었다. 그러나 방문하면 할수록 산과 바다의 굴곡에서 뭔가 신비함이 솟아나고 있음을 감지했다. 나오시마 프로젝트는 그렇게 시작되었다.

세토 바다의 아름다움은 에도시대부터 세계적 찬사를 받아왔다. 혼슈와 시코쿠 바다에 버려진 인구 3,300명의 작은 섬에서 생명의 건축이 시작되었다. 1156년 헤이안 시대 고시라카와 천황이 즉위 무렵 귀족과 무인들의 내전을 겪으면서 패배한 스토쿠 상왕이 유배길에 섬에 들렀다가 주민들의 솔직함에 감동해 마을 이름을 나오시마直島라고 지었다. 이 섬을 지나면 메이지유신의 영웅 사카모토 료마의 고향(고치현) 가는 길이다. 바다를 건너는 20분 동안 구국의 고뇌에 쌓여 육지로 향했을 청년 료마를 몇 번이나 떠올렸다.

후쿠다케의 열정과 땀은 서서히 사람들을 움직였다. 바다는 스스로 아름다워지려 했고 섬은 더 푸른 숲이 되고자 했다. 그 각각의 언어가 완벽한 조화를 이뤄 1992년 베네세하우스가 선을 보였다. 예상을 벗어난 감동이었다. 2002년에는 지추미술관, 2010년 이우환 미술관이 문을 열었다. 옛 골목을 살리는 '이에家프로젝트'는 인간의 역사와 깊이를 담아냈다. 안도 다다오의 손길을 거친 꿈의 호텔 오벌과 비치, 파크가 차례로 개장하면서 전 세계 사람들이 몰려들었다. 마음에 고인 물을 길어 올린다는 독특한 조각 '가보짜(호박)'는 백미였다. 파크 호텔 선착장 잔교에 세워진 노란 호박은 영혼의 세탁소 같은 느낌이었다. 어느 해 태풍에 호박 꼭지가 날아갔는데 고기잡이에 나갔던 마을 어부가 파도에 떠다니는 꼭지를 건져 다시 끼워 맞췄다고 한다. 예술과 인간은 이렇게 공존하고 있었다. 조각가 쿠사마 야요이草間彌生는 고개 너머 선착장에 또 하나의 빨간 호박을 설치했다. 거대한 호박에 하늘의 점이 박히고 곳곳이 원형으로 뚫려 있다. 우주와 교신하는 통로를 연상하고 만든 작품이다. 햇살이 포근한 아침나절 걸어서 돌아본 혼무라 마을은 독특한 체험을 안겨주었다. 오래된 과거가 거장들의 건축과 어우러져 많은 이야기를 쏟아냈다.

　　나오시마를 움직이는 기업 베네세 홀딩스는 '잘사는 것'에 대한 끝없는 탐구와 실험을 실천하고 있다. 인간은 본능적으로 행복해지려 한다. 하지만 도시에서의 인간은 정보와 오락이 넘치는데도 고독하고 행복하지 못하다. 섬의 풍경은 평화를 준다. 이렇게 좋은 곳에 살면 저절로 행복해지겠다는 생각이 든다. 지친 그들을 제 발로 오게 만드는 게 숙제다. 깜짝 놀랄 만한 구상이 그것을 가능하게 했다. 답은 건축과 예술이었다. 후쿠다케와 안도가 실마리를 풀어나갔다. 바다와 태양과 예술과 건축을 한데 묶어 문화공간을 만들고 그 생명력으로 버려진 섬을 살려냈다. 명소를 만들어낸 결정적 힘은 역시 후쿠다케의 '공익자본주의' 소신이었다. 현대기업들은 대개 문화산업을 목적으로 재단을 만들고 대주주가 배당금을 기부한다. 하지만 객관적 운영보다는 오너의 자녀들이 관계하고 치부와 도피의 통로로 이용되곤 한다. 한마디로 왜곡된 '금융자본주의'의 모습이다. 그는 이처럼 병든 자본주의를 과감히 바꾸고자 했다. 악화가 양화를 구축하듯이 수단이 목적을 정당화시키는 병든 자본주의의 치부라고 보았다. 자본주의와 예술에 대한 후쿠다케의 지론은 상상 이상의 설득력과 울림이 있다.

"공익자본주의는 부의 배분을 달리한다. 세금회피나 과다한 배당의 일부를 사용해 기업 스스로가 좋은 커뮤니티를 만드는 데 쓰는 것이다. 공익자본주의는 인간과 기업의 모든 연결고리를 선순환시킬 것이다. 문화는 경제에 종속되는 것이 아니라 그 반대여야 한다. 문화가 경제를 이끌어가야 한다. 사물은 경제에 앞서가지 않는다. 사람의 생각이 앞서가는 것이다"

형제와 자식들의 재산싸움에 이골이 난 현대자본주의

나오시마 베네세하우스

의 추악함은 한계에 와 있다. 오직 자신과 가족만이 잘살고 말 겠다는 천민자본주의는 진한 고해의 시간이 필요하다.

　　나오시마는 꿈꾸는 인간의 수채화가 그려진 섬이다. 후 쿠다케의 과대망상이 현실이 된 미지의 세계, 버려진 광산에 대 한 분노가 예술로 승화된 천국, 천 년의 신전을 만든다는 정성 으로 놀라운 투혼을 쏟아부은 이상향이다. 바다 건너 우라노 항구는 속세이고 나오시마는 피안이다. 문명의 속도와 생의 시 간과 그것들을 정의하는 숫자의 의미는 삶과 죽음을 하나로 묶어 내는 것이다. 나오시마에는 흥분과 긴장과 경쟁 대신 인간이, 사람 냄새가 있었다. 점점 늙어가는 섬사람들의 시간을 가라앉히는 바다가 있었다. 그림과 미술관이 주인공 같지만 실은 인간이 주인공임을 알게 해주었다. 그저 보고 느끼는 것만으로도 아름다운 인간을 그려낼 수 있었다. 나오시마는 오늘도 당신들의 자본주의가 어떤 방향으로 흘러가고 있는지를 묻고 있었다.

교토 료안지의
침묵

누구도 말이 없었다. 공간은 넓고 허한데 그 사이에는 침묵이 놓여 있었다. 마룻바닥에 앉은 사람들은 약속이나 한 듯 숨소리도 크게 내지 않았다. 침묵하되 적막하지 않았고 금언하되 고독하지 않았다. 구도하되 눈을 감지 않았고 깨어있으되 말하지 않았다. 조용함은 금방이라도 날카로운 죽비로 어깨를 내려칠 것만 같았다. 하지만 그들은 부드러운 고요 속에 묻혀 모두들 자신의 심연을 들여다보고 있었다. 교토의 대표적인 사찰이자 유네스코 세계유산인 료안지^{龍安寺} 경내로 이어지는 마루에는 그렇게 오후를 보내는 이들이 가득했다. 시선은 하나같이 앞마당에 펼쳐진 가레산스이^{枯山水}에 꽂히고 있었다. 하얀 모래와 돌로 다듬어진 마른 정원이다. 나무도 꽃도 연못도 없다. 이곳에 있다는 15개의 돌은 바다에 떠있는 섬을 의

미한다. 크기와 높낮이, 위치가 묘한 원근감으로 다가왔다. 하지만 실제로 돌은 어느 방향에서 봐도 14개다. 나만은 찾을 수 있으리라는 자신감으로 눈동자를 이리저리 굴려봤지만 나머지 1개는 어떻게 찾아도 보이지 않았다. 인간의 불완전함에 대한 선종의 메시지임을 모르고 덤빈 까닭이다. 깨달음을 얻은 자만이 15개의 돌을 모두 볼 수 있다는데. 모래밭의 돌을 헤아리는 일은 어설프기 짝이 없는 나 자신의 근본을 묻고 있었던 것과 같았다. 동서남북 사면이 모두 다른 형태로 보인다. 불교의 팔상성도에서 이름을 따서 핫소정원八相庭園이라고도 불린다. 20세기 최고의 공간이라는 평가에 이의를 다는 사람은 없다. 핫소는 부처님 생애의 중요한 사건 8가지 이름으로 봉래, 방장, 영주, 곤량, 팔해, 오산, 정전시송, 북두칠성을 표시하고

교토 료안지의 가레산스이

있다.

밖은 울창한 삼나무, 스기杉의 위용이 하늘을 덮고 있었다. 그늘 아래 단풍이며 동백들이 지나가는 바람을 한 자락씩 가두어 묘한 화음으로 재생시켰다. 날짐승들의 노래만이 가끔 적막을 깨트렸다. 그래서 가레산스이는 죽은 정원이 아니라 생명의 동산이었다. 질서정연하고 가지런한 조화를 마음에 새겨넣고 영원을 꿈꾸는 곳. 마른 정원은 나의 시선 속에 다시 정교한 정물화로 살아오고 있었다.

교토 시내 2천 개의 사찰 중에서도 료안지를 으뜸으로 치는 이유를 알만했다. 정신수양과 디자인, 건축, 조각, 철학의 실마리까지 세계를 휩쓴 젠禪의 발상지답다. 미국 정치학자 사뮈엘 헌팅턴은 아시아류流의 으뜸으로 젠을 꼽았다. 선종은 원래 인도의 보리다르마Bodhi-dharma, 즉 달마가 남북조시대에 창시한 불교의 한 갈래다. 참선으로 깨달음을 얻으려 했다. 세월이 흘러 젠으로 일본에 정착한 것이다. 젠은 선禪의 일본식 발음이다. 절제와 단순미를 추구하는 동양적 여백이 아름다운 단어이며 서양의 미니멀리즘과 상통한다. 중국에서는 사라진 참선의 세계가 교토에 그대로 살아있었다. 이 세상의 중심이었던 당나라 장안(현재의 시안)을 모델로 만들어진 도시, 교토의 한 가운데에 료안지를 지어 참선으로 인간을 구하고자 했던 대목에 이르면 의문이 풀린다. 선불교 임제종은 이렇게 일본 참선문화의 뿌리로 자리 잡았다. "가는 곳마다 주인이 되고

서는 곳마다 참되게 한다"라는 수처작주 입처개진隨處作主 立處皆眞의 진리를 로고스로 여긴다.

　　지금 세상은 물질보다 정신의 피폐로 고통받고 있다. 일본인들은 이 공허함을 젠으로 극복하고자 했다. 료안지 경내에서 반나절을 보냈다. 선종의 진리 속에서 나 자신을 찾으려 했지만 마지막에는 "네가 누구인지 알 수 없다"라는 답변만이 돌아왔다. 손을 씻고 목도 축일 겸 옆 마당 우물가로 향했다. 네모난 모양의 통에 물이 고여 흘러내렸다. 에도 시대 번주였던 도쿠가와 미쓰쿠니가 기부해서 소문난 '쓰쿠바이(손씻는 그릇)'다. 통의 물 받침에는 오유지족吾唯知足이 사방으로 새겨져 있다. "오직 스스로 족함을 안다"라는 선종의 가르침이다.

　　해가 뉘엿뉘엿 넘어갈 때쯤 절간 문을 나섰다. 방향도 정하지 않고 정처 없이 걸었다. 무성한 늦여름을 가로질러 리쓰메이칸 대학 정문까지 내려왔다. 생각이 꼬리를 물고 끝없이 고개를 들었다. '선'은 명상을 통해서 천국으로 가는 방법이다. 그러려면 번뇌를 씻어내야만 한다. 번뇌는 마음의 먼지다. 일탈이 안주하는 집으로 간주된다. 이 마음의 속박에서 벗어나야 진정한 자아를 찾을 수 있다는 것인데, 나의 마음속은 세상의 온갖 먼지로 수북하다. 그 먼지를 벗겨내 본래의 순수한 마음을 찾고 회복해야 가능한 일이다. 숱한 인연과 재산, 지위, 속박과 욕망의 상징인 '집'을 떠나야 이뤄지는 일이다. 그럴 수 없는 속세에 몸부림치면서 하루에도 몇백 번씩 마음속의 폭풍

만을 불러일으킨다. 무서운 번뇌다. "세상 사는 것이 다 그런 것이다"라는 깨달음의 나이에 접어든 걸까. 모를 일이다. 상처받은 꽃잎들이 가장 향기롭다고 하지 않았던가.

도쿠가와의
세 마리 원숭이

전쟁과 혁명의 시대는 인간의 고통을 바닥에 깔고 있다. 삶이 티끌이고 죽음은 가볍다. 지략과 전략, 권모술수, 최후에는 힘을 바탕으로 어떻게든 살아남아야 후세의 평가를 받는다. 단순한 용맹과 결기는 당대를 이끌 수 있지만 패하고 사라지면 그만이다. 비굴할 정도로 교활하게 또는 음흉할 정도로 기다리며 치밀하게 작전을 짜고 살아남아야 또 다른 세상을 만들 수 있다. 일본의 찬란한 에도 막부시대를 연 초대 쇼군 도쿠가와 이에야스德川家康가 바로 그런 사람이다.

도쿄 부근에서 가장 성스러운 곳으로 불리는 도치기현의 도시, 닛코의 가을은 제법 깊게 물들고 있었다. 일본인들이 귀하게 여기는 장소다. 온갖 고난을 이겨내고 에도시대로 역사의 물줄기를 바꾼 주인공의 사당 도쇼구東照宮가 있기 때문이다. 피비린내 나는 전국 시대 100년의 혼란을 끝내고 내부 통일을 이뤄낸 쇼군의 정기를 가까이서 느끼려는 사람들로 늦가을 오후, 닛코역은 붐비고 있었다. 도치기현의 고요한 산 중턱에는 영웅의 사당이 자리 잡고 있었다. 할아버지의 공덕을 기리기 위해 손자 도쿠가와 이에미쓰가 대역사를 일으켜 세운 곳이다. 2만 명의 기술자들과 450만 명의 인원을 동원해 역사에 길이 남을 작품을 만들었다. "죽어서 이곳 닛코에 묻히고 싶다"라는 도쿠가와의 유언에 따라 시즈오카에서 유해가 옮겨졌다. 거의 380년 전의 일이다. 도쇼구 정문에서는 후쿠오카에서 끌고 온 거대한 화강암 표지석이 사람들을 압도했다. 나의 목적은 이 돌이 아니라 요메이陽明문 안쪽의 200개 동물 부조를 보기 위함이었는데 에도에서 닛코까지 천인무자행렬千人武者行列의 장엄한 세리머니 때 세운 유물들이 위엄을 보태고 있었다. 울창한 삼나무, 스기 숲 사이로 이어지는 돌계단을 따라 안으로 들어섰다. 산 너머 주젠지 호수에서 번져 내려오는 단풍은 이미 불이 붙어 있었다.

　　말은 도쿠가와 시대의 최대 전력이었다. 수많은 전투에서 중요한 이동수단이었기 때문에 보병보다 중요한 군대의 한 편제로 존중되었다. 원숭이는 일본 고대로부터 말들의 병을 막아준다고 믿어온 영험한 동물이었다. 이끼가 두껍게 내려앉은 석등 사이로 장식된 동물 조각 가운데 원숭이가 단연 시선을 사로잡았다. 무지개 색으로 칠해진 정교한 조각들은 12개의 둥근 기둥이 떠받치고 있었다. 원숭이의 일생은 8개의 거대한 목판에 조각되어 있었다. 시기와 질투, 갈등, 배신을 넘어서 인간의 평화시대를 염원했던 혁명가는 자신의 소망을 원숭이에서 찾고자 했다. 도쿠가와는 눈 가리고 귀 막고 입을 손으로 덮은 세 마리의 원숭이를 잊지 않고 살았다.

영국의 유적 전문 탐사가 리처드 카벤디시가 죽기 전에 꼭 가봐야 할 역사 유적으로 콜로세움이나 노트르담, 자금성과 함께 도쇼구를 꼽았다. 이와 더불어 풍운의 시대에 살아남은 그의 인생 철학이 알고 싶었고 끝까지 목표를 이뤄낸 지혜의 원천이 궁금했다. 도쿠가와는 자신에게 득이 되지 않는 것은 보지도 듣지도 말하지도 않는다는 신조를 마음속에 새기며 전쟁의 시대를 지나왔다. 그의 뜻대로 에도는 250년간 평화롭고 문화가 꽃피워져 근대 일본의 초석이 되었다. 나 역시 원숭이 조각 앞에서 발길을 쉽게 옮길 수 없었다.

도쿠가와의 인생은 고단했다. 두 살 때 어머니를 잃고 여섯 살 때 적진 이마가와 가문의 인질로 잡혀갔다. 간신히 살아남아 패가 풀리는가 싶었던 장년에는 오다 노부나가와의 갈등으로 자신의 아들을 죽여야 하는 형극을 맛보기도 했다. 세키가하라 전투에서 천하를 재패할 때까지 지난한 인생의 연속이었다. 도저히 넘을 수 없는 수많은 위기를 뚫고 마침내 최후의 승자가 된 그의 처세가 '삼원三猿'으로 연결되어 있음은 우연이 아니다. 도움이 되지 않는 것들은 보지도 듣지도 말하지도 않는다는 인고의 세월이 농축되어 만들어진 선물이었다. 인내는 겸손을 동반한다. 아집과 교만, 편견의 유혹을 수없이 견뎌내야 가능한 업이다. "천하는 한 사람의 천하가 아니라 천하의 천하여야 한다"라는 정신을 잃지 않았기에 막부는 성공했는지도 모른다. 천하를 얻고도 단 2년 만에 아들에게 대권을 물려주고 쇼군 자리에서 내려온 선택은 쉽지 않았을 것이다. 겸손과 인내가 도쿠가와 막부의 성공을 이끈 정신이었다. 그것은 과거가 아니라 오늘로 이어지는 시대의 언어가 되기에 충분하다.

가와바다 야스나리의
설국

인간의 모든 업이 슬프다. 인간이라는 존재는 아름답기 때문에 슬프고 슬프기 때문에 아름답다. 그래서 더 살아야 될 이유가 없었던 것일까. 노벨문학상 수상으로 국민적 영웅이 된 가와바다 야스나리川端康成, 그가 스스로 생을 마친 이유가 지금껏 궁금했다. 고아처럼 자란 쓸쓸했던 어린 시절, 군국의 망령들이 춤추던 전쟁의 포화, 낙엽처럼 스러지는 생명들. 그 지경에 살아있다는 것 자체가 사치였을 것이다. 영혼 속에 얼룩진 상처를 지우려면 죽음만이 유일한 대안이었을까. 이승의 무거운 짐과 고뇌를 털어내기 위한 최선의 방법이었을지 알 수 없는 일이다. 내용도 잘 모른 채 책장을 넘겼던 기억이 희미하다. "국경의 긴 터널을 빠져나오자 눈의 고장이었다. 밤의 밑바닥까지 하얘졌다. 신호소에 기차가 멈춰 섰다." 소설의 첫 문장 속에 나오는 에치코 유자와역에 내렸다. 군마와 니이가다를 가르는 구로베 협곡을 지나서야 얻은 선물이다. 도쿄에서 1시간 반을 달려 20킬로미터가 넘는 시미즈 터널을 나오자 '설국'은 소설이 아닌 현실 그 자체로 내 앞에 나타났다. 이상과 현실의 경계선을 넘은 것이다.

밤 기차 차장에 비친 반대편의 고마코는 처음부터 시마무라를 흔들리게 했다. 하지만 끝까지 마음을 드러내지는 않았다. 만나고 응시하고 다시 찾아오지만 지루하리만큼 별다른 고백의 장면은 없다. 좋아하는 남자의 이름을 20명만 쓰겠다던 그녀는 정확히 '시마무라'를 스무 번 썼다. 이 대목에 미루어 두 사람의 애정을 짐작할 뿐이다. "온다고 했으니 왔고 간다고 했으니 가야죠." 무채색 사랑에 지친 고마코의 말은 인생 그 자체다. 가슴 밑바닥에 눈이 쌓이듯 그녀의 소리를 듣는 시마무라가 바로 작가 그 자신이다. 둘을 통해 시대와 인생의 허무가 진하게 배어난다. 행간 사이사이로 아름다운 게이샤가 그려지는 것이 『설국』의 백미다. 눈벌판과 여인과 허무의 수채화 풍경처럼 말이다.

1931년부터 그가 가끔 머물렀던 다카한 료칸에 들어섰다. 800년 풍상을 이겨낸 목조건물이다. 2층 다다미방에 남겨진 낡은 탁자에 앉아 보았다. 소설을 썼던 그 책상과 주전자, 화로가 가지런히 나를 감싼다. 2미터 이상 쌓인 눈은 한 층을 덮고도 남아 2층의 유적 집필실을 넘보고 있다. 오픈 터널로 연결된 눈길이 딴 세상 같았다. 내려다보이는 흰 평원은 일본 눈의 고장 북방의 색채를 일컫는 북채北彩의 절정이었다. 엄청난 적설량은 겨울 내내 유자와를 포로처럼 붙잡고 있다. 다카한 창 너머 석양의 유자와는 눈이 시리도록 아름다웠다. 비추는 것과 비춰지는 것의 이중노출. 우뚝한 설산들이 이뤄내는 맑은 조화다. 온천수가 눈을 녹이며 길을 낸 도로를 따라 유자와 역까지 걸었다. 거리의 목조 건물들은 하얀 솜이불을 둘러쓰고 겨울잠에 빠져있다. 길은 좁아지고 휘어지다가 결국 협곡 사이로 사라졌다. 소설 속 고마코는 찹쌀떡과 팥 과자의 이름으로 모습을 바꿔 아직 유자와에 살아있었다. 이루지 못한 사랑과 불 속에서 타오르는 연인의 마지막이 은하수로 마무리되는 것은 가와바타 야스나리가 말하고자 했던 메시지였다.

순간순간 덧없이 타오르는 여자의 아름다운 정열. 그것은 인간의 욕망이 소구하는 시뮬라르크에 불과할 뿐 결국 되

눈 내린 유자와

돌아와 자각할 수밖에 없는 현실만이 진실이다. 인간의 모든 것은 하얗게 지워지고 감춰지고 결국에는 사라진다. 최승희를 최고의 춤꾼으로 여기고 자랑했던 가와바다는 '이즈의 무희'를 세상에 내놓고 생의 끝을 향해 달려 나갔다. 불행했던 대문호는 떠나고 지금의 유자와 읍내는 스키 마니아들로 넘쳐났다. 사케에 취한 이들의 발걸음이 어지럽다. 모이고 흩어지는 겨울 벌판, 또 하나의 기차가 설원 속으로 사라졌다. 좁은 시야로 월광이 파고들었다. 차가운 겨울 하늘에 걸린 달빛은 처연했다. 밤이 지나고 새벽에는 다시 눈이 내리기 시작했다. 모든 것들을 서서히 묻어버렸다. 세상에 지친 사람들이 어디쯤에선가 반드시 멈추리라는 걸 아는 것처럼.

가나자와를 맴도는
윤봉길의 혼

이시카와현 바닷가에는 며칠째 비가 내렸다. 일본 본토 혼슈에서 동해로 뻗어나간 노도能登반도를 넘지 못한 저기압은 늦장마를 몰고 왔다. 호쿠리쿠北陸의 여름비는 길고 지루했다. 이시카와에 정말 윤봉길의 묘소가 있는지 궁금했다. 있다면 어떤 모습인지, 비석은 세워져 있는지, 마음이 바빠진다. 호텔에서 잡아준 택시의 기사는 그 장소가 정확히 어디인지를 몰랐다. 쏟아지는 빗속에 공동묘지를 가자는 이방인이 도무지 이해되지 않는 표정이다. 비탈진 전몰자 묘역 돌비석 밭을 두어 바퀴 돌고 나서야 우뚝한 돌비석을 만날 수 있었다. 윤봉길의 혼은 거기에 살아있었다. 1932년 상해 홍구공원(지금의 루쉰공원)에서 거행된 일본군의 점령 승전식은 피로 물들었다. 시라가와 사령관 이하 수십 명이 그의 폭탄에 전멸했다. 장제스 총통은 중국 전체가 하지 못한 일을 한국 청년 한 명이 해냈다며 감격했다. 아시아와 세계를 뒤흔든 대사건이었다. 폭살 현장에서 붙잡혀 시작된 운명의 행로. 중국에서 곧바로 사형선고를 받고 동물 취급당하면서 일본군 9사단의 본거지인 이곳 가나자와로 압송되었다. 그 고통에 무슨 상상이 필요하겠는가. 갖은 악행을 거듭하던 일군은 그해 유난히 눈이 많이 내린 12월 아침, 가나자와 서쪽 부대 공터에서 총살형을 집행했다. 해방을 맞이한 뒤 김구 선생은 정부의 이름으로 특명을 내렸다. 재일동포들에게도 협조를 구했다. 윤봉길의 시신을 찾아 서울로 옮겨 달라는 부탁이었다. 압제가 끝난 조국에 유골로 돌아온 매헌梅軒은 국민장으로 효창공원에 안장되었다. 양재동 숲 속에 동상과 기념관으로 남아 오가는 서울 시민들을 만나고 있다. 여기까지가 1막이다. 1992년에는 이시카와현 민단이 나섰다. 이국땅 가나자와에서 처형된 윤봉길의 추모비를 세우자는 운동이었다. 고기를 구워 팔고 파친코로 영업을 하면서 모은 정성들이 이어졌다. 다른 지역 교포들도 힘을 보탰다. 이시카와 전몰자 묘원에 마련된 윤 의사 묘지와 추모비 건립 사연은 아프고 길다. 윤봉길이 해낸 것처럼 순국 60주년을 넘기지 않고 추모 사업을 마무리해낸 교포들의 충정에 가슴이 더워진다. 가매장 터에 정식 묘를 만들고 70미터 떨어진 언덕에 육중한 순국비를 세웠다.

우리의 광복절은 일본의 패망일이다. 추모비 옆에는 작

은 알루미늄 상자가 놓여있었다. 방명록 노트 보관함이다. 비 내리는 날 광복절에 이곳을 찾은 사람은 없을 것이고, 민단의 이시카와 지역 책임자 한 사람이 하루 전에 다녀갔을 뿐이다. 찾는 이 하나 없었던 광복절, 매헌의 외로운 혼은 그렇게 떠돌고 있었다. 독립운동에 뜻을 품고 중국 망명길에 오른 윤 의사가 직접 쓰고 가슴에 품었던 말이 있다. "사나이가 뜻을 이루기 전에는 집에 돌아오지 않는다丈夫出家不生環." 25살 불타는 청년의 일생은 뜨겁고 짧았다. 그저 애국심이었을까, 시대가 만들어낸 용기였을까. 아니면 그만의 어떤 신념이었을까. 알 수 없는 어떤 뜨거움이 차올랐고 그 기상 앞에 그저 숙연해질 뿐이었다. 과거 사람들은 이렇게 살았다. 짓밟히면서도 꺾이지 않고 외치고 저항했다. 묘지를 내려오니 가나자와 시가지는 다시 차들로 분주했다. 에도시대 전통을 고스란히 간직한 곳. 일본 5대 도시이면서도 유일하게 폭격을 면한 이곳은 그들이 자랑하는 유산들로 가득하다. 세상은 아무 일도 없었던 것처럼 일상의 바퀴 속에 돌고 있다. 화면에서 흘러나오는 일본 수상의 평화 연설이 낯설다. 원폭은 반문명적이라는 그들의 주장이 초라해보인다.

한국과 일본 사이의 긴장과 불편함은 여전히 진행형이다. 식민지 탄압과 위안부 문제가 거짓말이라고 둘러대는 보수의 기세는 거침이 없다. 역사를 포장하는 일본인들 앞에 가나자와의 윤봉길은 철저히 잊히고 있었다. 100만 명의 재일한국인이 살고있는 곳이지만, 매년 방명록 한 페이지를 넘기지 못하는 정성으로는 매헌의 영혼을 달랠 길이 없다. 역사는 반복된다. 아픈 시대를 불사르며 살다간 이들을 제대로 기억하지 못하면 다시 그 역사가 반복될 수도 있다. 언어도 뿌리도 잊고 살아가는 재일한국인들에게 매헌을 찾아 달라는 것은 무리일 수 있다. 하지만 그를 기억하는 세대가 지나기 전에 그 역사는 다음 세대로 끈질기게 이어져야 한다. 미래를 위해 공존하되 잊지 말아야 하고 용서하되 마음까지 내던지지는 말아야 한다. 그것이 꽃다운 청년 윤봉길이 꿈꿨던 세상을 사는 우리들의 작은 의무다.

영혼을 품은 후지산 백경

　　백산白山은 언제나 영혼을 동반하고 있어 엄숙하고 경건하다. 하얀 것은 쉽게 범접할 수 없는 신성한 기운을 내뿜는다. 차가운 절제와 섬세한 영감, 움직일 수 없는 전율을 불어넣는다. 설산을 밟으면 그 느낌이 머릿속에 눈처럼 쌓여 잘 녹지 않는다. 해빙이 느껴지면 다른 풍경을 또 집어넣는다. 나만의 일정한 차가움을 유지시키기 위해서다. 가슴이 벅차올랐던 히말라야나 아프리카 킬리만자로, 눈 덮인 백두산이 내 몸 안에 체화되어 있다. 반복해서 꺼내 보는 일도 거의 한계에 다다를 때쯤 후지산으로 향했다. 어떤 목적이나 바람도 없었다. 산 아래는 꽃들이 지천인데 중간 고지 이상은 아직도 눈으로 가득 채워져 있었다. 3,000 미터 봉우리 20여 개를 거느린 후지산은 도쿄에서 서쪽으로 100킬로미터 떨어진 야마나시와 시즈오카를 가로질러 누워있었다. 고대부터 인간이 넘을 수 없는 신의 영역이다. 기타北 알프스라는 이름으로 그들은 유럽의 몽블랑이나 북미의 맥킨리를 꿈꿔왔다.

가와구치河口 호수의 물결은 봄날 오후 바람으로 심하게 일렁거렸다. 운무가 밀려간 틈 사이로 잠깐씩 영봉을 보았다. 좀처럼 모습을 드러내지 않았지만 기다림의 미학을 느낄 수 있었다. 하염없이 서성이는 인연처럼 말이다. 3대가 덕을 쌓아야 가능하다는 이유를 알만하다. 순백은 마음속에 누구나 가지고 있는 다르마타Dharmata를 흔들어 깨운다. 신새벽 히말라야에서 목격한 미지의 끝이 손에 잡히는 듯했다. 사방을 평정하고 우뚝 솟아오른 높이는 가늠하기 어려운 위엄이었다.

인간을 압도하는 후지산은 일본식 판화로도 제작되어 19세기 유럽 사람들을 사로잡았다. 자연의 선명하고 경쾌하면서도 과감한 절단을 예술로 끌어올린 장인들의 솜씨 덕분이었다. 에도시대의 작품 〈가나자와 해변의 높은 파도〉는 인상주의 화가들을 흥분시켰다. 1890년대에는 '후지산 36경' 2,000점 이상이 프랑스와 독일로 전파되었다. 모네와 고흐, 세잔의 그림 속에 녹아있는 자포니즘(19세기 중반~20세기 초반까지 서양 미술 전반에 나타난 일본 미술의 영향)의 중심에는 언제나 후지산이 자리하고 있다. 드뷔시는 후지산 달빛을 모티브로 〈바다 La Mer〉를 작곡하기도 했다. 인구 2만이 채 되지 않는 가와구치 읍내에 웅장한 현대미술관이 있었다. 봄꽃 축제인 하루 마

만년설이 뒤덮인 후지산

쯔리에 맞춰 준비한 후지산 예술 사진전이 백미였다. 중세의
그림과 공예품들도 정갈하게 방문객들을 맞이했다. 안도 다다
오의 노출 콘크리트 이중 건축 구조는 자연광으로 내부 곳곳
을 비추고 있었다. 미술관 밖 벚꽃은 꽃잎 한 개씩이 낱낱이 바
람에 실려 산화하고 있었다. 춘풍에 불려 소멸하는 시간의 모
습처럼. 다자이 오사무의 단편 소설 「후지산 백경」에 이런 내
용이 나온다. "나는 마음을 새롭게 하려는 각오로 가방 하나
만 달랑 메고 후지산으로 향했다. 그런데 아무리 봐도 이 산은
주문받아 그린 것 같다. 연극 무대 배경에서나 보던 풍경이다."

순결한 후지는 38살에 자살한 일본의 천재작가 다자이의 눈에 비친 그 모습과 크게 다르지 않았다. 단지 얼어붙은 정상의 뒷면에 감춰진 의식의 떨림이 만져지는 것은 그보다 20년을 더 살아버린 세월의 두께 때문일까. 침묵으로 응고되어온 전설의 은둔 구역이었다.

만년설을 바라보는 인간의 마음은 항상 흔들린다. 여름에는 눈이 녹기를 바라고 겨울에는 쌓이기를 바란다. 온종일 그 자리에서 석상처럼 고정된 시선으로 흰 산을 바라보던 다자이는 이 경계선에서 의식이 몹시 흔들렸다고 적고 있다. 그러다가 풀리지 않는 운명과 인생의 허무를 이거내기 위해 기다림의 꽃, 달맞이 꽃을 소설 『달려라 메로스』에 담았다. 기다리지만 결국 아무것도 오지 않는 것이 인생임을 알기에 그는 너무 어렸다. 그래서 덧없음을 아는 인간들이 후지를 후지富士가 아닌 후지不死로 갈망했을지도 모를 일이다. 후지산은 그렇게 내 몸속으로 흘러들어왔다가 몸 밖으로 흘러나갔다.

오키나와로
튀어

현대 일본문학의 거장 무라카미 하루키에 살짝 싫증이 나려고 했던 시점에서 오쿠다 히데오를 만났다. "내가 만약 남쪽으로 튄다면 그곳은 바로 오키나와야. 푸른 바다, 알 수 없는 전설의 마을들. 언제나 반팔 차림으로 풍덩이 가능하니까." 오쿠다 히데오의 소설 『사우스 바운드』의 한 대목이다. 우선 그의 글은 유쾌하다. 일본 국민으로 남지 않으려고 하는 아버지와 그의 아들 우에하라 지로의 코믹한 성장 이야기가 단숨에 관심을 사로잡았다. 과거 부르주아 국가의 전복을 목표로 하는 혁명당 소위 혁공동(아시아 혁명 공산주의자 동맹)일원인 아나키스트 아버지로부터 탈출을 시도하는 지로는 줄곧 '사우스 바운드'를 꿈꾼다. 그러다 결국 남쪽으로 튀었고 도착지는 오키나와였다. 별다른 주제도 없다. 복잡함을 싫어하는 요즘 세대와 맞아떨어진다. 그래서인지 수많은 일본 젊은이가 주인공 지로를 따라 오키나와로 튀고 있다니 재미있는 일이다. 그 핑계를 대고 떠나면 더 낭만적으로 보일 수도 있겠지 싶어 나도 소설책 『남쪽으로 튀어』 한 권을 가방에 챙겨 오키나와로 튀었다.

오키나와는 원래 류큐琉球왕국이었다. 류큐는 슬픈 역사를 갖고 있다. 1,000년 전 중국 복건성과 타이완 사람들이 건너와 왕국을 세우고 융성하다가 15세기 일본 사쓰마에 점령당했다. 1471년 신숙주의 『해동제국기』에 처음 소개되고 나서 한때는 홍길동의 '율도국'으로도 알려졌던 섬이다. 2차 대전 종전 무렵 미국과의 지상전으로 초토화되었지만 해변의 절경과 슈리성만은 건재했다. 당시의 복장을 한 이들이 슈리왕궁의 근무 교대와 하늘 제사를 매일 선보이고 있었다. 언덕을 가득 채운 금빛 기와지붕 건물들. 그 시절을 매우 자랑스럽게 여기는 주민들의 자부심은 류큐의 정체성 고민을 짐작케 해주는

오키나와 고대왕궁 슈리성의
수문장과 함께

대목이다. 만 명이 앉아도 될 만하다 하여 붙여진 넓은 바위 절벽 '만자모'를 걸어 내려와 남북으로 길게 누운 섬의 아래쪽을 주로 돌아보았다. 오쿠다는 이를 "푸른 섬은 피난처다. 도시와 문명과 이데올로기에 지친 사람들에게 도망지로 그 섬이 있었다. 무망한 수평선, 시간의 흐름이 도저히 알 수 없는 어느 한 지점에서 갑자기 멈춰 서버린 곳. 신화가 전설로 이어지고 있는 땅"이라고 묘사했다.

나고시 남쪽 해변의 가파른 산 중턱에 맛집이 있다는 소문을 듣고 야마노차야 라쿠스이山茶屋 樂水에 기를 쓰고 올라갔다. 이런 절벽 위에 가게를 내도록 허가해준 관청도 대단해 보였다. 가게는 그가 다녀갔다는 소문 때문에 밥 때가 지났는데도 자리가 없을 정도로 북적였다. 용나무 그늘 사이 화산석에 대고 만든 좁은 통로를 따라 들어갔다. 이른 오후의 파노라마가 해면에 펼쳐졌다. 빛의 축제가 한창이다. 시간에 따라 만들어지는 자연의 위대한 회화를 보기에 이만한 장소가 또 있을까 싶다. 창가 바다 쪽으로 배치된 방석자리가 백미였다. 해탈을 위해 면벽정진하는 암자 스님의 구도좌 같다. 낡은 나무 창을 열고 그저 바다를 바라보았다. 하늘과 경계가 없는 수평선을 보다가. 섬사람들이 먹는 소박한 밥상을 받았다. 인간사 태양에 물들면 역사가 되고 달빛에 젖으면 신화가 된다고 했던가. 피안과 현실을 이어주는 풍경은 역시 가슴 밑바닥을 일렁이게 한다. 별다른 이유도 없이 넘치듯 지나온 날들을 천천히 들여다보게 만들었다.

요즘 여수 돌산 앞바다 경도가 뜨고 있다. 볼품없었던 조그만 섬이 예약 없이는 가지 못할 정도가 되었다. 내친김에 한 려수도 관광에 1조 원을 투자하겠다고 나선 기업도 있다. 섬과 바다가 만들어내는 이야기는 사람들의 원초적 방랑기를 자극 하는 감성의 창조물이다. 사서 고생해서라도 섬마을 답사를 꿈 꾸는 것이 현대인들이니 말이다. 흑산도, 비금도, 추자도, 욕지 도, 거문도. 남해안에는 무수한 섬들이 모여 있다. 자본을 대고 스토리를 입히면 오키나와를 넘어설만한 곳들이 부지기수다. 지리적으로도 기막힌 입지다. 비행기로 반경 두 시간이면 닿는 인구 100만 이상의 동아시아 대도시가 50개나 된다. 유럽 전 체를 합한 것보다 많다.

섬은 자연환경에 인간의 이야기가 덧씌워져 재탄생된 다. 신화와 현실이 버무려지면 일상의 쉼표를 찍겠다는 이들 은 줄을 서있다. 리츠칼튼호텔은 섬 전체를 통째로 개발할만 한 곳을 찾아 전 세계를 뒤지고 다닌다. 소설가는 소설을 쓰 고, 시인은 시를 쓰고, 화가들은 그림을 담고, 당국은 자리를 깔아야 한다. 잊힌 섬들의 이야기가 그려져야 한다. 시코쿠의 나오시마, 중국의 해남도, 하와이의 마우이, 오키나와처럼 사 람들은 어디론가 튀고 싶은 곳을 찾고 있다.

3부 × 중국 인문 기행

계림산수,
또 다른 행성의 조각품

미국 항공우주국 나사의 우주탐사선 '인사이트호'가 화성에서 보내는 많은 정보들이 계속 도착하고 있다. 4억 5800만 킬로미터를 날아간 인사이트는 화성의 적도 인근 엘리시움 평원에 내려 지각과 핵 연구를 시작했다. 화성에 우주인을 보낼 날이 머지 않은 것 같다.

중국의 계림산수桂林山水는 지구가 아니라는 생각이 들 정도로 다른 행성의 모습을 지니고 있었다. 솟아오른 산봉우리, 산령山嶺들이 대지를 가득 메운 비현실적 세계였다. 풍우에 씻겨 나가면서 자연 조각품으로 변해버린 석회암 바위산은 갖가지 형상의 우주 전시장을 상상하게 했다. 인간세계 어느 예술가의 솜씨가 이처럼 웅장하고 정연할 수 있단 말인가. 협곡 사이로는 강이 흐르고 패인 지각에는 사람의 길들이 혼재했다.

계림산수

산펑 사이 좁은 계곡의 골목 같은 지표면에 주민들이 모여 살거나 농사를 짓는 들판이 있었다. 이 봉우리들은 계림과 양삭 근처에만 3만 5,000개. 광시자치구 전체로는 13만 8,000개나 모여 있다. 중화대륙 남방의 기암은 베트남 반도로 이어지면서 바다의 '하롱베이'를 만들어냈다. 유네스코 세계자연유산이라는 설명만으로는 설득되지 않는 장관이다.

계림산수는 3억 년 전 지각변동으로 만들어진 카르스트 지형이다. 산호나 조개 껍데기가 퇴적된 바다 밑바닥이 솟아올랐다. 석영이나 철분이 풍부한 이유다. 석회암들은 수억 년을 빗물에 녹으면서 만물상이 되었다. 광활한 해저가 지표로 융기해 만들어진 신비다. 인간의 역사가 아닌 신의 영토다.

중국의 시인 두보는 "죽어서 신선이 되느니 살아서 계림에 살고 싶다"라고 말하며 계림에 대한 극찬을 아끼지 않았다. 옛사람들의 표현대로 이곳은 산이 푸르고, 물이 수려하고, 동굴이 기묘한 곳이다. "계림산수가 천하제일"이고 그중에서도 "양삭은 계림산수의 으뜸"이라는 말은 카르스트 풍치에 대한 자부심이 깊게 베어난다. 요산樂山정상에서 광시廣西의 대평원과 마주했다. 계림 시내는 한 귀퉁이도 차지하지 못했다. 시야에 담기지 않는 땅의 끝자락을 추적했지만 역시 가늠할 수가 없었다. 눈으로 풍경을 따라가다가 봉우리들을 놓치고 말았다. 결국 다섯 겹, 여섯 겹까지 갈라지고 포개지는 카르스트 산펑의 이음새는 무한으로 달아나는 중이었다. 맑은 날 이 풍경을 바라보던 진시황은 군사를 풀어 약 87킬로미터에 달하는 양삭과 계림 사이를 운하로 관통시키라고 명령했다. 이 무모한 황제의 발상은 기원전 214년 상강上江과 리강灕江을 연결하는 수로가 되었고 현세의 역사로 남았다.

진나라 50만 대군은 당시 남월南越이었던 계림 일대를 정복하지 못했다. 이민족의 저항에 3년 동안 갑옷을 벗지 못했고 손에서 무기를 놓지 못했다. 그들은 고향에서 먹던 음식 대신 쌀가루인 미편米粉으로 국수를 만들어 먹었다. 황제도 병사들도 간 곳이 없지만 2,000년이 지난 지금 진나라 군대의 쌀국수만 베트남의 먹거리로 남았다. 리강灕江은 물줄기와 봉우리를 굽이굽이 이어주며 인간 세상과 함께 신화를 만들어냈다. 양삭의 리강 포구에는 장이머우 감독의 수상공연 〈인상 류 산지에印象劉三姐〉가 밤마다 무대에 오르고 있었다. 양삭의 못된 부자가 가난한 유씨 집 셋째 딸을 노리지만 그녀는 갖은 고생 끝에 유혹을 뿌리치고 자신이 사랑하는 목동과 짝을 이룬다 는 러브스토리다.

낮에 강가에서 대나무 뗏목을 젓던 600여 명의 마을 주 민들이 밤에는 수상 쇼의 공연단으로 변신한다. 4킬로미터 밖 에서 조준하는 레이더 불빛이 근처의 산봉우리들을 무지개색 으로 비추고 관객들의 함성은 밤하늘을 달군다. 중국풍의 와 일드한 무대 디자인이다. 강이 공연장이고 봉우리가 배경이다. 열여덟 명의 도사들이 축지법으로 산을 밟고 뛰어다녔다는 무 협지가 죄다 허풍은 아닌 것 같았다. 이강 남쪽의 죽림은 무성 했다. 대나무 뗏목은 나를 협곡으로 안내했다. 산 뒤에 산이, 강 너머 강이 만나고 헤어지는 신선의 세계를 이어줬다. 산봉우리 들은 땅의 기세가 분출하듯이 서 있었다. 지상의 모든 미술과 음악, 예술이 땅, 물, 하늘의 리듬에서 조화롭게 탄생되었을 것 이다. 중경中景 앞에 근경近景이 겹쳐지고 다시 원경遠景으로 가 물거리는 이강의 봉우리들 앞에 그저 나약한 인간의 한계를 체 감한 시간이었다. 이 봉우리들 사이로 12개 소수민족이 모여 사는 광시자치구가 펼쳐진다. 쫭족, 묘족, 동족, 오족 등의 산 사람들이 순박하게 지내는 곳이다. 베트남 국경이 멀지 않다. 삼국지의 제갈량이 남만의 맹획을 일곱 번 잡아 일곱 번 놓아주면서 진정한 항복을 받아 낸 칠종칠금七從七擒이 엮어진 고장이다. 중화 대륙은 이곳을 끼고 내려가 인도차이나반도로 주도권을 넘겨준다. 같은 사람들이 국경선을 긋고 한쪽은 중국, 한쪽은 베트남이라는 이름으로 거주한다. 숙명적인 디아스포라(타지에서 자신들의 관습과 규범을 이어나가는 민족 집단)다. 계림산수는 21세기 해양 실크로드의 중요 거점이다. 현대 중국은 찬란한 중화 문명 발상지 중 하나인 계림 가꾸기에 정성을 쏟고 있었다. 지저분했던 양강兩江은 정비되어 아름다운 리조트가 되었고 시가지는 현대식으로 단장되었다. 같은 생활권인 양삭은 독특한 지형으로 찬란한 고적 문물 집합지다. 인민화폐 20위안짜리 뒷면의 배경 그림이 바로 양삭의 싱핑興平 절경이다. 대륙의 미를 모든 인민이 체감하고 있는 셈이다. 양삭에서 계림을 넘는 산맥은 고봉들의 향연이었다. 세상은 봉우리로 시작되어 봉우리로 끝나고 있었다. 평야에는 낮은 산평이, 고산에는 높은 산봉우리가 하늘을 향해 신의 제단처럼 펼쳐져 있다. 신선의 군대가 안남 지방에 집합해 옥황상제의 출병 지시를 기다리는 듯하다. 전망 좋은 곳에 차를 세우고 앉아 나는 이 수많은 봉우리가 살아있는 것인지 죽은 것인지를 고민했다. 죽었다면 저 수목들은 무엇이며 살아있다면 검은 회색으로 침묵을 지키는 바위들은 무엇인지. 세상이 탄생과 죽음의 연속일 텐데 도무지 답이 떠오르지 않았다. 혼란스러운 기억 속에서 급기야 소동파를 불러냈다.

성城을 두른 계림의 산봉우리 기이하다

평지에서 불쑥 솟아올라 푸른 비녀 같구나

시인 이성李成도 화가 곽희郭熙도 모두 죽었으니

이 수백 수천의 기이한 봉우리 어찌하리

소동파도 그 시대에 이미 계림의 봉우리들을 보고 죽음을 생각했다니 기막힌 접점이다. 인간의 이성은 자연에 압도당했을 때 죽음을 떠올린다는 대가들의 말을 믿기로 했다. 계림 산수를 떠나면 다시 일상으로 돌아가야 한다. 고개를 드니 계림산수 천지에도 한 해가 가고 있다. 수 만개의 봉우리가 연무 속에 넘실거리는데 발길이 떨어지지 않았다.

시안 실크로드
출발지

　　엘도라도, 샹그릴라, 유토피아, 실크로드 같은 이상향을 꿈꾸는 것은 인간의 보편적 바람이다. 나도 다르지 않았다. 기회가 오면 서역의 끝을 보고 싶었다. 신라 고승의 자취가 유물로 남아있다는 모래 언덕 명사산 끝자락 막고굴이 궁금했다. 손오공의 삼장법사 현장이 보았다는 화염산과 타클라마칸 사막의 끝없는 벌판, 만년설이 녹아 흐르는 천산산맥을 그려 보았다. 실크로드의 출발지 시안西安은 사람들을 벅차게 만드는 곳이다. 상상의 영지에 두 발을 딛고 선 느낌이었다. 전쟁과 문명이 수없이 거쳐 간 땅, 현실과 이상의 접점에 남아있는 대지의 기운은 뜨거웠다. 신장 위구르 사막으로 이어지는 시가지 서쪽은 미세먼지에 둘러싸여 도시가 온통 잿빛이었다. 갑자기 불어 닥친 경제개발로 족보를 알 수 없는 고층 건물들이 진나라 군사처럼 곳곳에서 봉기하고 있었지만 고대의 위용을 덮지는 못했다. 서울의 15배나 되는 면적에 천만 명이 살고 있다니 건설과 오염은 현실의 난제다.

2,300년 전 서역으로 떠나던 대상隊商들의 출발지는 육중한 조형물이 대신하고 있었다. 붉은 사암으로 빚어진 작품이다. 모래 속에서 캐낸 돌의 형체를 자세히 들여다보았다. 지층에서 수만 년, 지상에서 수천 년의 풍상을 견디어 온 견고함 속에 먼 길을 떠난 이들의 다양한 표정은 시간에 조금씩 풍화되고 있었다. 배낭을 메고 낮 시간 내내 이곳에서 서성거렸다. 대륙을 가로질렀을 행렬들. 그때나 지금이나 인간 세상의 온갖 일들이 난무했을 텐데 모든 것이 세월에 가라앉아 고요한 침묵으로 남아있었다. 떠난 것은 돌아오고 멀어진 것은 가까워지고 높이 올라간 것은 다시 떨어지고야 마는 속세의 이치를 아는지 모르는지 사막을 향한 고대인들의 시선만이 비장했다. 햇살도 피할 겸 조각 그늘에 앉아 한숨 돌린 뒤 손때 묻은 책을 꺼내들었다.

송나라 때 돈황은 서하의 세력이 잡고 있었다. 11세기 초의 이야기다. 이노우에 야스시井上靖의 소설 『돈황』의 주인공인 조행덕은 천신만고 끝에 과거에 응시했으나 마지막 날 대기실 난간에 기대어 깜빡 잠이 들고 말았다. 꿈속에서 천자를 만나 진사 시험을 치르지만 깨어보니 시험장에는 아무도 남아있지 않았다. 석양으로 기우는 햇살 속에 가벼운 바람만이 마당을 지나가고 있을 뿐. 모든 기회를 놓친 이 사나이는 허무를 이기지 못해 돈황으로 떠난다. 인간은 누구나 졸다가 놓쳐버린 과거의 꿈을 사는 것인지도 모른다. 천 년 동안 동굴 속에 묻혀 있던 불경의 신비를 찾아가는 한 남자. 현실도피의 명분은 그렇게 정했지만 명예나 부귀의 길을 버리고 서역으로 향하는 인생 여정은 신비롭다 못해 경건하기까지 하다. 광대한 허무에서 맴돌다 가는 인간들의 행위는 모두 무의 세계임을 증명하는 듯하다. 노벨 문학상 후보까지 올랐던 이노우에는 소설에 아시아의 정신세계를 밀도 있게 담아냈다. 인간이 추구하는 격렬한 행위들이 빗나갔을 때 그들의 이상과 정의, 사랑이 완전히 정지된 상태에서의 행동을 관찰하고자 했다. 돈황은 서역西域이다. 기억에 묻혀버린 고대의 신화다. 동서 문명의 교착지에서 흉노와 서하, 위구르, 대월지, 티베트 같은 나라들이 명멸했던 곳이다. 인간의 길을 선택하는 조행덕은 바로 우리의 모습인지도 모른다. 어떤 과정이든지 인생의 끝에는 반드시 허무와 공허가 남는다. 현대인이 추구하는 심미의 세계도 마찬가지다. 내면에 흐르는 본질적 고독과 허망함이 제대로 잡히지 않으면 진실한 나는 없다. 불교적인 테마를 설정하고 전개하는 맛이 매우 깊다. 그의 소설은 오래전부터 나를 시안으로 유혹해왔다.

진시황이 천하를 통일했던 당시 장안長安은 사방 10킬로미터에 이르는 대도시였다. 100만의 인구. 세계 최대 중심지

시안 실크로드 출발지에서

로 번성한 곳이다. 이 완벽한 계획도시를 본떠 경주와 일본의 교토가 지어졌다. 삼면이 산으로 둘러싸인 관중분지關中盆地 중앙으로 취장曲江이 흐르는 천혜의 요충지다. 아직도 천재 시인을 잊지 못하는 중국인들은 〈곡강〉을 노래한 두보의 정취에 젖어 산다. 명나라 때 중건된 13킬로미터의 장안성곽은 유네스코 인류문화유산으로 남아있다.

시안 시가지는 회화나무 가로수가 울창했다. 아카시아 비슷한 수목이다. 탄탄면과 양꼬치를 파는 회족들도 실크로드 시절의 인연이다. 사막 횡단 준비가 길어지면 한 해를 넘기면서 먹거리와 장비를 더 충분히 챙겼을 테고, 사람과 재물이 몰릴 수밖에 없었을 것이다. 진시황제 때부터 수나라, 당나라, 송나라, 명나라 등 13개의 왕조가 거쳐 간 3,000년 동안 절반은 천하의 중심지였던 도시다.

신라 경주로부터 시안까지는 2만 리 길이다. 두 달 만에 이곳에 당도한 혜초는 인도까지 돌아보고 〈왕오천축국전〉

을 남겼다. 1,500년 전의 일이다. 시안에서 이스탄불까지는 다시 1만 7,000킬로미터다. 혈기왕성한 젊은이도 5년을 준비하고 왕복 10년을 잡아야 하는 죽음의 코스다. 목숨을 건 대상들의 용기와 비전은 세월을 뛰어넘어 열정을 자극하는 지렛대다. 고대의 유산으로 잠자던 비단길은 독일의 지질학자 리히트호펜에 의해 알려졌다. 시안에서 허시후이랑, 타클라마칸 사막, 파미르, 중앙아시아 초원, 이란 고원, 지중해 루트 8,400킬로미터를 탐사한 뒤 '실크로드'라는 이름을 붙였다. 진나라 사람들은 장안에서 돈황에 이르는 동실크로드 구간개척에 특별한 공을 들였다.

한나라 제7대 황제 한무제는 대월지나 오손과 손잡고 북방의 흉노를 토벌하고자 했다. 장건은 이때 발탁된 장군이자 외교관이었다. 하지만 서아시아 루트를 확보하려던 시도는 실패로 끝나고 그는 흉노의 장군 선우에게 포로로 붙잡혀 10년의 세월을 보낸다. 그 후 천신만고 끝에 다시 돌아온 장건이 원정해 서역은 마침내 복속되었다. 그렇게 살아남은 성읍은 그리스 아테네, 이탈리아 로마, 터키 이스탄불과 함께 세계 4대 고도古都로 문명의 줄기를 이어오고 있다. 3대 황제 당 고종이 어머니의 음덕을 기리기 위해 지었다는 대자은사는 서역의 스토리가 좀 더 구체화되어 있었다. 660년 수나라 낙양 출신 승려인 현장이 서역에서 가져온 불경원본이 귀한 볼거리였다. 장안을 출발한 현장은 실크로드를 거쳐 천축 마케타국 나란타사에 도착해 곳곳을 돌아보고 〈대당서역기〉를 남겼다. 사찰 경내 대안탑에는 〈대당서역기〉의 해설 도해가 전시되고 있었다. 대안탑 꼭대기에 올라서니 당나라 수도의 위용이 한눈에 들어왔다. 시안은 이제 현대중국의 땅과 바다를 연결하는 현대판 실크로드인 '일대일로(一帶一路)' 전진기지가 되어 새로워지고 있다. 멀리 이베리아반도 스페인까지 육로 연결이 추진되고 있는 것이다. 비단길을 복원시켜 중화문명의 전성기를 되살린다는 프로젝트다. 불교와 페르시아의 조로아스터교, 마니교, 이슬람교까지 비단길을 타고 들어와 아시아 문명을 꽃피웠다. 종교보다 강력한 경제를 무기로 중국은 지금 고대의 황금루트를 천천히 거슬러 올라가고 있다.

상하이 루쉰 공원의 구혼전쟁

봄볕이 완연한 공원 숲길에는 이미 영산홍과 철쭉이 활짝 피었고 햇볕은 제법 따갑게 내리쬐고 있었다. 겨울 동안 이곳을 맴돌던 음산한 냉기는 걷혔고 대신 늦봄의 나른한 열기가 눈가에 어른거렸다. 봄볕이 사람들을 불러냈지만 정작 그들은 꽃에 관심이 없었다. 북적이는 인파들의 모든 시선은 무형식의 구혼장을 향하고 있었다. 주로 펼쳐진 우산이 광고판이었다. 나뭇가지에 걸기도 하고 바닥에도 붙어 있었다. 중국식 중매시장의 맨얼굴이다. 자녀나 손주들의 혼사를 위해 표지판을 들고 공원을 서성이는 수천 명의 사람들에게 땀이 뻘뻘 나는 일은 문제도 아니었다. 중년 이상 여성이 많았지만 30% 정도는 남성 노인들이었다.

아직 결혼하지 못한 자식들, 셩뉘剩女와 셩난剩男들을 위한 부모 세대의 눈물겨운 구혼 작전은 하루 종일 이어졌다. 한자 뜻대로라면, 그들은 결혼 시장에서 낙오한 잉여 인력이다. 중매공원은 이제 중국의 새로운 풍속도가 되었다. 베이징 중산공원의 규모가 가장 크고 다음으로 상하이 루쉰魯迅공원이 꼽힌다. 최근에는 톈진의 중신中心공원과 충칭의 홍야통洪涯洞, 광저우의 톈허天河공원, 시안의 커밍革命공원으로 퍼져나가고 있다. 지방 소도시와 해외 차이나타운에서도 노처녀, 노총각 중매 열기가 뜨겁다.

　　중국식 중매의 기본원칙은 전통적으로 문당호대門当戶對다. 처녀 총각의 두 집안 형편과 수준이 비슷해야 말이 섞이기 시작한다. 사랑은 우선순위가 아니다. 경제적 조건부터 결혼 경력, 부동산은 있는지, 호적 소재지는 어디인지, 유학파인지가 큰 그림의 얼개다. 베이징이나 상하이에 호적이 올라있으면 상한가다. 외지인들이 쉽게 대도시로 오지 못하도록 규제하는 중국의 주민등록관리 때문이다. 가장 인기 없는 대상자는 양띠다. 중국의 양은 순하고 힘이 없어 10마리 가운데 한 마리 정도만 산다는 뜻의 십양구부전十羊九不全 미신 때문이다. 그래서 양띠는 아예 구혼상담 대상에서 제외된다. 루쉰 공원의 부모들은 조건이 아무리 좋아도 양띠는 단호하게 거절하고 고개를 돌려버린다. 모든 띠가 양띠에 우선한다고 적은 표지도 있었다. 이 무슨 날벼락인지. 양띠 해에 출산이 되지 않도록 조절하거나 연기하는 소동이 벌어지는 이유다. 노인들은 손수 적은 자녀들의 신상명세를 앞에 걸고 비슷한 조건의 상대가 있으면 말을 걸기 시작한다.

구혼가격 목록표에는 최고, 높음, 표준, 낮음, 수준 무시 등의 5단계로 나누어 상단에 특별표기 되기도 했다. 베이징과 상하이 호적에 빠링허우, 고소득과 경쟁력 있는 외모, 양띠가 아니면 일단 '최고'급이다. 눈에 띄는 표지도 있었다. 쉼터 한쪽 자갈밭 바인더에 매달려 바람에 흔들리는 구혼장이다. "동반자 구함, 뤄^羅선생. 1953년생. 키 170. 퇴직연금 4,000위안(월). 상하이에 집 소유, 상처했음. 2~5살 아래 상대 원함"라는 내용이었다. 재혼이나 황혼구혼이지 싶었다. 꼭 처녀 총각들만이 대상은 아니라는 얘기다. 남자는 고학력일수록 값이 올라가고 여자는 고학력일수록 점수가 떨어진다. 암탉이 울면 집안 망한다는 중국 전반의 미신과 차별, 지역 특성의 부당함이지만 이것이 현실이다. 이제는 목요일, 일요일마다 3천 명씩 운집한다. 중국 최고의 간접 맞선 성지^{相親角}로 떠오른 셈이다.

"결혼은 제도 안에서 자주 불행한 것이다, 결혼은 철학자의 길에 놓인 장애물이다. 그래서 플라톤이나 칸트, 데카르트, 스피노자 같은 위대한 철학자들은 독신으로 살았다"라는 니체의 주장처럼 결혼이 무덤인지 천국인지 아니면 그저 무덤덤한 일상인지 알고도 남을 만한 나이들인데 내 자식, 내 손자의 문제로 다가오면 어쩔 수 없는 모양이다. 중매공원은 봄날

꽃 대신 구혼대자보 숲을 헤치며 며느리 감, 사위 감을 내손으로 직접 골라내고야 말겠다는 굳센 의지로 가득했다.

베이징 798에서 만난
쩡판즈

따산즈大山子 798는 처음에 원자탄의 부품과 포탄을 만들던 허름한 군수공장 건물이었다. 벽돌로 외벽을 세우고 가건물처럼 지붕을 높게 올린 재래시설이었다. 한국전쟁이 한창이던 그 시절 의복도 갖춰 입지 않은 중국인 노동자들은 이곳에서 밤낮없이 무기를 만들어냈다. 그들의 애환과 땀 냄새가 아직도 구석구석 남아있는 듯했다. 낡고 허물어진 골목길은 구겨진 역사가 녹슨 철판처럼 몇 겹으로 쌓여있었다. 이제는 중국을 대표하는 최초의 예술특화지구다. 개혁 개방 이후 중국경제는 수많은 경제특구와 무역특구로 재미를 보았다. 여세를 몰아 예술까지 특화지구로 만들어 사회주의 발전 모델 안에 담아낸 느낌이었지만 따산즈는 보는 그대로 그냥 새로웠다. 798은 군수공장의 일련번호, 말하자면 지번이다. 화력발전소를 재단장한 런던의 테이트 모던 갤러리나 뉴욕의 유명한 소호, 파리의 낡은 기차역 오르세 미술관처럼 버려진 유산에서 피워낸 재탄생이다. 베이징의 또 다른 '숭장宋庄'이나 상하이 'M50 예술구'도 마찬가지다. 이곳은 별로 주목받지 못하다가 2002년 미국인 예술가 로버트 버넬이 들어오면서부터 국제적 명성을 얻었다. 저렴한 임대료에 몰려드는 예술가들의 활동을 보고 공산당도 철거 대신 보존과 발전대책을 내놨다. 철창에 갇힌 거대한 낙타가 컨테이너처럼 포개진 설치미술부터 시작되었다. 파격과 신선함의 연속이다. 400개의 갤러리와 화랑, 독특한 카페, 서점들은 눈을 즐겁게 만드는 대상들이다. '따산즈 국제예술제', '798 비엔날레'는 해마다 수백만의 사람들을 이곳으로 몰고 온다.

중국미술의 4대 천왕 팡리준, 장샤오캉, 웨이민준, 쩡판즈가 오늘의 따산즈를 이끌어냈다고 할 수 있다. 뉴욕 소더비에서 아시아 최고가 낙찰을 기록한 장본인들이다. 이 가운데 나는 쩡판즈를 가장 좋아한다. 그의 그림 속에는 늘 독특한 울림이 있다. 따산즈 최대 규모를 자

따산즈의 갤러리

랑하는 유렌스 갤러리에서 쩡판즈 작품들을 만났다. 쩡판즈는 후베이 우한 사람이다. 우한은 무지막지하게 더운 곳이다. 오죽하면 대륙의 '4대 화로'라고 했을까. 어린 시절 목격한 가난과 무더위 속 병원의 열악한 환경은 미술의 중요한 모티브가 되었다. '병원 시리즈'는 작품마다 묘한 감정으로 나의 발길을 붙잡았다. 3세대 아방가르드 작가답게 일그러지거나 멍한 인간의 표정은 가슴 깊은 곳의 심연을 흔들고 지나가는 것 같다. 의사의 커다란 손, 간호사의 초월적 눈동자는 그 시절 중국의 부조리한 사회와 어쩔 수 없이 생명을 이어가는 이웃들의 내면이 선명하게 드러난다. 관조의 시선이 차갑게 존재한다. 〈고기〉와 〈가면〉, 〈조상〉, 〈무제〉로 이어지는 쩡판즈의 작품세계의 시작점이었다. 초기에는 욕망과 허위로 가득한 사회를 고발하다가 지금은 정치영웅이나 대중스타를 불규칙한 자유곡선으로 그려내고 있다. 늘 그래왔듯이 그는 변할 것이다. 어떤 방향일지가 기대될 뿐이다.

중국을 방문한 프랑스 사르코지 전 대통령은 만리장성이나 자금성보다 따산즈를 먼저 찾았다. 버려진 공장에서 떠오르는 중국미술을 보고자 했던 것이다. 쩡판즈의 그림들은 사르코지의 눈을 사로잡았다. 전쟁과 혁명, 산업화 등을 비껴가면서 지금의 상태를 이뤄낼 수는 없다. 예술은 그 사회가 겪은 경험의 산물이기 때문이다. 우리 세대가 겪은 갈등을 그도 밟아왔다. 괴상한 표정의 병원 사람들이 최면에 걸린 것처럼 뒤엉킨 회화는 우리들의 자화상이기도 하다. 따산즈는 새로운 예술의 가능성을 내뿜고 있었다. 차이나의 독특함에 경험이 입혀진 대작들은 유럽의 대성당만큼이나 높은 천장 벽에 걸려 흐르는 역사를 반추하고 있다. 이념의 틈바구니에 갇힌 고달픈 민초들의 삶이 절절하게 담겨있어 더욱 감정을 일렁이게 한다. 작품마다 시대의 아픔들이 골고루 뿌려져 있다. 고단한 시절의 분노와 억압을 이겨내고 예술이라는 수단으로 현재를 이어가려는 강력한 의지가 읽힌다. 작고한 이라크 출신 세계적인 건축가 자하 하디드가 따산즈를 방문하고 "군수공장 건물들은 구조주의 건축의 백미다. 높은 천장, 탁 트인 넓은 공간, 온종일 빛이 머무르는 조건은 최고의 갤러리다"라는 찬사를 던졌다.

서울의 아라리오와 표갤러리도 진출했던 시기가 있었다. 돌이켜보면 798은 무기의 그늘에서 피어난 예술의 부활이다. 사람 죽이던 흉기로 가득했던 공장은 이제 사람들의 영감을 살려내는 예술품들로 가득하다. 중화아트의 특이한 정서는 역사의 부활과 함께 세계인들의 시선에서 화려하게 비상하고 있었다. 하지만 나의 눈에 그곳은 동상이몽의 현장이기도 했다. 대륙을 통치하는 공산당은 예술이 인민들의 마음을 사로잡아 사회주의 품 안에 오래 붙잡아 둘 수 있다고 믿는 것 같고, 예술가들은 그들의 작품이 숨 막히는 사회주의 이데올로기를 조금이라도 이완시키는 메시지가 되기를 바라는 커뮤니

케이션의 엇박자를 보는 듯했다. 정치와 예술의 이중성. 이것은 시대의 필연인가, 우연인가.

내 안의 빛을 영접하라,
제임스 터렐

인간에게 암흑은 평화보다 공포에 가깝다. 고립무원의 절망감이나 존재가 비존재 속으로 침몰하는 것 같은 느낌이 그렇다. 설치미술가 제임스 터렐James Turrell의 가상현실 미술관으로 들어서며 좁고 캄캄한 공간을 따라 조심스럽게 발걸음을 옮겼다. 가늠하기 어려운 거리에서 희미한 빛이 보이기 시작했다. 쏟아지는 빛이 아니라 느리게 흘러내리는 빛이었다. 벽에 걸린 그림이 발원지다. 손으로 푸르스름한 면을 만져 보았지만 텅 빈 공간이었다. 다른 세계로 들어가는 문이었다. 그 안에 거대한 방이 또 하나 숨겨져 있었다.

놀라움과 신비함의 연속이었다. 강렬하지도 노골적이지도 않은 빛은 잠깐 사이에 나를 완전히 다른 사고 속으로 끌고 들어갔다. 시간성은 이미 지워져 속세와 절연된 상태로 더 깊은 빛의 심원을 탐하게 되었다. 촉감에 의지한 공간에서 후각과 짐작만으로 공기의 움직임을 느껴야 하는 색다른 경험이었다. 기하학적 사면에서 이뤄지는 파랑과 빨간빛의 오묘한 교차는 미천한 인간들을 신들의 울타리 밖으로 노출하는 듯했다. 빛은 끊임없이 마음 안쪽을 들락거렸다. 그 순간 외부의 빛이 아니라 안쪽의 빛을 찾아 침잠해 들어가는 나를 발견하고 놀라웠다. 시간의 흐름을 따라 3차원 공간이 평면으로, 평면이 입체공간으로 확장해갔다. 물질적인 빛이 보이는 시야를 거슬러 올라와서 내면의 비타민으로 체화되어 나갔다. 육체의 겉은 매일 씻어내지만 정신을 지배하는 영혼은 청소할 기회가 없었음을 깨달았다.

제임스 터렐은 미국의 화가이기 이전에 퀘이커 교도다. 빛의 연구를 통한 설치미술가이며 심리분석가다. 그의 손끝에서 빛은 전혀 다른 의미의 상징으로 다가온다. 광막한 캘리포니아 고향의 자연과 애리조나 사막의 빛을 찾아 50년 외길을

공간의 개념을
무너뜨린 터렐

걸어온 이력이 독특하다. 친할머니의 "안으로 들어가서 빛을 영접한다. 모든 인간은 자기 안의 신성을 지니고 있고 그것을 기르는 법을 배우면 다 구원받을 수 있다"라는 말이 그에게 있어 메타포가 되었다. 그의 덥수룩한 수염은 70대 중반을 넘긴 노년의 라이트 아티스트Light Artist를 영적으로 더욱 선명하게 만들어주고 있었다.

터렐은 빛 자체를 가두거나 조금씩 모아 통로를 만들어주면서 동시에 움직이는 작품들을 만들었다. 빛이 인간의 발상과 사고를 전환시킨다는 철학으로 미술의 영역 밖을 탐구해왔다. 심리학자 에드워드 보츠, 미술가 로버트 어윈과 함께 빛의 생리학도 연구 중이다. 조각, 설치미술, 현상학, 인지생리학 모두가 지대한 관심 영역이다. 현대의 '위대한 화가 50인' 반열에 들어간 이유가 있었다. 빛을 탐구한 피에르 프란체스카의 〈그리스도의 세계〉나 자코모 발라의 〈거리의 빛〉 같은 걸작들도 있었지만 터렐의 시도와는 근본이 달랐다. 그는 이 경지를 뛰어넘어 물리적이고 현상학적인 지각과 관련된 설치미술의 근원적인 미학을 개척해냈다. 모든 가능한 상상력 너머의 영적인 신성을 끌어들이는 매력이 압권이다.

오카야마 앞바다의 지중 미술관에 전시 중인 터렐의 작품을 처음 대했을 때만 해도 특별한 감흥이 없었다. 원주 오크밸리 뮤지엄산에서 그의 이색적인 걸작을 만났을 때 빛의 세계가 조심스럽게 다가왔다. 상하이의 조우는 완벽하게 다른 감동을 안겨주었다. 서울과 제주도에서 기획했던 특별전을 통해 터렐은 한국 팬들과 인연을 맺었고 거장의 가치는 더욱 빛나기 시작했다.

상하이 엑스포의 파도가 지나간 전시장에 롱미술관이 남아있었다. 근대의 고가철도를 뚝 잘라내 거친 철골구조를 살린 땅에 지어진 기념비적인 건축물이다. 본래 택시 운전사로 일했던 미술관 주인의 입신 스토리는 또 다른 흥밋거리다. 학교를 갈 수 없이 가난했던 신리이그룹의 유이첸 회장은 운전과 행상으로 떠돌다가 가죽공장으로 종잣돈을 모았다. 중국 주식시장은 그에게 갑부의 길을 열어줬다. 크리스티의 큰손에 그치지 않고 거대한 미술전시 기획의 개척자로 변신한 것은 중국 예술계에도 엄청난 선물이었다. 600년 전 명나라 때 만들어진 황제의 찻잔 '계향배'를 홍콩 경매장에서 1,300억 원에 사들이는가 하면 얼마 전에는 모딜리아니 누드화를 1,800억 원에 매입해 세상을 놀라게 했다.

롱미술관은 아시아 최고의 제임스 터렐 전시관이다. 여기서 그의 빛은 온전한 평가를 받고 있었다. 공간과 공간이 이어질 뿐인데 그 속에서 나는 이리저리 빛을 찾는 노마드가 되었다. 내가 그 빛을 인지하는지 그 빛이 나에게 스며드는지는 모르겠지만, 끊임없는 여명의 빛을 찾아 안으로 안으로만 파고드는 또 다른 내가 서 있었다. 오래전 세상을 떠난 사람들부터 비교적 최근에 꾸었던 꿈들까지 혼란스럽게 고개를 내밀었다. 터렐의 신비한 빛들은 밤하늘의 별들처럼 반짝거리면서 가슴을 울렁거리게 했다. 헝가리 출신의 철학자 게오르크 루카치Georg Lukacs의 『소설의 이론』에는 이러한 내용이 나온다. "별이 빛나는 창공을 보고 갈 수가 있고 또 가야만 하는 길의 지도를 읽을 수 있던 시대는 얼마나 행복했던가. (중략) 이런 시대에 모든 것은 새롭고 또 모험으로 가득 차 있으면서도 결국은 자신의 소유로 되는 것이다. 그리고 세계는 무한히 광대하지만 마치 자기 집에 있는 것처럼 아늑하다. 왜냐하면 영혼 속에서 타오르는 불꽃은 별들이 내뿜고 있는 빛과 본질적으로 동일하기 때문이다."

　신神이 떠나간 시대, 이제 우리에게 이 광대한 빛을 주는 우주는 알 수 없는 세계이자 공포감과 불안의 대상이다. 더 이상 신이 우리와 함께하지 않는다면 인간 홀로 우주와 맞서야 한다. 그러나 세상은 너무 크고 짐작조차 하기가 어렵다. 아늑하지 않으면 무한한 우주는 인간들에게 허무를 안길 뿐이다. 별과 우주가 동행했던 유년 시절, 신화를 듣고 노래를 부르며 살았던 그때를 터렐의 프리즘 속에서 더듬고 있었다. 흩어진 빛의 들판에 버려졌다가 정제된 빛의 세계로 진입한 기분은 마치 깊은 우물에서 사유를 가득 길어 올린 느낌이었다. 낡은 영혼의 바다를 탈출해 나오기까지는 적지 않은 세월이 걸렸다.
무릇 모든 삶이 그러할 것이다.

열하일기 기착지,
베이징

자금성 해자를 끼고 왼편으로 펼쳐진 치엔먼前門과 리우리창琉璃滄에는 가을 서정이 역력했다. 햇살은 엷어지고 푸르던 나무는 조락을 준비하고 있었다. 그 옛날 연경(현 베이징)에 들러 벼루와 붓을 사고 선진문물에 놀라워했던 연암 박지원의 여로는 붐비는 인파와 문명 속에서 길을 잃고 있었다. 아직도 성업 중인 수백 개의 문방사우 상점들은 『열하일기』의 「관내정사」 풍광 속으로 나를 안내하고 있었다. 당시 박지원의 나이는 43세였다. 영조 때 청나라 건륭제의 칠순 축하 사절단 자제군관 자격으로 먼 길을 떠났다. 이때 보고 들은 청나라 견문록을 『열하일기』로 남겼다. 압록강을 건너며 시작되는 「도강록」부터 연경과 열하를 다녀오는 「환연도중록」까지 길 위의 여정은 우리의 귀중한 문화유산이다. 중국 선비들과 주고받은 이야기며 청나라의 문물에 대한 스토리는 독특하고 풍부한 해학으로 가득하다.

"정말 본받을 만한 것이 많다. 한 장은 엎고 한 장은 젖혀 암수를 서로 맞추었다. 틈 사이는 회반죽으로 붙여 때운다. 이러니 쥐나 새가 뚫거나 위가 무겁고 아래가 허한 폐단이 없다. 우리나라는 기와를 얹을 때 지붕에 진흙을 잔뜩 올리고 보니 위가 무거워 오래 못 견딘다"

청국의 기와공법에서 실용을 강조하고 있다. 크고 추상적인 논쟁보다는 실사구시가 사람과 세상을 바꾸는 중요한 요인으로 확신한 것이다. 압록강이 고비였다. 장마철 홍수로 아홉 차례 만에 강을 건너고 국경을 넘었다. 질병과 피로, 공포 속에 지친 사신단은 요양에서 짧은 휴식을 가졌다. 심양으로 만리장성의 동쪽 끝인 영원성과 산해관으로 길을 재촉할 때는 한양을 떠난 지 한 달 반이 지났다. 목숨을 거는 일이었다. 왕복 6개월 목표에 300여 명이 같이 움직이는 긴 여정이다. 연암은 45일 만에 연경에 도착했다. 1780년 8월의 일이다. 그러나 길은 끝나지 않았다. 황제는 열하로 떠나고 없었다. 건륭은 청나라의 4대 위협세력인 내몽고와 티베트, 위그루, 만주를 제압한 성군이다. 반드시 알현하고 사신의 예를 갖춰야 했던 것이다. 다시 닷새를 걸어 베이징 북쪽 승덕 외곽에 지어진 피서지

별궁까지 가서야 황제에 대한 삼두고구두례(세 번 절하고 아홉 번 이마를 땅에 대는 예)를 올릴 수 있었다.

　　물건이 가득 쌓인 문방사우에 들러 갈색의 붓을 집어 들었다. 랑마오狼毛다. 양털 붓보다 힘이 있는 늑대 털은 최고로 쳐주는 명품이다. 만주의 늑대털이 귀해져 북한에서 구해왔다고 한다. 묘향산 늑대의 등털이 특품이다. 비싼 가격에 망설이다가 지갑을 열었다. 늑대털 붓은 연암이 아끼던 물건이다. 먹이 잘 스며드는 화선지에 대고 일필휘지를 꿈꾸는 순간이다. 유리창은 원래 자금성 건축 당시 기와를 굽던 중인들의 거주지였다. 공사가 끝나고도 기나긴 세월을 같은 지명으로 남아 선비 문인들의 지식공방 역할을 해주고 있다. 연암은 유리창에 서서 탄식했다. "이렇게 천하의 사람들이 나를 몰라보게 되었으니 나는 성인도 되고 부처도 되고 현인과 호걸도 된 셈이다" 관직도 없는 조선의 초라한 자신을 청국사람들이 어찌 알겠는가. "사람들이 나를 몰라준다 하여도 화내지 않고(공자), 나를 알아주는 사람이 드문 것은 나라는 존재가 귀하기 때문이요(노자의 도덕경), 혼자만이 미지의 세계를 갖는 것은 그 자체가 즐거움"이라고 본 선비정신의 고독이었을 것이다. 천하에 자신을 알아주는 한 사람이라도 있으면 행복한 일이다.

　　연암처럼 나도 유리창 대로에 나섰다. 건너편 치엔먼에서 빽빽하게 밀려오는 사람들의 어깨를 피하며 물결을 거스르며 헤엄치는 잉어처럼 걸었다. 군중에 묻혀 나를 잠시 잊는 일은 나를 다시 찾아가기 위한 원점을 알아내는 순간이다. 연암의 세계나 나의 세계가 다르지 않았다. 수많은 인파가 오가는 이 거리에서 모든 이가 같은 길을 걷고 있음을 안다. 다만 생로병사가 다르고 인생의 짧음과 덧없음을 슬퍼할 뿐이다. 앞은 한 치도 볼 수 없고 좌우 어디에 와있는지도 모르는 어려운 여정에서 명문장으로 시간을 대변해준 연암. 자신은 그 길에 서서 비로소 도리가 무엇인지 깨달았다고 고백하고 있다. 눈과 귀로만 습득한 것에 대한 편견을 눈감고 잊고자 했다. 객관적으로 보면 조선도 청나라처럼 문물이 발달한 세상이 되어야 하지 않겠는가. 북벌을 주장하는 아집에서 벗어나 북학北學의 눈으로 신세계를 관찰한 것은 놀라운 일이다. 입과 귀에만 의지하다가 눈으로 경험하는 세상은 벼락같은 것이었으리라. 어떤 사람도 자신이 처해있는 시공간적 상황을 벗어나 삶을 이룰 수는 없다. 인간이란 사회적 존재고 타인의 인정이 필요한 독특한 생명체이기 때문이다. 그들의 폭풍 같은 시선을 벗어나기는 몹시 어렵다. 길을 떠나는 것이 해법이다. 연암은 길에서 그 답을 찾고자 했다. 삶과 여행은 분리되지 않는다. 길 위에서 생각하고 또 길을 가는 것이 인생이다. 언젠가는 연암의 유목일지를 거꾸로 더듬어 끝까지 완주해볼 것이다. 출발 전의 나를 버리고 새로운 나로 재탄생시키는 순간 어두운 편견의 그늘에서 비로소 걸어 나올 수 있기 때문이다.

하늘의 선물,
시후 롱징차

이슬이 막 가시기 시작한 아침나절 구릉은 태양을 서서히 품기 시작했다. 초록의 이불 속으로 하늘의 빛이 타고 들어오는 순간이다. 그 포개어진 틈새 옆으로 흘러내린 녹색 차밭이 사면을 완벽하게 감싸고 있었다. 산줄기를 내려오는 이랑 곡선은 부드럽게 계곡 아래로 이어졌다. 신의 선물로 알려진 항저우 롱징차(용정차) 벌판은 그렇게 시간의 커튼을 열어 주었다. 시후롱징西湖龍井은 중국 10대 명차 중에서도 으뜸이다. 치면 홍차, 푸얼차, 모리화차 등을 제치고 언제나 최고를 차지해 왔다. 오월 하순의 차밭은 짙푸른 색으로 변해있었다. 청명 이전에 어린잎을 따내고 두어 번 더 수확한 뒤였다. 항저우 시내에서 30분 거리를 달려왔다. 롱징차는 겹겹이 둘러싸인 항저우의 산과 호수 비경 속에서 만들어지고 있었다. 시후西湖의 전설과 버무려져 2,000년의 오랜 스토리를 축적해왔다. 900만 인구의 항저우 시내에는 찻집이 8,000여 곳에 이른다. 아시아 최대의 사찰 영은사 숲길의 이끼 긴 기와집 허름한 문간에는 어김없이 찻집이 있었다. 발길을 멈추고 앉아 창 너머에서 불어오는 대숲 바람을 벗 삼아 마시는 한모금의 룽징차는 언어의 표현을 넘어서는 경지다.

초봄에 따낸 최상품 차는 황제의 입술을 적셨다. 시후나 룽징은 물과 관련이 깊다. 시후는 중국 역사의 미인 서시 시스西施에서 온 이름이고 룽징은 원래 룽훙에서 유래했다. 시후 서쪽의 웅자산 기슭 맑은 샘이 룽징龍井이다. 룽징 옆에 절을 짓고 차를 재배하는 스님을 따라 마시기 시작한 게 차의 시작이었다. 그 맛과 향기는 소문으로 중원까지 퍼지면서 차로 생계를 삼는 민초들이 생겨났다. 차밭은 청나라 강희제 때 드디어 공차公茶로 인증되었다. 그의 손자 건륭이 이곳을 시찰하면서 맛본 룽징 향취에 반해 벼슬을 내렸다. 18그루의 차나무에 벼슬을 내리고 25가구가 재배하게 했다. 황실에 보내는 로열 티를 계약재배했던 셈이다. 차밭을 오른쪽으로 돌아 나오는 곳이 어차御茶단지다. 물론 장쩌민이나 후진타오도 룽징 마니아였다. 차 박물관에는 장쩌민의 현판글씨가 방문객들을 맞이하고 있었다.

"아침 차 한잔은 온종일 힘이 넘치게 하고, 점심 차 한잔은 일을 가뿐하게 해주며, 저녁 차 한잔은 인생의 피로를 쓸어내 준다"라는 중국속담에 그들의 용정차 사랑이 가득 담겨 있다. 여린 촉을 따내어 만들어진 차 한 잔에는 음양오행과 시간의 이상을 포용하는 동양의 깊은 사상이 함께 녹아있음을 느꼈다. 롱징차는 최상품 500그램 한 통에 20만 위안(약 3,600만 원)까지 거래된다. 차밭 비탈의 모든 새순을 따내 찌고 볶아 만든 인간 수공의 정수이기 때문이다. 2003년 중국 최초의 유인우주선 선저우神舟 5호에 롱징차 종자가 탑재되었다. 우주 환경에서 유전자 변이를 실험하기 위해서였다. 대륙 사람들은 하늘에서도 롱징차 재배를 원하는 것일까. 내가 중국어 초보이던 시절, 선생님의 엄격한 요구가 있었다. 중원의 역사에서 전해오는 7가지 생활용품 외우기. 장작, 쌀, 기름, 소금, 간장, 식초, 차가 그것이다. 굶어도 차는 마셔야 사는 게 중국인들이다. 아름다운 포시즌 호텔 호반에서 즐기는 롱징은 천상의 품격이다. 유리잔에 넣은 찻잎이 열수熱水에 꽃이 피듯 찬란하게 펼쳐졌다가 가라앉는 형상을 감상하다가 잔을 들면 이때 혀끝에 와 닿는 롱징 한 모금은 가히 미학적 영역이다.

당나라 중엽 이룽샹意隆像이 기른 제자 루우陸羽는 세계 최초로 차 문화집을 집대성하며 이러한 말을 담았다. "차는 지상 최고의 청순을 상징한다. 차를 만들고 차를 달여 마시기까지 '청결'이라는 이름의 길을 단 한 치라도 벗어나선 안 된다. 기름기 있는 손이나 찻잔이 조금만 찻잎에 닿아도 지금까지의 노고가 한순간에 사라져버린다." 차의 성인이 만든 다경茶經

에는 인생의 풍요를 가져다주는 기품들이 고요하게 들어차 있다. 차를 마시는 행위는 모든 허세와 사치스러운 유혹에서 벗어나 마음을 말끔하게 한 뒤에 가지는 행복한 의식이다. 루우는 그의 저서 『다경』에서 "차는 깊은 밤 산중의 한 칸 집에 앉아 샘물로 달인다. 불이 물을 데우기 시작하면 작은 천둥 같은 하늘의 소리가 들린다. 마침내 찻잔에 차를 따른다. 부드럽게 활활 타오르는 불빛이 둘레를 비춰주고 있다. 이러한 한동안의 기쁨은 도저히 속인들과 나눌 수 없는 것이다"라고 묘사했다. 나는 작설차를 즐긴다. 하동에서 올라오는 새순이 그만이다. 참새 혀처럼 작고 어린잎을 따 모아 만든 것이니 그 미지의 맛은 더 이상 설명이 필요 없다. 사회주의는 차, 자본주의는 커피로 대별되지만 우리의 차 문화 역시 전통이 깊다. 제주와 보성 녹차 단지는 날로 번창하고 있다. 물질로 풍요로워진 오늘날, 정신의 가난은 어쩔 수 없는 현상이다. 맑고 깨끗한 차 한 모금은 이승의 복잡함과 영혼의 가난함을 모두 씻어 주고도 남는다.

보물 병마용의
낮은 자세

인간이 저질렀다고 보기 힘든 광경이었다. 도대체 어떻게 이러한 일들이 가능했는지 이해가 되지 않았다. 얼마나 많은 사람이 어느 정도의 고통을 견뎌내고서야 눈앞에 펼쳐진 이 불가사의가 현실이 되었을까. 실물 크기의 수많은 병사의 눈빛이 아직도 살아있었다. 금방이라도 진격명령을 기다리는 연병장의 군대 대오 같았다. 진시황의 고분군은 그 웅장함으로 방문객들의 탄성이 쏟아졌다. 그러나 절대왕권의 힘으로 빚어낸 고대의 지하왕국을 칭찬만 하기에는 이성의 그림자가 쉴 새 없이 고개를 드는 현장이었다. 2,000년을 넘게 지탱해온 '병마용' 갱도는 곳곳이 무너지고 부서지는 중이었다. 현재까지 출토된 1,100여 개의 토상 가운데 온전하게 보존된 것은 거의 없어 보였다. 안면이 뭉개지고 팔다리가 떨어져 나갔거나 칼집이 유실된 경우가 대부분이다.

　유독 눈길을 끄는 한곳에 사람들은 장사진을 이뤘다. 중국 정부가 특별 보존 중인 진관지보鎭館之寶, 보물 중에 진짜 보물로 여기는 무릎 꿇은 병마용, 궤사용跪射俑이었다. 옷의 무늬와 머리카락까지 선명하게 보일 정도로 보관상태가 완벽했다. 세계적으로 알려진 진나라의 특별 유산이다. 특수 유리 상자 속의 주인공 궤사용은 시선을 압도했다. 적지 않은 기다림 끝에 사면에서 들여다볼 기회를 얻었다. 이 보물의 '온전한 생존' 이유는 바로 무릎을 굽힌 자세다. 왼쪽 다리를 구부리고 오른쪽 무릎을 바닥에 댄 채 오른발을 수직으로 세워 바닥을 짚고 서 있는 형상이었다. 상체는 약간 뒤로 기울어져 있고 부리부리한 두 눈은 왼쪽 정면을 응시하고 있었다. 두 손은 상체의 오른쪽 위에서 활을 쏘는 자세를 취한다. 1974년 농부의 신고로 발굴이 시작된 1호, 2호, 3호 갱에서 찾아낸 것 가운데 최고의 작품으로 평가받고 있다. 발굴단과 중국 고고학계가 들썩거릴 만한 수확이었다. 영생을 꿈꿨던 무모한 황제의 비밀 커튼 너머 숨겨진 '호위병'이 후세인들 앞에 모습을 드러낸 것이다. 진관지보는 모두 서있는 다른 병마용 때문에 완벽한 상태가 가능했다. 서 있는 병마용들이 1.8미터 전후인 데 반해 궤사용은 1.2미터 높이였다. 오랜 세월 천정이 무너지고 흙이 덮여가는 동안 주변의 수천 개가 일정한 높이로 숲을 이룬 보호막 덕분에 '처음처럼' 생생함이 유지되었을 것이다. 무릎을 굽힌 포즈는 왼쪽 발이 허리와 삼각형을 이루며 상체를 지탱하고 있어 안정적이었다. 몸통이 곧추선 늠름한 자태는 살아있는 기상 그대로였다. 겸손함이 2천 년의 세월을 거뜬히 관통하게 해준 열쇠였던 셈이다. 겸손은 함부로 나서지 않고 낮은 자세를 유지하는 것이다. 적절한 낮음은 비겁함이나 나약함과는 구별된다. 무게 중심이 아래에 있으면 쉽게 넘어지거나 부서지지 않는다. 웃자라고 솟아오르면 꺾이지 않고 견딜 수가 없다. 인간이라면 스스로 교만해져 휘두르고 싶은 충동을 참지 못한다. 그러다 무리를 하고 망가지는 것이 보통의 세상사다.

역사가 말해주는 진실이다. 권력은 비정한 승부의 세계다. 나라 안팎의 권력교차로 지구촌은 늘 시끄럽다. 보복의 아우성과 원망의 야유가 들끓는다. 독일의 정치학자 칼 슈미트Carl Schmitt는 "적과 동지를 구분하는 게 정치"라고 했다. 마오쩌둥은 "피 흘리는 정치가 전쟁이고 피 흘리지 않는 전쟁이 정치"라는 말로 험난했던 현세를 자조했다. 진관지보의 침묵은 무엇을 말하는가. 일상의 겸손함과 낮음의 미학이 주는 영원성을 암시하고 있다. 당장 높은 자세의 돋보임은 낮은 자세의 오랜 생명력을 따라가지 못한다.

시안의 진관지보

칭기즈칸의 성공은 부하 야율초재의 전략을 존중하면서 비롯되었다. 출신 성분을 따지지 않고 오직 능력으로만 인물을 발탁했던 덕분에 당대의 탁월함이 빛났다. "한 가지 이익을 얻는 것이 한 가지 해로움을 제거함에 못하고, 한 가지 일을 만드는 것이 한 가지 일을 없애는 것만 못하다"라고 칭기즈칸은 일갈했다. 공존을 원한다면 욕망을 채우기보다 욕심을 제거하는 쪽이 더 현명한 선택이다. 탁월함은 낮은 자세로 잘못만을 예리하게 도려내는 것이다. 그래야 진관지보처럼 오래 빛난다.

루쉰의 길

한여름 중국 상하이의 무더위는 장난이 아니다. 수은주가 45도까지 치솟는다. 오죽하면 이곳을 '4대 화로지방'으로 불렀을까. 중국 장강을 기준으로 강남의 상하이, 우한, 난징, 충칭을 화롯불같이 더운 지방으로 꼽는다. 그 폭염을 헤치고 오랫동안 고대했던 루쉰을 만나러 갔다. 중국인들의 정신적 스승으로 추앙받는 그의 문학세계는 낯설지 않지만 남겨진 자취를 찾아 나서기는 처음이다. 수없이 오간 상하이 방문길에 왜 이번만은 루쉰을 따로 챙겨 보고 가겠다는 생각을 했는지 모를 일이었다. 고층 건물이 즐비한 푸동浦東의 천지개벽을 한 바퀴 돌아 황포강 건너편 푸쉬浦西 안쪽 옛 시가지의 루쉰 공원을 찾았다. 울창한 숲속 평일 낮 발길이 뜸한 기념관은 한산했다. 깔끔하게 단장된 건물 입구에는 더위에 지친 몇 사람이 주저앉아 있었고 인민해방군 복장을 한 초병만이 방문객을 맞이했다. 실내는 정결했다. 낡은 원고지와 유품들, 후배 문인들과 시대를 토론하는 실물 크기의 밀랍 인형실이 있었다. 격동의 세월을 지낸 아래층 행적을 돌아 2층 중앙홀로 이어지는 루쉰의 청동 흉상까지 한 바퀴를 돌아보았다. 차가운 금속으로 섬세하게 새겨진 표정이 유난히 따뜻하고 인자했다.

잘 단장된 기념관을 돌아 나와 북쪽 숲으로 발길을 옮겼다. 우리에게 루쉰 못지않은 영웅을 찾기 위해서다. 홍구 공원에서 일본군 시라카와 대장에게 도시락 폭탄을 던진 사나이 윤봉길. 하지만 윤 의사의 남은 자취는 너무도 초라했다. 작은 돌비석 하나가 전부인 흔적 앞에 그저 멍하니 한참을 서있었다. 언젠가 중국정부는 공원 이름도 바꿔버렸다. 윤봉길의 거사현장 '홍구 공원'을 기억하는 우리에게 '루쉰 공원'은 다소 낯선 이름이다. 다만 중국의 정신적 스승과 한국의 영웅이 같은 땅에 나란히 간직돼 시대를 깨우고 있다는 점을 작은 위안으로 삼을 수밖에 없었다.

루쉰은 본래 상하이 근처 저장성 샤오싱紹興 사람이다. 추워지면 따끈하게 데워서 한잔하는 이른바 '샤오싱주'의 본고장이다. 대지주의 자식으로 유복하게 자란 그는 의사가 되기 위해 당시 선진국 일본으로 유학을 떠났다. 하지만 센다이 의전(현재 도호쿠대학 의학부)에서 수업 도중 스파이로 잡혀 생매장되는 중국인들의 실상을 스크린으로 보고 생각을 바꾼다.

의술로 사람을 고치기보다 문학을 통해 고국의 정신을 바꿔야한다고 말이다. 결단은 단호했다. 그는 즉시 상하이로 돌아와 치열하게 문학 인생을 시작했다. 아시아 제패를 꿈꿨던 일본의 야망에 맞서 중국의 자각을 온몸으로 외치던 세월이 지났다. 그는 대륙에서 국민당과 공산당의 대결기에 왕성한 활동을 하다가 상하이에서 숨을 거뒀다. 마오쩌둥의 문화혁명이 지나고 뒤늦게 사회주의 정부로부터 후한 대접을 받고 있지만 기본적으로 그의 문학세계는 인간본성을 추적하는 작업이었다. 철저하게 탐구하고 꾸짖고 스스로 반성하는 궤도를 조금도 이탈하지 않았다. 「무덤」, 「열풍」, 「외침」, 「방황」으로 이어지는 단편 시리즈는 물론이고 『광인일기』의 정신도 인간의 집요한 심리추적이다. 최고의 소설 『아큐정전』에서 그려지는 '정신 승리법'은 오늘을 사는 우리 모두의 모습이기도 하다.

정신 승리법이란 그때그때 상황에 맞춰 자기가 처하게 된 불이익이나 폭력적 상황을 합리화하는 것으로 간단하게 자기를 위안하고 넘어가면 어떤 모순도 다 상관없는 일이 되고 만다는 것이다. 주인공 아큐는 돈이 생길 때마다 도박을 한다. 늘 잃고 있다가 어느 날 큰돈을 딴다. 그러나 그 돈을 강도에게 빼앗기고 무자비한 폭력까지 당한다. 아큐는 그 순간 내가 인간이 아니라 일종의 지렁이였다면 사람이 지렁이를 밟을 수도 있는 것 아니냐는 식의 생각을 한다. 따라서 자신의 처지가 슬프거나 괴로운 것이 아니라고 자기합리화한다. 어찌할 수 없는 세상의 거대한 소용돌이에 맞서봐야 해결할 수 없는 나약한 개인의 한계를 드러내는 장면이다. 이렇게 합리화시키지 않으면 살 수 없는 것이 민초들의 인생이므로 그저 순응하고 긍정하면서 자기를 달래야 목숨을 부지할 수 있다고 스스로를 위로한다. 처절한 방법 찾기다. 그 쳇바퀴 인생들을 대신해서 고단한 시대의 처지를 그려내려는 모습이 소설가 루쉰의 본얼굴이었다. 하지만 아큐를 통해 중국인들의 바보 같은 인생을 꾸짖고 싶은 마음이 숨겨진 메시지였다. 나약한 개인으로 흩어지면 영원히 굴종의 길을 벗어날 수 없다, 부당함을 강요하는 모든 세력으로부터 정의를 부르짖고 자신의 정체성을 찾아가는 것이 진정한 인간의 길임을 강조하고 싶었던 것이다. 개혁개방으로 물질은 풍요로워지고 있지만 정신은 메말라가는 중국인들의 가슴속에 다시 청량한 생명수를 뿌리고 싶은 대상으로 루쉰만한 국민작가가 없을 것이다. 중국인들이 이곳을 찾는 이유이기도 하다. 청나라 말기 정처 없이 떠나온 샤오싱을 다시 돌아보고 쓴 소설 『고향』에서 그는 미래를 이렇게 이야기한다. "희망이란 본래 있다고도 할 수 없고 없다고도 할 수 없다. 그것은 마치 땅 위의 길과 같은 것이다. 걸어가는 사람이 많아지면 그것이 곧 길이 되는 것이다."

100년이나 지나온 과거, 그 험난한 시절에 이런 혜안을 가졌다니 끝을 알 수 없는 대문호의 정신세계가 경이로울 뿐이다. 낡은 대결구조와 지키지 못할 공약들이 자기합리화로 간단하게 용서되어야 하는 우리 현실을 돌아보면 '루쉰의 길'은 결코 남의 이야기가 아니다. 정치도 남북도 경제도 그저 여럿이 힘을 합치고 정직하게 만들어 가야 새로운 길이 열릴 텐데 걱정이다. 지금처럼 잘 만들어진 길도 외면하고 자꾸 과거의 산으로 엉뚱한 길을 고집하면 이것은 세월을 뒤집어 거꾸로 가는 것이 아니겠는가.

쑤저우 은이
세운 제국

우리가 임진왜란에 시달릴 때 중국 쑤저우는 역사상 유례가 없을 정도로 중소형 가내 수공업이 성업을 이뤘다. 직기 수십 대를 갖춘 직물업소가 1만 2,000여 곳에 달했다. 베를 짜고 물레를 돌리고 염색하던 직공들이 전국에서 모여들어 흥청거렸다. 16세기 성읍에서는 상상할 수 없는 호경기였다. 1567년 은이 중국으로 몰리던 시절 양쯔강 하류 비옥한 삼각주에는 물자가 넘쳐나고 읍내는 점차 성 밖으로 힘차게 뻗어 나갔다. 그 자취를 찾아 나선 길에 비가 내리고 있었다. 시내가 모두 물로 연결되어 일찍부터 동방의 베니스로 이름난 고을답게 거미줄처럼 얽힌 수로는 백미였다. 좁은 선착장에서 값을 흥정하고 올라탄 소선小船 뱃머리에 굵은 빗방울이 떨어지고 있었다. 동화에나 나올법한 나뭇잎 배는 사공의 솜씨에 미끄러지

듯 날렵하게 협수 안쪽을 빠져나갔다. 작은 노는 중국 아낙네들이 나물 씻고 빨래하는 물가로 거침없이 길을 만들어냈다. "하늘에는 천당이 있고 지상에는 소주와 항주가 있다上有天堂 下有蘇杭"라고 한 이유를 알만하다. 소동파는 강남에 와서 쑤저우를 돌아보지 않으면 평생의 후회가 된다고 적고 있다. 명나라 만력제의 실정에도 불구하고 은銀의 유입은 경제를 지탱해주는 기둥이었다. 당시 쑤저우는 실크를 만드는 총본산이었다. 은을 돈처럼 결재하는 상품화폐 경제가 급속히 확대되면서 중화의 중심지 저장성과 장쑤성江蘇省에만 연간 37톤의 물량이 소진되었다.

　　독일의 경제사학자 앙드레 군터 프랭크Andre Gunde Frank는 명저『리오리엔트』를 통해 서양 중심 경제사학자들의 서술에 여러 번 경종을 울렸다. 16세기 중반부터 18세기 말까지 전 세계 백은白銀 생산량은 13만 7천 톤이었다. 이 가운데 6만 톤이 중국으로 흘러들었다. 그야말로 전 세계 은이 모이는 배수구였다. 그 대부분이 쑤저우를 중심으로 부가 축적되었다는 사실을 서양에서는 애써 무시한다는 것이다. 250년간 6만 톤이면 연평균 240톤의 막대한 양이 장강 하류로 들어온 것이어서 세계사의 시각을 바꿔야 할 정도다. 은을 주고 구입한 물자는 황제의 도시 베이징으로 운반되었다. 통로는 항저우와 쑤저우, 베이징을 이어주는 경항대수로. 지금은 폐쇄되었지만 복구 작업이 진행 중이다. 중국 중앙정부 차원에서 옛 수로를 잇겠다

호반 도시 쑤저우

는 계획이다. 장장 1,800킬로미터 거리다. 16세기 실크단지로 찬란했던 산탕지에山塘街 풍교지구는 관광객들로 넘쳐났다. 즉석식품과 즐비한 상점들이 뒤엉켜 실크의 추억은 낯선 허기로 포개졌다. 골목을 지나 아치형 다리가 보이는 물가로 내려가니 나룻배 여러 척이 한데 모여 있었다.

쑤저우는 문자로 기록되어진 지난 세월 동안 수많은 나라와 영웅호걸이 교차해갔다. 기원전 317년 북방의 유목민들이 쳐들어오자 한족 상류층은 남쪽으로 피난을 갈 수밖에 없었다. 그들은 쑤저우 인근 도시 난징南京에 동진東晉을 세웠다.

이후 오나라와 월나라의 신화를 거쳐 중국왕조에서 강남의 제일가는 중심지로 자리 잡았다. 경제는 물론 빼어난 경치는 시대를 막론하고 지금까지 그 명맥이 이어지고 있다. 쑤저우 시내의 물길은 창랑정과 졸정원, 유원 등 200여 개의 정원을 아름답게 연결해준다. 독일 사람들이 마음먹고 투자한 진지호반金鷄湖畔의 캠핀스키 호텔과 36홀 골프장은 도시의 현대적 세련미를 더해준다. 자연경치는 진귀한 보물이고 여기에서 걸출한 인재들이 수없이 탄생했으니 가히 '인간천당'이라고 할만하다. 왕가의 패밀리와 귀족들이 노후 최고의 거처로 꼽아낸 데는 이유가 있었다. 오왕 합려闔閭는 월왕 구천句踐의 공격으로 숨을 거뒀다. 합려의 아들 부차夫差는 아버지의 복수를 위해 섶나무에서 잠을 자며 이를 갈았다. 힘을 키워 복수를 다짐한 지 몇 년 만에 부차는 월을 공격해 구천을 사로잡았다. 포로가 된 구천은 3년간의 노예 생활을 견뎌야 했다. 본국으로 보내진 구천은 쓸개를 씹으며 응징을 다짐했다. 월은 다시 오를 정복하고 절대강자로 여겨졌던 부차는 최후를 마친다. 부차가 구천에게 패한 이유는 미인 서시를 보내 유혹한 공이 크다. 신하 백비를 잘못 믿은 까닭이다. 사마천의 『사기』에서 전하는 주인공들이다.

오를 정복한 구천은 대부격인 범려范蠡를 환대했다. 그러나 범려는 홀연히 떠나 제나라로 가버렸다. 새를 잡으면 천하의 명궁도 불쏘시개가 되고 교활한 토끼를 잡으면 충실한 사냥개도 한 그릇의 보신탕으로 삶겨지는 운명을 피하기 위해서였다. 범려와 달리 문종은 끝까지 구천의 곁에 있다가 그의 의심을 사서 결국 처참하게 죽고 만다. 오월동주吳越同舟, 와신상담臥薪嘗膽, 토사구팽兔死拘烹, 서시西施, 삼국지 오나라 손권의 스토리는 모두 2,000년 전 쑤저우에서 일어난 일들이다. 부차가 아버지 합려를 묻어둔 호구虎丘에 올랐다. 3,000자루의 보검과 200명의 산 사람을 함께 순장시켰다는 기록은 어디까지 믿어야 할지 고민스러운 대목이다. 천인석의 연못과 전각으로 꾸며진 호구 정원은 고요했다. 군데군데 구멍이 뚫린 중국 남부지방의 명물 태호석이 기품 있게 배치되어 있다. 계단 위쪽에서 중심이 기울어진 사탑을 마주했다. 오나라 왕 합려를 기리는 벽돌탑이다. 저 허술한 탑이 천년을 견뎌왔다니 불가사의한 시간이다. 피사의 사탑처럼 점점 기울어져 철골 지지대 수십 개가 무너지는 세월을 받쳐내고 있었다.

　　1990년 등소평은 개혁개방을 지향하면서 쑤저우에 국가 하이테크 기술지구를 만들었다. 아태지역 과학기술공단을 세웠고 쑤저우 오동경제지구와 쑤저우 쉬수관 개발지구, 쑤저우 공업원구, 쑤저우 첨단기술지구 등 6개의 국가개발구를 조성했다. 현재 쑤저우의 부는 이곳에서 흘러나오고 있다. 쑤저우 공업원구는 우리나라의 삼성전자 타운이다. 반도체와 전자 공장들이 밀집해있어 천안 탕정지구 같은 분위기였다. 1, 2차 밴드사와 중소기업들도 대거 진출해있다. 시내 후판광장은 이미 코리아타운으로 명소가 되었다. 은이 사라지고 수백 년 동안 곤궁했던 쑤저우는 중국 공산당의 결단으로 영화를 되찾았다. 반도체와 전자통신단지가 연달아 성공을 거두면서 중국의 국부가 다시 쑤저우에 집중되고 있다. 그 전선에 한국인들이 가장 중심적인 역할을 해내고 있으니 역사는 정말 알 수 없는 드라마다.

4부 × 아시아 인문 기행

히말라야에서
만나는 다르마타

눈앞의 가까운 봉우리 하나도 짧은 거리가 아니었다. 8,000미터를 넘나드는 고봉들은 모두 동화처럼 잔잔한 모습으로 서 있지만 인간의 손길을 쉽게 허락하지 않는다. 그래서 하늘길이라고 했던가. 4,000미터에서 올려다보는 탐세르쿠 Thamserku 설산의 흰 그림자는 서쪽으로 숨이 다한 태양을 힘겹게 붙잡고 있었다. 손에 잡힐 듯한 세계가 이렇게 멀리 있는 것도 모르고 지금껏 살아왔다. 운명을 원망하고 나의 카르마에 한계를 지우며 그 안에 갇혀 지내왔다. 박범신의 『촐라체』를 보면 히말라야를 표현한 부분이 있다. "히말라야에 기대어 사는 사람들은 죽음과 탄생 사이의 과도기적 시간을 '다르마타'라고 불렀다. 그것은 이승도 저승도 아닌 잠과 꿈 사이의 밝은 틈새라고 했다." 다르마타는 모든 것의 본질을 의미하고 그

'속성'은 있음이다. 다르마타는 진리의 몸, 법칙의 몸이다. 정상과 이상 사이, 죽음과 탄생 사이의 체험. 윤회계와 진리 사이의 공간, 그러니까 가장 위험한 수련이다. 어둠 속에서 7주간 명상하는 바르도의 은거수행 후에 볼 수 있는 세계다. 그때쯤 서로 다른 모양의 눈을 가진 두 개의 심상이 나타난다. 그것이 다르마타다. 있는 그대로의 진리이거나 현상의 참된 실체 또는 일체의 정수다.

　　문명은 페르소나를 강요한다. 가면 뒤에 숨어서 수많은 업보를 쌓고 허문다. 로마 시대부터 인간은 욕망을 감추는 페르소나를 사용해왔다. 우리는 모두 가면 뒤에 숨어있다. 가끔 이렇게 원시의 세계로 끌려 나오면 어쩔 수 없이 그것을 벗고 자신을 직시하게 된다. 초월적인 자연 앞에서는 인간의 가장 순수함만이 남을 수밖에 없다. 『티벳사자의 서』에 기록된 다르마타는 세르파들의 정신세계를 지배한다. 문명에서는 볼 수 없는 인간의 정수, 그 본체를 보기 위해 이곳을 찾고 싶었다. 에베레스트 정상으로 가는 중간 지점 마을 남체에서 타메Thame로 가는 고갯길은 힘겨웠다. 여기를 넘어 이틀을 더 가면 티베트다. 숲을 지나자 지진으로 무너진 산허리가 절벽 아래로 아직도 조금씩 흘러내리고 있었다. 네팔 지진은 과거가 아니라 현재진행형으로 남아있다. 시큰거리는 무릎 때문에 말을 탔다. 그런데 좁은 산길의 절벽 쪽으로만 골라서 내딛는 말 때문에 차마 눈 뜨고 갈 수가 없었다. 역시 두려움은 나를 가두는 공

히말라야 산 아래의 쿰부

간이었다. 고삐를 잡고 앞서가는 세르파 닝마의 얼굴처럼 평
온을 찾는 것은 내 안의 공포를 잠재워야 가능한 일이었다.

　　　모든 두려움은 나를 가두고 초월은 나를 자유롭게 한
다. 초월적 희망은 정말 좋은 친구다. 좋은 것은 절대로 사라지
지 않는다. 진정한 자유는 끝을 알 수 없는 미지의 땅으로 긴
여정을 떠나는 것이다. 그렇게 자유인이 되어보는 거다. 복잡
한 머릿속을 정리하는 동안 설산의 말 '구라니'는 타메 입구로
나를 데려가고 있었다. 목마름과 기다림의 인생에서 완전히
낯선 곳을 만나는 일, 그렇게 해서라도 온갖 업으로 얼룩지고

피폐해진 육신을 세탁하는 일이 뜻대로만 된다면 나는 히말라야의 사그라마타 여신을 만난 것이다. 그 모든 카르마를 쓸어내는 커다란 빗자루를 찾은 것이다. 타메에서 네팔식 메밀스프와 밥인 달밧 한 그릇을 비우고 다시 길을 서둘렀다. 헤드램프까지 준비했지만 날이 저물기 전에 롯지를 찾아야 안전하다. 길을 재촉하다가 영국에서 온 70대 노부부를 만났다. 어쩌면 마지막이 될지도 모를 두 사람만의 여행지로 에베레스트를 선택했다니 예사롭지가 않다. 동행은 서로 자신에게 끊임없이 질문을 던지며 삶의 의미와 자아를 찾아가는 과정이다. 같이 걸으면서도 서로는 자기 자신을 잘 알지 못한다. 그것을 인식하면 할수록 결코 잘 알지 못하는 수수께끼다. 그래서 우리는 필연적으로 서로에게 이방인으로 머문다. 주름진 남편의 얼굴을 바라보는 노부인의 미소는 동행의 진정한 의미를 미뤄 짐작게 했다.

닷새 동안 동고동락한 일행 펨바는 수원 근교에서 3년을 살아서 우리나라 말을 할 줄 알았다. 나에게 "쪼끔만 더 가면 누워서 쉴 수도 있고 죽을 수도 있게 된답니다"라며 코믹한 한국말로 에너지를 넣어주었다. 보이는 계곡 하나를 넘는 데 서너 시간이 걸리는 무념의 세계. 욕망과 계산으로 답을 찾을 수 없는 땅이 바로 히말라야다. 그래 이것이 인생이다. 멈추고, 눈을 감고, 구도하고, 한없이 초라한 자신을 진정으로 돌아보면서 나는 새로운 나로 다시 태어남을 경험하리라. 카일라스의 성자 밀라레파는 "네 몸이 신들로 가득 찬 너의 사원"이라고 가르쳤다. 과연 그랬다. 초르텐도 사원은 물론 복잡한 철학도 불필요했다. 나 자신의 머리와 나 자신의 가슴이 바로 사원이다. 몸은 정말 의미 없는 껍데기다. 그들이 '뤼'라고 표현하는 몸은 영혼을 잠시 보관해두는 창고다. 진정한 자유는 영혼이 '뤼'를 탈출하는 순간부터다. 감옥 같은 '뤼'에서 자유롭게 되는 날을 고대하고 살아간다고나 할까. 땀으로 범벅이 된 초라한 내 육체가 나의 사원이었다. 나의 신성한 영혼이 기거하는 곳이다.

해발 5,000미터를 앞에 두고 지친 몸은 더 이상의 전진을 허용하지 않았다. 그러나 나는 정상을 보고 싶었다. 아마추어로서는 오를 수 없는 설원의 끝을 보고 싶었다. 약속된 헬기는 루크라 공항에서 출발해 깊은 계곡 사이를 숨바꼭질하듯 아슬아슬하게 날아왔다. 예정보다 2시간이나 늦었지만 너무나 반가웠다. 기장과 눈을 마주치며 상공으로 솟아올라 8,000미터를 넘는 6개 봉우리를 돌았다. 무너져 내린 빙하와 만년설이 이뤄낸 호수를 넘고 수직으로 조각된 듯한 사면을 돌았다. 언어가 필요 없는 광대한 자연 앞에 숨이 막혔다. 이 길을 통해 정상에 올랐던 수많은 산 사람들이 다시는 돌아오지 못했다. 지난 40년 동안 330여 명이 목숨을 잃었다. 겉으로는 위험을 알 수 없는 숨겨진 함정 크레바스에 빠지거나 하산 길 추락사가 원인이었다. 하늘과 가장 가까운 대지의 끝, 이 허공에서 나는 죽음을 생각했다. 그 순간 시간으로도 불로도 물로도 결코 파괴할 수 없는 카르마의 본체가 서서히 내 안으로 들어와 자리를 잡기 시작했다. 에베레스트는 어떤 바람에도 꺼지지 않는 등불 같았다. 고요했으나 강했고 충만했으나 허한 가슴 같았다. 설원을 품고 있는 흰 여백의 의미, 그 이상의 무엇을 안고 있었다. 불가의 말씀처럼 태어난 것은 죽게 되고 모인 것은 흩어지고 축적한 것은 소모되고 쌓아 올려진 것은 무너지고 높이 올라간 것은 아래로 떨어진다.

　　꿈과 잠 사이, 이승과 저승 사이. 죽음과 탄생 사이, 과도기적 찰나의 삶. 히말라야는 곳곳이 다르마타였다. 이곳에서는 더 높은 것과 더 낮은 것의 차이도 없고 더 큰 것과 더 낮은 것의 경계도 없었다. 모든 봉우리조차 허공보다 높지 않았고 아울러 영원한 것은 아무것도 없었다. 에베레스트는 죽은 자가 아니고선, 진실로 자유로워진 영혼이 아니고선, 그 누구도 넘을 수 없고 머물 수 없는 모든 선들의 집합지였다. 동시에 세상의 모든 선이 시작되는 열반涅槃의 지점이었다. 히말라야는 오늘도 세계 곳곳에서 갈망을 좇아 보상 없이 길을 떠나는 사람들로 붐빈다. 야크와 나눠 쓰는 좁은 산길을 따라 고통스러운 오름 속에서 영혼을 달래려는 것이다. 앞으로 돌리면 어둠이 나오고 뒤로 돌리면 빛이 나온다는 전설의 히말라야 물레를 붙잡고 제각기 자신만의 '다르마타'를 찾아 침묵의 길을 떠나고 있다.

자바의 신화,
보로부두르

     수백 개의 석가는 조용한 웃음으로 나를 맞았다. 이렇게 많은 해탈의 미소를 한꺼번에 마주 한 적은 없었다. 8세기 초부터 그 길고 지난한 세월을 어떻게 견디며 왔을까. 돌에 스며든 역사를 보며 경이로운 상상이 가득 차올랐다. 인도네시아 자바 중부 쿠두평원의 야산에서 대면한 보로부두르는 불가사의의 시간을 안고 있었다. 종교적 신념이 아니었다면 탄생조차 꿈꾸기 힘든 열반이 가득했다. 솜씨가 이승 사람들의 경계를 벗어난 듯한 석조신전들 사이사이 정교한 돌조각을 지나면서 그 시작을 알고 싶었다. 단지 부처의 세계를 탐닉한 고대인들의 정성 때문이었을까. 그러기에는 시선을 압도할 만큼 웅장하고 돌을 파내 만든 석화가 너무나 섬세했다. 사원 꼭대기에서 사방을 둘러보니 대지의 평원은 끝을 가늠하기 어려웠다. 근처 몇 개의 화산은 아직도 지층에서 마그마가 들끓는 듯 가느다란 연기를 밀어내고 있었다. '왜 이런 작업을 했고 어떻게 이런 일이 가능했을까?' 몇 번을 오르내렸지만 수십만 개의 돌들이 산 정상에 옮겨진 의문을 풀어내기는 역시 어려운 일이었다.

　　자바섬은 현재 인도네시아 국민의 대부분이 사는 거점 지역이다. 인구 3억 5,000만 가운데 1억 4,000만이 모여 있다. 수도 자카르타에서 서쪽으로 멀리 떨어진 족자카르타는 인도네시아 고대왕국의 도읍지였다. 족자의 외딴 산중에 남아있었던 불교역사의 보물이 현세인들에게 당시의 모습을 그대로 선보이고 있는 셈이다. 고대 샤일렌 불교왕국이 어떤 이유로 서기 800년대 초반 대공사를 50년 동안 벌였다. 하지만 힌두계 산자야 왕조에 패망해 캄보디아로 쫓겨 갔고 그들은 300년 후 '앙코르와트'를 지었다. 산자야 왕조는 보로부두르 근처의 웅장한 힌두사원 '쁘람바난'을 건축했다. 샤일렌 왕국은 훗날 캄보디아와 베트남을 장악하고 다시 지금의 자바, 수마트라로 진출해 해상왕국이 되었다. 이렇게 융성했던 왕조도 나중에는 이슬람 세력에게 공중분해 되었다. 왕가의 종교적 광신이 백성의 노동을 착취하고 물리적 대공사를 강행하면서 민심을 잃고 재정이 거덜 나면서 결국은 멸망의 순서를 밟았던 것이다. 후세사람들에게 전해오는 족자의 스토리다.

　　보로부두르는 10층 높이의 건축물이다. 길이 100미터가

보로부두르 사원의 종탑들

넘는다. 504개의 부처상이 층마다 나란히 원형을 이루며 꼭대기 층 '스투파'로 연결된다. 지상에서 5층까지 동심원으로 계단이 연결되어 사방에서 다 오를 수 있다. 스투파는 73개가 배치되어 있었다. 대형 종 모양의 석탑으로 탑 상단 내부 공간에는 불경이 있었다고 전해지지만 이젠 아무것도 없는 빈 공간일 뿐이다. 불교가 지향하는 궁극적 공空의 현시인 듯싶다. 10세기 중반 자바의 정치 문화 중심이 동쪽으로 옮겨가면서 세상 사람들의 기억 속에서 사라졌다가 1814년 영국인 토마스 스탠퍼드가 현지인들을 고용해 최초로 발굴해냈다. 네덜란드 식민지 시대에 이미 많은 부분이 훼손되고 도난당했다. 영국 총독 시대에 유럽인들이 다시 복원 작업에 나섰다.

　이미 숲속에 반쯤 묻힌 사원을 제 모습으로 만들기에는 상당한 시간이 필요했다. 유네스코의 지원으로 화산재를 걷어내고 고증을 거쳐 당대의 실체를 많이 회복했다. 전문가들의 복원 작업은 아직도 진행 중이다. 라운드가 가장 넓게 설계된 1층은 탐욕의 세계다. 현지어로 '카마타투' 즉 인과응보를 조각으로 표현했다. 전쟁과 악령, 후회, 선행 등의 조각이 오른쪽에서 왼쪽으로 이어진다. 사람들이 프라다크시나^{Pradaksina} 즉 탑돌이를 하듯 걷도록 설계되어 있었다. 5층은 루파다투, 즉 구도의 세계다. 부처의 일생이 묘사되어 있다. 숭고한 그의 삶을 다 전하지는 못하고 바라나시 근처 녹야원의 설법 장면으로 마무리하고 있었다.

　　나머지 층에는 본생경과 부처가 왕자 싯달타로 태어나기 이전, 전생을 담은 조각들과 460개 벽면에 영광스러운 하늘의 법을 찾아 깨달음에 이르기까지 방랑하는 선재동자의 모습을 담았다. 지층부터 하늘로 올라가며 욕계, 색계, 무색계, 해탈의 순서로 층이 연결된다. 동쪽은 촉지인의 아촉불, 서쪽은 선정인의 아미타불, 남쪽은 시여인의 보생불, 북쪽은 시무외인의 불공성취불이 배치되어 있었다. 온전한 것보다 풍우에 스러져 흔적만 남은 부분도 많다. 속세를 구원하기 위한 부처의 일생은 아직도 중생들을 보듬어 안고 있는 모습이다. 세상의 희로애락과 생로병사가 천 년을 넘어 지금도 나약한 인간들의 심리를 밧줄로 매달아 단단히 붙잡고 있는 형태다. 화산이 분출할 때마다 조금씩 무너지고 도굴꾼들에게 날아간 석가의 목은 싱가포르와 방콕의 골동품 시장에서 발견되기도 했다. 산 위에 있는 절, 보로부두르를 만들기 위해 사람들이 엄청나게 큰 돌을 직접 옮겼다는 사실이 불가사의다. 절은 전승불교와 자바불교의 앙상블을 이루며 세계에서 가장 크고 완벽한 불교 부조사원으로 남았다. 예술성으로 필적할만한 곳이 없는 듯하다.

사원 동쪽에 멀리 보이는 메라피 화산은 아직도 연기가 피어오르고 있었다. 보로부두르가 복원된 이후에도 2010년의 대폭발을 거쳐 활동 중이다. 이 때문에 가끔 관람객 입장이 금지되기도 한다. 모두 1,460개 돌판에 새겨진 부조는 일품이다. 우기를 맞은 옛 사원에는 시도 때도 없이 빗줄기가 쏟아졌다. 마치 아일랜드의 하늘 같았다. 빗물은 석가의 부조를 타고 흘러내렸다. 종교, 노동, 착취, 멸망의 길을 간 왕국은 셀 수 없이 많다. 샤일렌 왕국도 그러했으리라 짐작할 뿐이다. 다만 인도의 진정한 종교건축이 인도 밖 이곳 자바에서 실현된 듯한 느낌이다. 신은 현세에 있어서 여러 가지 근심의 보상으로 우리들에게 희망과 구원을 주었다는 볼테르의 말처럼 안식을 찾는 것이 중생이고 그 촉매로 보도부두르가 탄생했을 것이다. 키큰 보리수 아래 사원 간판은 우뚝했다. 오른쪽 길가에는 한때 사원과 인연을 맺었던 수많은 돌이 주인을 잃은 채 정처 없이 나뒹굴고 있었다.

키나발루의
시간

보르네오는 원시의 모습을 온전히 간직하고 있었다. 섬이지만 한반도 3배 면적의 작은 대륙이기도 하다. 곳곳에 아직 화산이 살아 움직이는 중이지만 거주지역은 평화로웠다. 키나발루는 보르네오의 좌측 돌기를 형성하는 준봉이다. 웅장함과 장엄함이 살아있는 태초의 무대다. 세계의 허파는 아마존 밀림, 아시아의 생명줄은 보르네오다. 여기서 만들어지는 산소는 동남아시아 오세아니아 일대의 생태를 책임진다.

17년 만에 다시 찾은 코타키나발루는 활기가 넘쳤다. 영혼의 안식처 키나발루와 항구도시 코타가 합쳐진 모습이다. 말레이시아의 경제성장과 더불어 조금 더 번잡해졌을 뿐 사방은 그대로인 듯싶다. 천체물리학자 닐 디그래스 타이슨(칼 세이건의 후계자)의 설명대로 지구는 쉽게 변하지 않는다. 산도 땅도 수목도 여전한데 짧은 수명을 마치고 떠나는 나 같은 인간들이 '산천의구'를 외친다. 맞는 이야기다. 지각변동으로 천지가 뒤바뀌는 건 대개 천만년 이상이 주기다. 인류문명의 탄생 이래 아직까지 이런 경험은 없었다. 생이 너무 짧아 자연이 변하지 않는다고 느끼며 사라질 뿐이다.

　　세계 3대 석양 명소로 꼽히는 탄중아루나 수트라 하버베이의 감미로운 산책길도 뒤로 미루고 내친김에 아침 일찍 키나발루로 달렸다. 코타에서 3시간 만에 메실라우 네이처 캠프에 도착했다. 포개져 회색으로 보이던 산맥의 줄기들이 가까워졌다가 다시 멀어져가기를 수십 번, 나의 시선과 봉우리의 숨바꼭질은 끝나질 않았다. 기대했던 것보다 산길은 잘 포장되어 있었다. 자동차라는 이름의 문명은 밀림 속으로 한없이 나를 끌고 들어갔다. 키나발루 꼭대기 로우피크는 좀처럼 모습을 드러내지 않았다. 흐린 날은 구름에 가리고 맑은 날은 운해에 덮이고 밤에는 어둠에 감춰지니 한눈에 사로잡기가 쉽지 않다. 잠깐 모습을 드러내는가 싶으면 이내 자연의 조화 속으로 숨어버리곤 했다. 측면으로 보이는 평평한 정상은 누워있는 사람의 열굴 형상으로 비쳐졌다. 햇빛에 반사되는 눈부신 영지를 멀리 바라보는 것으로 만족해야 했다. 키나발루의 동쪽은 직벽이고 서쪽은 완만했다. 쏟아지는 폭포의 가는 선들이 두 번 꺾이면서 발아래 낮은 사면으로 아득히 이어지고 있었다. 산의 서쪽은 말레이반도다. 아래로 브루나이 왕국이 있고 동쪽은 바다 건너 인도네시아 술라웨시 지역이다. 키나발루가 동남아시아 최고봉이라지만 아시아의 히말라야나 북미의 맥킨리, 남미의 아콩카과, 아프리카의 킬리만자로, 유럽의 엘부르즈, 남극대륙의 빈슨 메시프와 비교하기는 벅차다.

19세기 영국 식민지 시절 보르네오는 목재와 고무를 수탈하는 대상이었다. 항구가 가깝고 자원이 넘쳐 개발된 전초기지였다. 2차 대전 말기 일본의 확장을 막기 위해 호주군이 전투에 참가하면서 코타키나발루는 격전지로 변했다. 전쟁은 폐허를 남기고 끝났다. 완전한 복구는 그 후 50년이 걸렸다. 총인구의 30%에 달하는 중국인들은 그때부터 이 지역 상권을 장악하고 있다. 키나발루산의 케노피워크의 흔들다리를 지나 정글 속으로 진입했다. 세계에서 가장 큰 꽃 라플레시아는 볼 수가 없었다. 고산 깊숙이 신비로운 땅에서만 일주일 안 되게 잠깐 피었다가 지고 마는 신화神花이기 때문이다. 양배추 모양의 주황색 자이언트 라플레시아는 활짝 피었을 때 지름 1미터가 넘는 지구상 최대의 거화로 알려져 있다. 키나발루가 아직 원시의 영토임을 증명해주는 상징이다. 험한 계곡마다 자리잡은 마을들은 동화 속의 그림 같았다. 정상이 올려다보이는 산 중턱에 아직도 카디잔 원주민들이 모여 살고 있었다. 마을이 마주 보이는 곳에 자리를 잡고 한참을 생각에 잠겼다. 빨간 지붕, 흰 구름, 파란 하늘이 파스텔 톤으로 정연하게 세월을 맞고 있었다. 고산에 안긴 '카다잔' 촌의 평온은 속세에 어지럽혀진 마음을 가다듬기에 손색이 없었다. 키나발루를 찾은 이들이 끊이지 않는 이유이기도 하다. 일본의 국민작가 시바 료타료의 독백처럼 "산은 허물어지고 내는 흘러 길이 새롭고, 돌은 묻혀 흙에 덮이고, 나무는 늙어 새 나무로 대체되니 시간 흐르고 대가 바뀌건만 그 자취 찾기 어려울 뿐"이라는 것이 광대한 자연을 대하는 인간의 마음이 아니던가.

태어나면서 우리는 동시에 시간의 강물 속으로 던져진다. 허우적거리다 보면 성장기를 지나 세포가 죽어가는 사멸의 길로 들어선다. 젊었으나 세포는 계속 줄고 사변은 낡아져 빠르게 변해버린다. 그 환경에 익숙해지면 어느 순간 지나치게 작아진 자기 세계를 떠나 여행자의 운명을 꿈꾼다. 키나발루 사람들이 가끔 반대편 산으로 순례를 떠나는 까닭이다. 죽은 뒤에는 아무것도 없다. 죽은 뒤에 남는 것은 오직 살아남은 자의 시간 속 기억뿐이다. 지난날 나는 이런 경험 속에서 허둥지둥했다. 독일 시인 베르톨트 브레히트를 가까이 두었던 시기다. "힘은 너무 약했고 목표는 아득히 멀었다. 목표에 내가 도달할 수는 없고 목표가 시야에 들어왔다고 해도 이 세상에서 내게 주어진 시간은 그렇게 흘러갔다. 그러나 너희들이 다음 세상을 맞이하면 추억하는 마음으로 우리를 생각해다오."

키나발루 산중의 하루해가 천천히 지나가고 있었다. 나는 다시 도시로 돌아가야 하고 그렇게 인생이 흘러갈 것이다.

흐른다는 것은 무엇인가. 의식은 인간의 삶을 견디기 위해 만든 가상현실에 불과한 장치인데. 시간도 나이도 나를 최면시키는 각성제일 뿐이다. 삶에 대한 진짜 이야기는 허공에 흩어진다. 허공에 이야기하다가 죽는 게 인생이지만 끝까지 자기 이야기를 지껄이다가 가는 것이 인간의 한평생이다. 그래서 나는 늘 이 세상 것이면서 이 세상 것이 아닌 것들에 열광했다. 영화를 비롯한 모든 예술이 그렇다. 꿈꾸는 식물과 다를 것이 없다. 현실을 생각하면 한순간도 나는 과거의 내가 아니었고 세상도 과거의 그곳이 아니었다. 키나발루에서 떨어지는 태양은 아득한 꿈같았다. 진정한 치유는 꿈에서 꿈으로 이어진다. 수많은 세월이 흐른 뒤 다시 이곳을 찾아도 지금 같은 느낌이 살아있으리라는 꿈.

중동의 걸작,
아부다비 루브르

　　페르시아만은 문명의 다양한 발상지에서 중세에는 영토전쟁의 중심으로, 현대에는 석유 통로의 길목으로 세계사에서 지속적인 주목을 받아왔다. 오른쪽으로 이란이 자리하고 안쪽으로는 이라크가 그 왼쪽으로 사우디아라비아와 아랍에미리트가 마주보는 형상이니 지정학적 관점에서 조용할 날이 없었다. 주머니 모양의 이 바닷가 중간쯤에 '루브르 박물관'이 있다면 어떤 상상이 가능할까. 이 물음에 답을 내기 위해 아부다비 정부는 10년의 세월을 바쳤다. 인류사를 관통하는 모든 유적과 예술을 망라한다는 프랑스의 자랑 '루브르'가 중동의 사막에 오픈될 것이라는 예상은 애초부터 무리한 계획으로 여겨졌다. 그런 걱정 속에 진행된 프로젝트였기 때문에 '아부다비 루브르'는 더 가치가 있는지도 모른다. 두바이가 UAE의 경제중심지라면 아부다비는 문화교육의 거점이다. 아부다비 루브르는 시내에서 좀 떨어진 사디아트 섬에 있었다. 사디아트는 이 나라의 문화특구다.

아부다비 루브르는 거대한 돔 지붕이 가파르지 않게 곡선을 그리면서 해안선에 맞춰 내려앉은 모습이었다. 독특한 프랑스 건축가 장 누벨Jean Nouel이 오랜 시간 공들인 건축물이다. 그가 서울 이태원의 리움미술관을 설계했다든지 카타르 미술관이나 옥수수 모양의 명물 바르셀로나 아그바 타워 같은 기묘한 건축 창작의 주인공이라는 사실을 떠나 사막과 바다를 테마로 탄생시킨 이 공간은 창의력이 확실히 돋보이는 걸작이었다. 미술관의 시작은 중동지역 유적지 출토물부터였다. 이집트, 튀니지, 모로코를 아우르는 북아프리카 마그레브 지역과 요르단, 아랍에미리트 등에서 발견된 사막의 작품들을 알차게 선보이고 있었다. 근대 프랑스인들의 심각한 약탈에도 불구하고 남아있던 유물들이다. 식민제국들이 가져간 물건들을 후세인들이 거액으로 빌려다가 본래의 지역에서 임대 전시하는 아이러니의 현장이었다. 다비드의 그림 〈생 베르나르 고개를 넘는 나폴레옹〉 진품은 시선을 사로잡았다. 내가 늘 최상의 점수를 주는 위대한 화가들. 그중에서도 드가, 마크 로스코, 마티스, 칸딘스키, 잭슨 폴락, 후안 미로, 르네 마그리트의 거작들이 무더기로 걸려있는 공간에서는 부러움과 함께 가벼운 경외감도 어쩔 수 없었다.

전 세계 도시를 하나의 선으로 표시해 이동하도록 한 아이디어도 참신했다. 화살표대로 가다가 기원전 3천 년 경의 출토물들이 정돈된 공간과 만났다. 출처 미상의 소장품들, 변방에서 중심으로 이동해온 문명의 구조적 이해를 돕는 안목과 기획이 돋보였다. 동물이나 사람의 중간 형태를 창작해 만든 흙 인형들이 메소포타미아와 지중해를 중심으로 이 지역에서 벌어졌던 고대를 이야기하고 있었다. 한나라 시대의 중국 유물 전시가 많았던 것은 독특했다. 중화문명이 시안을 떠나 서쪽으로 가면 키르기스스탄과 투르크를 거쳐 이란의 페르시아만에 도달한다. 실크로드를 통해 중동으로 이동해온 한나라 문화에 대한 이들의 높은 관심이 전시에 투영되고 있었다. 규모가 느껴지는 일본관에 비해 초라한 한국관은 아쉬웠다. 시간이 이 차이를 좁혀 주리라 생각하니 섭섭함이 조금은 누그러지는 기분이지만. 전시실 마지막 방은 중국의 설치미술가 아이웨이웨이의 손길로 만들어진 빛의 우물Fountain of light이 연결되었다. 아부다비 루브르의 하이라이트다. 빛을 받아 고이게 하는 나선형의 불규칙 구조물이 신비롭다. 수많은 전시실을 지나면서 보았던 인간의 조각품과 그림들이 모두 거대한 자연의 빛으로 하나의 우주적 하모니가 형성되고 있었다.

프랑스 루브르 이름값 5,700억 원, 소장품 순회 전시 값 8,000억 원까지 1조 원이 넘는 거액을 지불하고 10년 만에 개

아부다비 루브르에서

장한 아부다비 루브르는 사람들의 새로운 버킷리스트로 부상했다. 모든 지원과 운영은 프랑스 루브르 팀이 주도했고 중동의 오일머니가 문화 마케팅으로 대성공을 거두는 순간이었다. '빛의 소나기'라는 주제에 걸맞게 장 누벨은 7,500톤의 금속 철제를 쏟아부었다. 돔형 지붕 전체를 스테인리스 스틸과 철, 알루미늄 합금 소재를 무수하게 교차시켜 시공했다. 그 사이사이에 만들어진 다양한 공간은 태양의 움직임을 집요하게 쫓아가면서 매일 아름다운 빛의 향연을 낙하시키고 있었다. 지름 180미터 거대한 돔에서 빗줄기처럼 쏟아지는 빛의 축제가 아부다비 루브르의 백미다. 바닷가에 육중한 반구형 건축물을 세우고 내부와 외부에 야자수를 한 겹 더 응용한 철제. 그래서 시간에 따라 달라지는 빛의 구조. 외부는 연중 반 이상이 40도에 육박하는 열사지역이지만 이슬람 전통문양과 오아시스 수목들을 세공한 공간으로 투시되는 빛의 조화는 건축의 새로운 장르를 만들어내고 있었다. "건축은 빛의 향연이다"라고 말한 일본 건축가 안도 다다오의 정리가 연결되는 지점이다. 바다로 이어지는 계단에 앉아 해협의 수평선을 바라보았다. 가벼운 파도가 다가오는 어스름 멀리 아부다비 중심지가 실루엣처럼 걸쳐져 이곳에서만 볼 수 있는 심미적 이미지를 그려내주고 있었다. 바다를 끌어들인 건축은 이집트 알렉산드리아나 그리스 해상에 수장된 옛 도시들에 비할만한 인류사의 기념비적인 사건이 되지 않을까 싶다.

인간은 불완전한 개체다. 그 한계를 이겨내려고 종교를 만들었고 예술로 카타르시스를 하면서 문명사를 이끌어왔다. 아부다비 루브르는 이 두 가지를 모두 품고 있었다. 위대한 건축과 자연이 만들어내는 이중주 외에 종교와 인간의 솜씨가 녹아들어 예술의 변방 중동에서 그 진가를 발휘하고 있었다.

늑대토템,
탱그리 정신

영하 28도. 멀리 보이는 화력발전소 굴뚝의 연기는 곧 바로 서리가 되어 짙은 회색 하늘로 사라졌다. 한겨울 울란바 토르는 침울하고 무거웠다. 초록의 생명이 끝나고 죽음이 찾 아온 대지는 모든 것이 얼어 있다. 가끔 평원을 건너는 매서운 바람만이 낮은 기압을 이리저리 휘젓고 있을 뿐. 옅은 기억 속 에 남아있는 몇 년 전 몽골의 겨울 풍경이다. 늑대는 바로 이 계절에 가젤과 양 떼를 노린다. "늑대다. 초원의 햇살이 기울면 서 사람들은 긴장하기 시작했다. 수천 마리의 가젤무리를 늑 대가 공격하기 시작했다. (중략) 양 떼를 보호하던 사람들은 개 를 풀고 초긴장 속에 무기를 가다듬었다. 풀숲에서 튀어나온 늑대들은 물살을 가르며 잠행하는 어뢰처럼 날카로운 이빨과 눈빛으로 가젤 떼를 향해 돌진했다." 중국 작가 장룽의 몽골초원 대 서사시 『늑대토템』은 오늘의 시대정신을 일깨우는 죽비 같다.

장룽이 21살 때 문화혁명이 터졌고 타의로 하방한 뒤 내몽골 올론額崙 마을에서 6년을 보내는 동안, 이 지식 청년은 늑대에 푹 빠졌다. 양으로 목축을 하는 주민들은 초원의 최강자인 늑대와의 사투를 통해 자신들의 정체성을 찾고 있었다. 늑대의 습격과 인간의 방어가 교차하는 초원의 역사를 보았다. 유배를 끝내고 베이징으로 돌아와 20년을 연구하고 다시 7년의 집필기간 끝에 내놓은 작품. 한문 50만 자, 1,000페이지가 넘는 대작 늑대토템은 초원의 숨소리가 들려오는 가슴 벅찬 감동이다. 늑대의 지혜를 집대성한 장룽의 작업은 세계적인 평가를 받고 있다. 초원의 질서 한가운데 자리한 늑대는 몽골의 찬란한 역사 그 자체다. 인간을 능가하는 동물전략가는 지구상에서 늑대가 유일하다. 중화의 역사는 한족漢族이 아니라 북방민족이라는 시각도 독특하다. 건륭, 선비, 돌궐, 흉노, 여진과 몽골에 이르기까지 북방 민족의 위대한 병법은 늑대들과의 싸움에서 얻은 것이다.

양 같은 농경민족 한족에게 초원의 유목민은 항상 회초리였다. 한나라 때 흉노에 떨었고 원나라가 강성했으며 청나라가 대미를 장식했다. 로마의 시조 로물로스 전설이나 대영제국의 영광 튜터 왕조의 탄생도 늑대가 소재다. 정찰, 포진, 매복공격, 기습과 같은 고도의 전술, 날씨와 지형을 이용하는 능력. 용맹으로 따지면 세계를 정복한 민족의 피에는 항상 늑대의 DNA가 흐르고 있다. 평원에서 잔뼈가 굵은 빌게 노인은 말했다. "초원의 몽골인들은 추워 죽을지언정 늑대 가죽을 깔고 자지 않아. 늑대 가죽을 깔고 잔다면 그것은 초원의 신령을 짓밟는 것인데. 그래서야 죽어서 그들의 신령이 어떻게 탱그리에 오르겠나." 고대 몽골족의 신앙, 탱그리의 영혼을 신성시하는 전통이다. 천랑성은 탱그리를 나타내는 별이다. 흉노인들은 3세기 후반 강력한 통일민족국가를 이뤘다. 그들은 우두머리를 선우라 불렀는데 호칭의 전문은 탱리고도선우撑梨孤塗墠于 한자 발음으로 천자가 된다. 탱리는 몽골어로 탱그리, 곧 하늘을 뜻한다. 늑대는 하늘과 통하는 그들의 정신이자 토템 신앙인 것이다. 흉노족의 시조 선우의 탄생이 늑대의 전설로 이어진다. 프랑스 역사학자 르네 그루세는 '초원제국'에서 "나의 아버지 칸의 기사는 용맹하기가 늑대와 같았고 그 적들은 겁이 많고 나약하기가 양과 같았다"라고 묘사했다. 늑대는 길들여지지 않는다. 늑대는 호랑이나 사자가 아니다. 어느 서커스에도 늑대는 없다. 결속력이 강하고 조직을 존중하는 늑대는 호랑이처럼 혼자 전리품을 먹지 않는다. 공동체를 앞세우는 정신. 이것이 초원의 강자가 되는 비결이다. 그 한가운데 늑대가 있다.

초원은 칸의 세습을 허용하지 않는다. 늑대와 싸워서 이기는 철저한 실력만으로 대장을 뽑는다. 이것이 모든 부족의 전통이다. 테무친의 세계정복 배경에는 늑대정신이 있었다.

초원의 칸은 늑대에서 배운 것을 전쟁으로 이어간다. 늑대병법의 원류는 중국인들의 손을 거쳐 손자병법으로 발전해 나갔다. 장룽은 이 책으로 맨아시아 문학상을 받고 성공한 뒤 노년에 다시 올론 마을을 찾았다. 옛 친구 천전과 양커는 아직도 그곳에 살고 있었다. 하지만 양 떼는 찾아볼 수 없었다. 풀밭이 사라지고 사막으로 변해버린 대몽골 벌판만이 허망하게 펼쳐져 있었다. 용맹한 말도 사람도 다 떠나고 오직 문명이라는 나약함만이 남아 있음을 한탄한다. 학식과 문학 능력이 절묘하게 조합된 걸작으로 존경을 한 몸에 받고 루쉰, 장아이링張愛玲에 버금가는 대가가 되었지만 그의 머릿속에는 초원의 쓸쓸함이 가득함을 엿볼 수 있다. 새끼 늑대 한 마리를 키우면서 관찰한 장룽은 고백한다.

"늑대를 보면 볼수록 자신이 동물을 키우는 것이 아니라 오히려 작지만 훌륭한 스승을 모시고 있다는 느낌을 자주 받았다. 용맹과 지혜, 강인함과 인내, 그리고 생활을 사랑하고 생명을 존중하는 법, 영원히 만족하지 않고 끝까지 굴복하지 않는 정신, 혹독한 환경을 이겨내는 법, 강한 자아의 실현을 배웠다. 유목민은 왜 한족이 그토록 증오하는 늑대를 민족의 수조이자 토템으로 삼고 있는지 이제야 이해할 것 같다."

초원의 황사는 매년 봄마다 한반도까지 밀려온다. 그

미세먼지 속에 몽골초원의 탱그리 정신이 묻어있는지도 모른다. 험난한 파도를 넘나드는 세월 앞에 지칠 줄 모르는 영혼의 전략가 늑대토템은 오늘을 사는 지혜다. 몽골초원의 탱그리는 새로운 세상을 꿈꾸는 모든 이들에게 현실을 뛰어넘는 그 무엇이다. 갈등과 증오가 난무하는 고단한 세상. 초원의 '탱그리'는 늑대 입 속 같은 삶의 벌판에서 살아오라고 행운을 비는 영혼의 부적이었을 것이다.

카트만두의
동전 한 닢

고대 그리스인들은 죽은 자의 입에 동전을 물려서 보냈다. 이승에서의 고단한 삶을 마감하고 저승의 하데스 궁전으로 가는 길은 돈이 필요했다. 그곳에 가려면 몇 개의 강을 건너야 한다. 첫 번째 강변 나루터에서 늙은 뱃사공 카론에게 반드시 동전 한 닢을 줘야 한다. 바닥이 없는 조각배에 올라타는 뱃삯이다. 누구에게도 공짜일 수 없다. 돈이 없는 혼령들은 저승으로 가지 못한 채 구천을 떠돈다.

내가 초등학생일 때 치매를 앓던 할머니가 돌아가셨다. 동네 어른들이 몸을 씻기고 광목옷으로 갈아입힌 뒤 동전을 쪼개 입에 넣어주는 모습은 지금도 기억에 생생하다. 동서양을 막론하고 죽은 자들의 혼령이 떠나는 순간까지 돈은 필수품인 셈이다. 그리고 오래전에 잊었던 그 의식을 카트만두에서 다시 목격했다. 인도 갠지스 강변의 바라나시는 화장터이면서 성지다. 네팔은 카트만두 시내를 흐르는 바그마티 강변의 파슈파티나트 사원Pashupatinath Temple이 그런 곳이다. 멀리서부터 연기가 일었다. 시신 한 구가 태워지는 순간이다. 아리아 가트Arya Ghat 화장터는 오늘도 생명을 다한 육신들이 불 속으로 사라지고 있었다. 유족들은 시신의 이마를 강물로 씻기고 저승으로 가는 노잣돈으로 동전을 물렸다. 장작더미 위에 올려진 육신은 준비가 다 끝났다. 장작 살 돈이 모자라면 태워지다만 채로 강물에 던져진다. 다 탄 재를 뿌려야 하지만 죽음의 길에서도 빈부 차이는 현실이다. 파슈파티나트가 죽어서라도 꼭 한번 가보고 싶은 곳으로 각인된 이유는 무엇일까. 여기서 화장을 하면 그 지긋지긋한 윤회를 벗어나 해탈에 이를 수 있다고 믿기 때문이다. 강 아래쪽에서는 떠내려오는 망자의 유품 가운데 쓸 만한 것을 건지려는 사람들로 붐볐다. 아이들은 물속에 머리를 박고 시신에 물려진 동전을 찾아내 기쁜 표정이었다. 삶은 죽음이고 죽음은 곧 삶이다. 떨어져 있되 하나이고 함께 공존하되 영원히 하나이지 않다.

　　바그마티 강변의 하늘로 파미르 고원을 넘어온 햇빛이 지나갔다. 네팔의 11월 하순 날씨는 최고다. 때맞춰 세계 곳곳에서 히말라야 원정대가 몰려오는 시기라서 시내는 떠들썩했다. 차와 오토바이, 자전거, 인력거와 같은 릭샤가 엉켜져 한 덩어리로 움직였다. 몇 개 되지 않는 주유소는 차들로 장사진이었다. 아렌족(네팔 인구의 30%인 아리안계)이 많은 인도 접경의 송유관이 닫힌 까닭이다. 당시 네팔 사람들이 쿠데타 이후 중국의 지원 유혹에 눈길을 줬다는 이유로 인도가 석유공급을 중단시켰다. 덕분에 평소 한 시간 거리인 박타푸르Bhathapur에 20분 만에 도착했다. 목조 사원들은 대부분 지진의 직격탄을 맞았다. 군데군데 무너져 내리고 길가에는 건축 파편들이 쌓여있었다. 폐허 속에서도 네팔 왕조의 천년고도 자취는 여전했다. 돌아오는 길에도 기름을 기다리는 차량 행렬은 끝이 보이지 않았다.

살아있는 처녀 신 '쿠마리Kumari'를 만나기 위해 더르바르Durbar Square 광장을 가로질렀다. 목조 사원 앞에서 두 개의 문을 열고 들어가 3층 창문에 시선을 고정시켰다. 탈레주(힌두의 고대 여신)신이 순결한 여아의 몸을 빌려 내려올 거라는 믿음으로 모두가 엄숙했다. 쿠마리의 눈길을 받으면 행운이 온다는 전통 때문이다. 하루 두 번 창문으로 고개를 내밀어 방문객들에게 천상의 기를 뿌려준다. 해가 지도록 여신은 끝내 미소를 보여주지 않았다. 행운은 나를 비껴갔다. 오랫동안 신격화되어온 쿠마리는 까다로운 선발 조건을 거쳐야 한다. 우선 부계혈통은 불교, 모계는 반드시 힌두여야 한다. 지명되면 외출이나 접촉이 일체 금지된다. 국왕도 쿠마리 여신 앞에 무릎을 꿇어야 한다. 그러나 초경이 시작되면 자격을 잃고 평범한 처녀로 돌아간다. 쿠마리는 결국 두 종교 간 화합의 상징이다. 라마불

더르바르 광장

교와 힌두교의 갈등 대립을 잠재우는 그들만의 화해 방법이다.

비둘기 떼가 가득한 광장에서 인연에 얽힌 티베트 승려의 이야기를 들었다. "사방이 십 킬로미터가 넘는 넓은 돌이 있어. 그 돌을 백 년에 한 번씩 빗자루로 쓸지. 그렇게 해서 그 돌이 다 닳아 없어지면 그게 '겁'이야. 근데 이승에서 옷깃이 한 번 스치는 것도 전생에 오백 겁의 인연이 있었던 사람들이나 가능하거든. 천 겁의 인연은 다음 생에 한나라에서 태어나게 되고 이천 겁의 인연은 다음 생에서 단 하루 동안 같은 길을 가게 되지. 네팔에 들어오는 모든 이는 아파야 하고 그러면 열반과 인연의 겹을 기억하게 되는 거야." 고단한 땅 티베트를 넘어 온 라마 승려의 '인연론'은 나의 눈을 반짝이게 만들었다. 아리송한 이야기들은 광장 곳곳에 몇 명씩 둘러앉은 몇 명에게서 꽃처럼 피어나고 있었다. 지진으로 구겨진 사원의 3층에는 아직도 찻집이 문을 열고 있었다. 다즐링 한잔에 마음속 동굴 벽을 타고 흐르던 점액이 씻겨 내려가는 것 같다. 내가 진정으로 내 안에서 해방되리라는 카타르시스의 기대로 또 한 모금을 넘겼다. 밖은 햇빛이 쏟아지는데 사원은 그림자 속에 가려져 싸늘한 기운마저 감돌았다.

네팔사람들은 평화롭다. 욕심이 적고 낙천적이다. 다음 세상에서는 신분이 바뀌어 행복해질 수 있다고 믿는 종교 때문이다. 가난하지만 따뜻하고 순수하다. 때 묻지 않은 이들을 보려고 이곳을 찾는 여행 중독자들도 많다. 인간은 본래의 자아를 간직한 순수한 자신들의 분신을 찾게끔 되어있다. 본능이다. 인간성이 상실된 세상에 던져지는 그 순간부터 어쩌면 숙명일지도 모른다. 먼지 속으로 해가 뉘엿뉘엿 넘어가는 더르바르 광장을 나와 숙소로 돌아왔다. 히말라야의 신비한 동물 야크가 거친 숨소리를 내는 계곡에서 전설의 설인 예티를 부르는 듯한 하루의 모래시계는 이렇게 막을 내리고 있었다.

호치민과
이승만

혁명의 불길은 꺼졌다. 하지만 공산당 선언 90주년을 기념하는 분위기로 옛 사이공 시가지는 축하 분위기다. 지난 20년 동안 수차례 와본 곳이지만 인민의 영웅 호치민 장군의 추모 분위기는 아직도 열렬하다. 프랑스, 미국과의 기나긴 전쟁 끝에 얻어낸 통일 베트남. 이제 식민지 해방도 남북대립도 모두 신화가 되었다. 오직 개방과 산업발전 정책만이 가난했던 과거의 먼지를 분주히 털어내는 중이다. 호치민은 스무 살에 식민지 코친차이나를 떠나 두 달간의 항해 끝에 도착한 파리라는 신세계에 눈을 뜬 청년이었다. 정복자들에 대항하기 위해서는 새로운 이데올로기가 필요하다는 것을 절감하고 파리 꼬뮌(1871년 파리 시민과 노동자들 혁명적 자치정부)을 거쳐 모스크바로, 미국으로, 중국으로 옮겨 다니며 온갖 가시밭길을 마다

하지 않던 그가 1930년 밀입국한 홍콩에서 '베트남 공산당'을 창건하면서 인도차이나의 운명은 달라졌다. 그로부터 90년이 지났다.

호치민은 프랑스 점령에 가장 저항이 심했던 고대 왕도 후에Hue 근처에서 태어나 어린 시절을 보냈다. 어쩌면 우리와 똑같은 유교 문명권에서 과거시험을 거치고, 성리학을 중심으로 형성된 그의 세계관은 혁명시절을 끝까지 관통해낸 정신이라고 할 수 있을 것이다. 천 년 동안 중국 영향권을 벗어날 수 없었던 조국의 운명이 프랑스 식민지 압제로 이어지는 현실을 보면서 소년 호치민의 애국심은 불타올랐다. 베트남 국자감에서 공부한 아버지의 가르침으로 그의 인생에는 항상 유교의 그림자가 따라다녔다. 당시 베트남 지식인들은 불평등한 지배관계를 끝내고 독립하기 위해 과연 누구의 힘을 빌려야 하는지가 고민거리였다. 일본, 프랑스, 미국을 놓고 저울질하던 젊은 애국자는 프랑스 행 선박에 몸을 실었다. 파리에서 그는 식민종주국 프랑스의 선진성에 눈을 떴다. 강해지지 않으면 살아남을 수 없음을 깨달은 것이다. 모스크바와 미국, 멕시코 중국 등 세계를 돌아본 뒤 본격적인 코민테른Comintern 활동에 몰입하면서 내린 선택은 공산주의였다.

30대 초반부터 석방과 탈출이 교차하는 도망자 신분이었지만 늘 여유와 포용으로 동지들을 규합하고 사선을 넘었다. 1차적인 투쟁과 함께 강대국을 설득하는 외교가 최선의 방법임을 함께 체험한 세월이었다. 2차 대전이 끝나고 독립이 되는 듯했지만 프랑스와 미군이 지원하는 월남으로 분단된 조국을 합치기 위한 투쟁은 멈출 수가 없었다. 환갑을 넘긴 나이에 그는 다시 하노이에 월맹 정부를 세우고 산악 지역에서 게릴라전으로 맞섰다. 혁명가 호치민은 통일을 보지 못하고 1969년 80세에 파란만장한 생을 마감했다. 후세들이 반드시 통일과업을 이뤄달라고 유언한 대로 6년 뒤 역사적인 사이공 함락은 성공했고 하나의 국가라는 필생의 목표는 마무리되었다. 월남 패망 당시 미국 정보장교로 사이공에 근무했던 윌리엄 듀이커가 전역 후 30년 동안 수집한 자료로 공들여 써낸 『호치민 평전』은 한 인간의 감동적인 서사시였다. 증오스러운 적군의 대장에서 존경하는 혁명가로 묘사되어가는 변화가 흥미롭다. 1,000페이지의 방대한 분량은 다소 짐스러웠지만 여행길 내내 좋은 친구가 되었다.

　　호치민 시내에 들어선 이후로는 우리나라 건설업체들이 완공한 고층 빌딩 앞에서 발길을 멈췄다. 눈부시다 못해 현란할 정도로 변해가는 오늘의 베트남은 사회주의와 자본주의 결합의 성공사례다. 전쟁에서 해방된 베트남은 자본주의 노선을 혼합한 개방정책으로 세계가 주목하는 국가로 발돋움하고 있다. 20세기 가장 비극적인 장기전을 치렀지만 아픈 상처는 역사가 되었고 1억 명의 베트남인들은 신화에 도전하고 있다. 그 한가운데 호치민이라는 영웅이 자리 잡고 있다. 베트남

에펠이 설계한 사이공 우체국

에 가장 많이 투자하는 나라, 가장 많은 기업이 진출해있는 나라, 여기다 박항서 축구 열풍까지 더해져 양국의 돈독한 동반자 관계는 오랜 시간 빛을 발할 것 같다.

같은 시기의 또 다른 식민지 조선에는 이승만이 있었다. 서당에서 어린 시절을 보낸 그는 서울에서 개화 교육을 받고 상당한 충격을 받았다. 무너져 가는 왕조를 지키기 위해 동분서주했지만 현실은 만만치 않았다. 청년 시절 옥고를 치른 이승만은 미국 유학길에 오른다. 프린스턴 대학 박사학위를 따내고 동부와 서부를 오가며 왕성한 독립운동을 펼쳤다. 암울한 조국을 구하려면 미국이라는 나라의 실체와 힘이 필요했을 것이다. 해방을 맞았을 때 그의 나이 71세, 노년의 한가운데로 접어들고 있었다. 한반도에 통일국가를 세우고 싶었지만 냉전의 벽을 넘지 못했다. 그나마 미국의 지원으로 남한 단독정부를 만드는 데 지대한 공을 세웠다. 최초로 현대국가를 탄생시키고 초대부터 대통령을 지냈다. 하지만 그는 독재자로 낙인찍혀 망명지 하와이에서 쓸쓸하게 생을 마감했다. 몇 해 전 공영방송이 만든 3시간짜리 다큐멘터리를 다시 보았다. 한국 정부를 세우고 분단을 극복하기 위해 그가 어떤 노력을 했는지 알 수 있는 역정들이 담겨있었다. 이 애국자를 우리는 아직도 독립영웅의 자리에 올려놓지 못하고 있다. 아시아의 두 식민지에서 호치민과 이승만은 동시대를 살다 떠났다. 한 사람은 사회주의를 택했고 한 사람은 자유주의를 택했다. 한 사람은 통일을 이뤄내 국민적 영웅으로 남았고 한 사람은 반쪽짜리 정부의 수반을 지내다가 죽어서도 독재자의 오명 속에 갇혀있다. 두 사람의 생을 통해 이데올로기의 선택이 운명을 좌우한 역사의 뒷모습을 보았다.

두 사람은 똑같이 유교 문화권에서 자랐다. 그러나 각기 다른 이데올로기로 조국을 구하려 했다. 민족자결주의를 외친 윌슨 미국 대통령에게 비슷한 시기에 독립을 원하는 간절한 편지를 썼다. 돌이켜보면 그들은 공산주의자나 자본주의자이기 이전에 진정한 민족주의자였던 셈이다. 어떤 선택이 그 시대의 운명이었는지는 개인의 영역을 뛰어넘는 문제다. 결과적으로 우리는 이만큼 올라왔고 베트남은 우리와의 협력으로 새로운 길을 가고 있다. 호치민 박물관을 나와 사이공 강변에 섰다. 호胡 주석은 영웅을 넘어 신격화된 위치에서 넘치는 존경을 받는데 이李 박사는 아직도 대다수 국민에게 큰 존재감이 없는 독재자다. 한쪽은 넘쳐서 거슬리고 한쪽은 모라자서 아쉽다. 아시아의 두 민족주의자를 보면서 우리는 어떤 벽을 더 넘어서야 하는지 생각이 혼란스러워진다.

맥아더 장군과
두 개의 동상

마닐라 항구를 떠난 선박은 풍선 주머니 모양의 마닐라 만 입구를 향해 남쪽으로 속력을 내기 시작했다. 인구 8,000만 명의 대국 필리핀. 그 중심지이면서 2,000만 명이 모여 살고 오늘의 역사를 이어 오는 곳. 하지만 마닐라는 20년 전이나 지금이나 변함없이 가난과 부패의 구름 속에 가려져 있는 느낌이다. 아시아의 최선진국에서 50년 만에 최빈국으로 전락한 이유를 어디에서 찾아야 할까. 멀어지는 뱃길에서 돌아보는 항구의 빌딩들이 초라해보였다. 2시간 만에 도착한 코레히도르 섬은 올챙이 모양으로 길게 누워 좁은 마닐라만 수로의 파수꾼 같았다. 열대 우림 속으로 찌프니(소형지프를 개조해 만든 필리핀의 대중버스)를 타고 들어가니 1890년 미국·스페인 전쟁 때 구축된 대포와 방어진지의 잔해들이 나타난다. 쓰러진 시멘트

구조물 속으로 철근은 녹슬고 잡초는 우거져 무용한 세월을 벗하고 있었다. 곧이어 터진 2차 대전 당시 일본군에 뺏고 뺏기는 섬의 운명을 예견했을까. 군 병참기지, 탄약고 등이 흐르는 앞바다의 해류를 바라보면서 소리 없이 스러져가고 있다. 1마일이 넘는 군인들의 막사 건물은 폐허로 변했다. 일리노이 병기창에서 제작된 육중한 해안포의 포신만이 아직도 위용을 잃지 않고 있다.

1942년 맥아더 장군은 이곳에서 일본군의 집중공습을 받고 병력을 모두 잃은 채 새벽 시간 가까스로 목숨을 부지한 채 소형보트로 도망쳤다. 치욕적인 패배를 가슴에 안고 "나는 반드시 돌아온다I shall return"라고 하며 야반도주한 셈이다. 그는 마닐라를 포기하고 호주 근해까지 밀려 내려갔다. 절치부심하던 미군은 다시 전열을 정비해 인도네시아부터 서서히 북상했고 일본군을 차례로 제압해 나갔다. 괌을 비롯한 남양군도를 손에 넣은 여세를 몰아 말레이반도에서 승기를 잡고 드디어 맥아더의 한이 서린 마닐라만 전투의 포성을 쏘아 올렸다.

맥아더는 휘하의 최정예부대 제6군 7함대를 앞세우며 코레히도르 섬으로 진격했다. 천혜의 요새여서 3년 전 일본군을 괴롭혔는데 탈환하는 미군이 몇 배 애를 먹고 사상자도 많이 냈다. 일진일퇴의 공방전 끝에 그는 드디어 이 섬의 승전을 발판으로 마닐라만을 확보하고 필리핀을 손에 넣는다. 세계 전쟁사에 콘스탄티노플 공격, 로마 전투와 역사를 바꾼 대격전

코레히도르 진지

에 기록될 정도로 코레히도르 전투는 치열했다. 결국 1945년, 원폭투하로 인해 침략자 일본의 불장난은 비참하게 막을 내렸다. 맥아더는 승리자가 되어 일왕의 항복문서를 받아냈다. 필리핀과 한국이 해방되는 순간이었다. 필리핀 사람들은 그런 맥아더를 독립의 영웅으로 기리고 있다. 태평양전쟁의 승리와 맥아더를 분리해서 생각할 수 없는 역사적 사실 때문이다. 종전 후 필리핀 정부는 폐허가 된 코레히도르 섬을 단장하고 폭격으로 부서진 군 시설들을 그대로 보존해 이곳을 전쟁기념관으로 만들었다. 필리핀 사람들은 물론 전 세계에서 수많은 관광객이 이곳을 다녀간다. 1997년 한국의 국방장관을 비롯해 슐츠 미 국무장관, 카터 전 미국 대통령, 베트남의 공산당 서기장 등이 다녀갔다는 기록이 전시돼 있다. 맥아더가 도주했던 조그만 선착장에는 전쟁영웅으로 다시 돌아온 그의 동상을 세워 업적을 기리고 있다. 멀리 마닐라만을 향한 그의 시선이 아직도 살아있는 듯하다. 갖은 만행으로 부정한 전쟁을 벌인 일본군('Japanes monkey'라는 표현을 썼다고 한다.)을 몰아내고 필리핀의 독립을 가져다준 장본인으로 추앙받고 있다.

　　코레히도르 섬을 돌아보고 떠나는 이 나라 사람들 대부분이 동상 앞에서 가슴 깊은 경의를 표한다. 그리고 몇 년 후 한국전쟁이 터졌다. 맥아더는 다시 유엔군 사령관으로 참전했고 엄청난 희생 끝에 인천상륙작전으로 한국을 구한다. 중공군을 격퇴하기 위해 만주일대까지 진격해서 원폭을 투하해 이 기회에 공산주의자들을 쓸어버려야 한다고 주장했다. 하지만 그는 확전을 경계하던 트루먼 대통령의 소환령으로 눈물의 전역을 하고 만다. 맥아더는 결국 일본과 북한으로부터 한국을 두 번이나 구출한 셈이다. 맥아더는 1951년 4월 9일 미 의회 고별연설에서 "나는 결코 전쟁광이 아니다. 그러나 전쟁에서 승리를 대신할 수 있는 것은 결코 없다"라는 발언을 했다. 일생을 군인으로 살면서 깨달은 사실이자, 승리를 생각하지 않으면 결국 패배한다는 의미, 패배의 결과가 어떤 것임을 알아야 한다는 의미일 것이다. 미국과 스페인 전쟁의 영웅 아버지 맥아더의 아들로 태어나 미 육사를 수석졸업하고 최연소 4성, 5성 장군으로 전역과 복귀를 반복하면서 태평양전쟁과 한국전쟁을 승리로 이끈 주역. 클린턴 대통령이 그의 고향 아칸소 리틀록 출신 가운데 가장 존경했던 인물 맥아더는 한국을 그리워하면서 1964년 워싱턴 DC에서 84세의 나이로 타계했다.

현재 인천자유공원에는 맥아더의 동상이 세워져 있다. 힘들었을 때 그의 용기와 희생이 녹아든 연합군의 노고를 잊지 않기 위함이리라. 그런데 종전 70여 년의 세월이 흐르면서 이 땅의 젊은이들은 맥아더를 깎아내리고 한반도를 두 동강 낸 장본인이라며 동상에 밧줄을 걸기까지 했다. 고마움을 표시해도 모자랄 판에 이렇게 은혜를 내던지는 철부지 행동을 어떻게 봐야 할까. 도널드 럼즈펠드 전 미국방장관의 회고록 〈알려진 것과 알려지지 않은 것Known and Unknown〉을 통해 "미군의 한국전쟁 참전으로 자유와 경제적 성공을 일군 한국이 지금은 '역사적 기억상실증'에 빠져있음을 느낀다. 한국의 젊은이들은 자신들이 북한 수용소에 갇혀 있지 않은 건, 1950년 많은 미국 청년들이 한국전쟁을 위해 싸웠기 때문이라는 걸 상기할 필요가 있다"라고 술회했다. 필리핀의 '잊히지 않는 맥아더'와 한국의 '잊으려고 노력하는 맥아더', 그 두 개의 동상이 지금 현실 속에 서 있다.

아라비아 사막에
뜨는 별

　　불처럼 타오르는 사막을 맨발로 걷고 싶었다. 거친 땅에서 모진 생명을 이어가는 파충류들처럼 자유롭게 모래 언덕을 걸어 올라가고 싶었다. 거기에서 끝을 가늠할 수 없는 지평선을 바라보며 먹먹한 가슴을 주저앉히고 싶었다. 기어서도 오를 수 없는 가파른 모래 언덕을 수없이 미끄러지면서도 이 땅의 본질을 끝까지 온몸으로 느끼고 싶었다. 하지만 1시간 만에 나의 인내심은 바닥이 드러났다. 섭씨 43도의 찌는 듯한 폭염과 숨 막히는 지열, 죽음의 대지는 그렇다 쳐도 생명의 소리 한 자락 없는 절대 고독 속의 침묵은 견디기 힘든 시험이었다. 목이 마르다거나 발바닥에 불이 붙는 듯 타들어 올라오는 물리적 감각의 문제가 아니었다. 점차 진공상태로 변하기 시작하는 영혼의 줄기들이 조금씩 흔들리기 시작하는 것이 문제였다.

사막을 건너보고자 했던 나의 무모한 낭만은 여지없이 무너졌다. 수천 년을 응전하며 인내로 대항해온 역사의 두께도 모르고 마주한 잠깐의 용기였다. 붉은 모래밭은 이글거렸고 잔혹한 신의 제단 앞에 선 느낌이었다. 죽음의 벌판에 목숨을 걸고 이동하는 유목민 베두인족은 오직 알라의 계시만을 따를 뿐이었다. 서편으로 기울어지는 태양의 사선을 따라 모래 열기는 30도 중반까지 내려갔다. 라마단 기간인 줄도 모르고 찾아 나선 아라비아 반도 동쪽의 초여름은 견디기 힘든 선물이었다. 이 벌판을 지나면 페르시아만 호르무즈 해협 쪽이다. 석유를 두고 벌어지는 인간들의 갈등이 예리하게 교차하는 곳이다. 사르자와 두바이를 거쳐 지나온 여정이 다시 하늘과 맞닿아 이어지는 아스라한 사막이었다.

먼 지평선은 이제 점점 꿈이 없어져 가는 가난한 나에게, 무엇을 얻기 위해 무엇을 포기할 것인지를 고민하게 하는 매개였다. 오직 육체 한 걸음 한 걸음으로만 전진을 허락하는

아부다비 사막에서

모래밭의 느린 시간은 무엇이든 참지 못하고 살아온 지난날을 되돌아보게 하는 순간이었다. 발이 푹푹 빠지는 황야에서 물한 병 외에는 아무것도 없이 조용한 참회로 마친 하루가 만족스러웠다. 유목민 텐트 난간에 쌓인 무수한 이야기와 지상의 줄기보다 더 깊이 지하로 내려가 물을 찾는 풀뿌리에서 이 땅의 전설들이 속삭이는 것 같았다. 풍장으로 마무리된 목숨이 수없이 떠도는 모래벌판으로 기울어지는 태양을 마주하고 섰다. 그물에 걸리지 않는 바람처럼 소리에 놀라지 않는 사자의 모습으로 무소의 뿔처럼 여기까지 달려왔는데 이제 얼마를 더 가야 내 인생 지혜의 샘터를 만날 수 있을지 알 수 없는 행로였다. 고대 인도인들이 아라비아반도를 횡단하면서 음송했던 『숫타니파타』의 경전은 이 땅에서 아직도 유효한 작은 위안이다. 누구나 그런 사람이 되기를 수없이 다짐하며 살지만 그 생애 안에 그 업을 이룰 수 있을지는 알 수 없다.

아부다비에서 두바이 쪽으로 뻗어 나가는 밥 알샴의 사막은 순간 천지를 뒤덮는 모래 폭풍에 휩싸였다. 지상의 모든 물체가 자욱하게 묻혔다. 낙타도 작은 길도 건조에 지친 풀포기도 바람보다 빠르다는 사막 가젤과 가끔 보이던 들쥐들까지 일체를 집어삼켰다. 하지만 이내 잠잠해진 지면에는 고요가 찾아왔다. 조금 전보다 더 짙어진 석양만이 그림자를 길게 그려내고 있었다. 출발점으로 되돌아오다가 발아래 사멸한 도마뱀의 유체를 만났다. 완전히 삭탈되어 종잇장처럼 지표에 붙어 있었다. 모래 폭풍이 쌓이고 세월이 가면 도마뱀은 화석이 될 것이다. 생명은 어떤 이유에서든 모두 숙명처럼 다가오는 죽음을 기다린다. 어떻게 끝을 맺을지 각자의 결이 다를 뿐이다. 사막에서 알 수 있는 것은 그저 운명처럼 모든 것을 느리게 기다려야만 한다는 것이다. 태양이 뜨고 지는 평범한 일상이 모든 것을 지배하므로 이 간단한 방정식에 순응하는 것이 최고의 과제다. 아랍 사람들은 낮에 그늘에서 쉬고 밤이면 모여 음식을 나눠 먹으며 축제를 벌인다. 라마단을 철저히 지키는 것은 그들만의 생존비결이다. 기다릴 줄 알아야 살아남는다.

　　태어나서 어른이 되고 나이를 먹는 동안 기다리는 대상은 바뀐다. 젊은 날에는 행운이나 또 다른 사람을 기다렸다. 하지만 중년이 지나면서 인간은 운명이나 신을 기다린다. 무엇이 되었든 기다림은 아름다운 미학이다. 사막에서 쏟아질 듯한 별을 보며 잠들고 싶은 날들이 있었다. 벌판 끝단으로 떨어지는 노을을 보며 신기루 같은 잠언들을 입 밖으로 내보내고 싶었다. 석양의 사막은 생텍쥐페리가 만들어낸 어린왕자와 여우가 만날 것 같은 분위기였다. "사막은 아름다워. 사막이 아름다운 건 어디엔가 우물이 숨어있기 때문이야. 눈으로는 볼 수 없어. 마음으로 찾아야 해." 우주별 몇 개를 거쳐 온 어린왕자가 말이 통하는 여우에게 건네는 언어다. 나는 빛이 사위어가는 지평선의 끝을 한동안 바라보았다. 이윽고 개와 늑대의 시간을 거쳐 라마단의 뜨거운 하루가 저물었다.

남한산성의
겨울

남한산성에 올랐다. 세월에 무너지고 퇴색된 성곽을 따라 겨울이 두껍게 스며들어 있었다. 눈보라가 그치고 쌓인 서설은 발목의 깊이를 덮고도 남았다. 멀리 보이는 남쪽으로의 봉우리들은 몇 겹으로 포개져 엷거나 혹은 보랏빛으로 프리즘을 이뤘고 골짜기에 내려앉은 안개는 고즈넉했다. 청나라의 세력을 온몸으로 막아선 산줄기, 그 엄동설한의 계절 한가운데 남한산성이 있었다. 내성을 지나 외성으로 빠져나오는 봉암성 길을 따라 묵묵히 걸었다. 병자호란 때 행궁에 피신해 있는 임금을 향해 홍타이지 군사가 홍의포를 쏜 곳이다. 전란이 지나고 숙종은 유비무환의 정신으로 산성의 비밀통로와 연결된 지점에서 외성을 쌓았다. 용장대는 숙종 때 다시 성벽을 이어서 보강한 곳이다. 본성에 붙여져 다시 줄기가 뻗어 나간 나뭇가지 모양으로 동쪽과 남쪽을 잇고 있었다. 숙종 때 이 고을 책임자 이회가 3년에 걸쳐 백성들과 땀 흘린 역사의 증거물이다. 그렇게 성이라도 쌓아야 안전을 보장할 수 있다고 믿은 당시의 궁여지책이었다. 미끄럽고 험한 이 길을 그 시절에 조선 군사들이 짚신으로 이겨내기는 참으로 고통스러웠겠다는 생각에 가슴이 뭉클하다. 여름에도 와봤지만 병자호란을 겪었던 그 겨울철에 다시 꼭 밟고 싶었던 남한산성은 긴 세월을 이겨내고 있었다.

눈 덮인 산하에 뚜렷하게 일어서는 산성의 외줄기 회색 곡선은 거침이 없다. 봉우리와 골짜기를 지나 능선으로 끈질기게 연결점을 찾아간다. 검단산에서 이배재고개까지, 이배재고개에서 갈마치고개를 지나 판교까지, 능선 아래로 가늘게 이어지는 길은 겹친 산줄기에 막혀 마침내는 보라색으로 흐려졌다. 일곱 개의 등성이가 포개졌다 엎어지고 갈라지는 남쪽의 풍경은 400년의 풍상을 견디어 내고도 아무런 내색을 하지 않았다. 하남과 광주벌에 솟아오른 봉우리들을 접고 반대로 시선을 돌리니 흰 눈 천지의 송파나루가 한눈에 들어온다. 임금의 우유부단함 때문에 항복하지도 싸워보지도 못하고 중간에서 추위와 배고픔에 지쳐있던 백성들은 어둠을 틈타 성을 넘나들었다. 청나라 장수 용골대가 에워싼 산성은 독 안에 든 쥐의 신세였을 텐데 가만두어도 죽거나 항복할 것임을 그들은 이미 짐작하고 있었을 거다. 최명길과 김상헌의 불꽃 튀는 언어의 칼날들이 겨울 눈송이들을 녹였으리라 짐작된다. 병사들이 수어장대와 사방 방어대열에 정신없던 순간에도 최고 의결기구인 임금의 어전회의는 남한산성 초라한 피난처 현장에서 끝까지 우왕좌왕하며 결론을 내지 못했다. 위기를 현실 논리로 풀어야 한다는 최명길의 주화론과 죽고 말지언정 지고 불변의 가치를 거스를 수 없다는 김상헌의 척화론은 그 후로도 오랫동안 평가할 수 없는 영역으로 남았다. 국가가 위태로운 마당에 임금은 당연히 항복하고 성문을 개방해 백성들에게 생존의 길을 터줘야 한다는 논리에 맞서, 모든 것을 포기하고 항복하려면 나를 죽이고 넘어가라고 말하는 임금을 섬길 수는 없다고 대치하는 동안 무능한 대신들은 시간만 보내고 있었다. 그리하여 마침내 삼전도 항복이라는 치욕을 역사에 남긴 안타까운 임금 인조. 이마가 찢기고 백성들을 볼모로 잡혀가는 쓰라린 모습을 그저 지켜볼 수밖에 없었던 상처는 어쩌면 당파싸움과 세력대결로 세월을 보낸 조선사회의 예고된 비극

겨울의 남한산성

이었다.

　　역사는 다시 되풀이된다. 중국 대륙의 육중한 무게와 해양 일본의 두려운 행보는 21세기에 재현되고 있다. 일본은 한국을 때리고 재무장을 외치며 일어서고 있다. 우리끼리 싸우고 반목하는 동안 주변 세상은 빠르게 변해가고 있다. 다시 산성 북쪽 외벽을 따라 가파른 길을 재촉했다. 이제 우리는 무엇을 해야 하는가. 어떤 시각으로 외교와 앞날을 개척해나가면서 얼마나 치열하게 이 싸움에서 지혜를 발휘해야 하는지를 알고는 있는 것일까. 리더라면 누구든 이 겨울 산성에 올라보라고 권하고 싶다. 불린 콩 몇 알로 버티며 임금과 백성을 지키고자 한 고단한 조선병사들의 모습을 상상해보는 것만으로도 통치의 학습이 될 것이다. 배불리 먹을 수 있게 된 것만 뺀다면 오늘 우리와 조선의 그들이 무엇이 다른지를 고민해볼 때다. 미래를 풀기 위해 역사라는 거울이 필요하다. 우리를 비춰보며 앞으로의 길을 가늠해볼 수 있다. 짧은 겨울 해가 어느새 기울어 하남의 마방집 앞까지 내려왔을 때는 제법 한기가 느껴졌다. 역사소설 『남한산성』을 들고 몇 번이나 올랐던 길이지만 항복의 겨울과 같은 시간에 가파른 고개를 오르기는 처음이었다.

　　지금 우리는 피난 갈 산성도 없다. 세상이 모두 전쟁터이기 때문이다. 무기도 깃발도 없이 날마다 쏘아 올리고 목표물을 찾아 끝없는 전투를 벌인다. 살아남는 나라, 앞으로 나가는 그런 백성이 되기 위해 400년 시차를 두고 느끼는 삼전도와 남한산성의 겨울은 비장한 결기를 느끼게 한다. 사방이 적으로 포위되어 있는데도 대결과 증오로 날을 지새우는 안타까움을 우리는 언제까지 견뎌야 하는지 의문이다. 공존보다는 지금 우리는 상대를 밟고야 말겠다는 구태의 절정을 보고 있다. 화친과 전쟁의 외나무다리에서 행동보다 말의 성찬이 난무했던 산성의 겨울은 말 그대로 살아있는 역사다. 그 무익한 시간에 증발해버린 백성들의 피땀은 간 곳이 없고 임금의 모양만 '행궁'에 남아있었다. 그런 것이다. 세상의 이치다. 그것을 상식처럼 배웠고 비껴갈 수 없음에 목이 멨다. 무심히 흐르는 한강 줄기 아래 평야에 12월의 한기가 가득하고 때 이른 폭설에 갇혔다가 조금씩 모습을 드러내는 거뭇한 대지가 흑백의 수묵화로 엉겨있다. 멀리 광활한 서울 도성이 한눈에 들어온다. 인조의 사정을 헤아려 그 어깨가 얼마나 무거운지를 아는지 모르는지 해는 지고 있었다. 오래된 역사의 두께를 헤치고 남한산성을 내려왔다. 그랬다. 예나 지금이나 우리는 아래에서 위를 걱정하고 살았다. 위가 아래를 걱정하는 세월이 그립다.

월정사 선재길,
또 하나의 시간

　　지나온 길을 알면 앞으로 갈 길도 안다는데, 나는 아직도 어떤 길이 최선인지 모른 채 여기까지 흘러왔다. 살아있다는 것의 의미는 죽는 날까지 풀지 못하는 숙제가 아닐까 한다. 언젠가부터 질문은 모래 폭풍이 되어 내 안에서 사납게 솟아오르곤 한다. 그 바람이 일면 일단 떠나야 한다. 고요함과 사색으로 허기를 달래야 한다. 겨울 산에 가려던 나는 어느새 뒤도 돌아보지 않고 강원도로 발길을 옮겼다.

　　눈 내리는 월정사 숲길은 고요하고 오대산을 품은 넉넉한 계곡은 정적이 감돌았다. 물소리는 얼음 속에서 차갑게 숨을 죽이고 있었다. 불어오는 삭풍에 이리저리 흩날리는 눈보라가 춤추는 나비 떼 같았다. 1,700그루의 전나무 군락에서 쏟아져 나오는 산소는 이제껏 접해보지 못한 신선함이었다. 길은 수평으로 나 있고 나무는 수직이었다. 하늘과 땅의 엇갈린 조화 속에 원시의 자연은 시간의 역사를 만들어내고 있었다. 나는 더 깊은 숲속에 내 몸을 숨겼다. 생명은 스러진다. 이 세상에 영원한 것은 없다. 호메로스의 대서사시 『일리아드』에 이와 같은 말이 있다. "영원히 살 수 없기에 인간 세상에 사랑이라는 마취제가 만들어졌고 나약하기에 용기라는 지혜를 선물 받았다."

유복한 왕자의 길을 버리고 길에서 깨달음을 얻은 고타마 싯다르타가 밟고 간 길은 2,500년을 건너왔다. 열반의 길을 얻지 못한 인간의 윤회만이 남아 있을 뿐이다. 죽음이라는 명제에 가까워져서야 비로소 위대한 생각에 도달할 수 있다. 그것이 바로 신의 설계다. 고요 속에 영원히 스러지는 것은 죽음이다. 그 영겁이 있는 곳이 바로 적멸보궁寂滅寶宮이다. 월정사에서 3시간을 올라 상원사를 지나고 마지막 등성이 선재길 끝 깔딱고개를 넘어야 만날 수 있다. 부처의 진신사리가 모셔져 있다고 믿는 곳이기도 하다. 자장율사가 이곳에 터를 닦은 불당(643년, 신라 선덕여왕 시기에 창건)은 1,500년을 견디어 왔다. 선재는 깨달음을 향해 가는 지혜와 구도의 상징으로 화엄경에 나오는 동자 이름이다. 허공을 삼킨 선지자 탄허呑虛와 현해玄海 스님이 득도한 곳이다. 한국전쟁으로 불타버린 폐허를 골라내고 다시 불가의 자비를 세워 올렸다.

숲은 상념을 풀어헤치는 곳이다. 벨기에 작가 마테를

링크의 『파랑새』에 나오는 인물이 되어 나 자신을 되찾고 기운을 충전하기에 좋은 곳이다. 파랑새를 찾으러 멀리 떠났던 '치르치르와 미치르가 다시 돌아온 집 같기도 하다. 마음속에 하늘의 달을 담아가면 성공이고, 하산 길에 미소가 입가에 번진다면 그만이다. 발아래로는 우통수于筒水에서 흘러내린 물길이 평행을 이룬다. 정선, 영월, 양수리를 거쳐 한강을 이루는 줄기다. 석등에 촛불이 켜지면 스님의 발걸음은 합장으로 잦아든다. 상원사 대웅전 앞마당에는 두 손을 모으고 탑을 도는 이들의 간절한 무념이 서 있었다. 그 모습을 지켜보며 눈 내리는 오후 절간을 서성거렸다. 맑고 향기로운 세상에서 다시 만나자는 약속에 고개를 끄덕였다. 현생에서 다시는 볼 수 없는 인연들을 독경소리에 흘려보내면서 마침내는 석등을 덮고야 마는 눈송이를 바라보았다. 월정사에서 상원사는 20리 길이다. 인간의 길에서 시작해 하늘의 길로 통한다. 법정은 생전에 이곳에 들러 『숫타니파타』의 법구경을 수도 없이 암송했다고 한다. "소리에 놀라지 않는 사자처럼, 그물에 걸리지 않는 바람처럼, 진흙에 더럽혀지지 않는 연꽃처럼, 무소의 뿔처럼 혼자서 가라." 자비, 고요, 동정, 해탈, 기쁨을 적당한 때에 익히고 탐욕, 혐오, 어리석음, 속박을 끊고 세상을 저버림 없이 굳건히 혼자서 가라는 말일 것이다. 의연함, 묵묵함, 단단함, 그러나 그 모두가 집착이다. 혼자서 가겠다는 것 또한 소유 아닌가. 늘 사념으로 고통스러운 육신을 천년 숲은 모두 내려놓으라 한다.

그러나 내려놓을 수 없는 집착이 나의 몸통을 틀어쥐고 있기에 더 간절한 바람일 것이다. 내리막길, 갈수록 울창해지는 거제수나무 아래로 사멸한 전나무의 시체들이 누워있다. 가만히 들여다보니 속이 텅 비어있다. 오래된 나무는 자기가 스스로 자기의 속을 모두 비워내는 모양이다. 버려진 나무속에 깨달음이 포개져 있다. "도道를 들어도 믿지 못하고 도를 믿는다고 해도 돈독하지 못합니다. 구슬을 갖고도 구슬을 잃어버리고, 나귀를 타고서도 나귀를 찾는 허물이 있습니다. 또한 쇠를 은으로 부르고 벽돌을 갈아 거울로 만들려는 병폐마저 들었습니다"라는 내용의 오도송은 알쏭달쏭한 내용이다. 1.4 후퇴 때 부상으로 이곳에 남겨진 시인 박용열의 자취는 아직도 현무암 시비詩碑에 온전히 담겨 있었다. 그가 쓴 「오대산 가는 길」은 월정사의 깨달음이다.

> "찬바람 불고 서리 오기 전에 어디로 갈까.
> 걸망 메고 망설이다가 홀로 눈감으니
> 바로 이 자리가 그 자리인 것을
> 내 어찌하여 그렇게도 몰랐을까"

눈 뒤집어쓴 전나무 선재길. 부처를 만나러 온 인간들 틈에 끼어 절집 마당을 몇 바퀴 돌다가 정처 없이 하산했다. 인간들의 때가 묻어 오히려 더 인간적인 절집에 내 발자국도 남기고 왔다. 구도와 침묵은 궤도를 이탈한 영혼을 붙잡아 잇고 지나온 곳으로 다시 나를 데려다줄 거라 믿으면서 말이다. 싸락눈이 쉼 없이 얼굴을 때렸다. 숲은 점차 고요 속으로 사위어 가고 내 가냘픈 발걸음 소리만이 바람처럼 남겨졌다.

서도역에서
타오르는 혼불

간이역 철길에는 잡초가 무성했다. 몇 년 전 전라선이 옮겨져 문을 닫은 서도역書道驛은 쓸쓸하게 가을을 지키고 있었다. 시간이 멈춰버린 듯했다. 전주에서 여수로 내려가다 산성역과 오수역 사이에 지어진 오두막 건물, 유리창이 깨지고 판자를 덧댄 칸막이 사이로 시간이 흘러들어 남루해진 흔적이 역력했다. 우리나라에서 가장 오래된 목조 기차역이다. 1932년 개통되어 2008년에 폐쇄되었으니, 그 긴 시간 동안 온갖 사연을 실어 날랐던 열차는 먼 기억 속으로 떠나고 없었다. 한국 민족문학 최고의 수작으로 꼽는 최명희의 대하소설『혼불』은 바로 이 서도역에서 시작되었다. 남원 매안마을 이씨 종갓집에서 며느리 삼대를 이어 온 청암부인과 그 아들 이기채 부부, 손자 이강모 허효원 부부, 거멍골의 천민 춘복이의 이야기다.

서도역

일제 강점기였던 고단한 시대를 살던 사람들의 가슴 아픈 삶이 담겨 있다. 책이 출판된 1997년 외환위기 때 내가 밥벌이하던 언론사까지 문 닫을지도 모른다는 어지러운 세상을 탓하며 주로 새벽에 탐독했던 기억이 새롭다.

　　소설은 강모와 효원의 혼례로 시작된다. 그러나 강모는 초야를 치르지 못한다. 이미 마음속에는 사촌누이 강실이와의 사랑이 자리하고 있었기 때문이다. 고뇌하던 그는 만주로 떠나고 남겨진 효원이 홀로 아녀자들이 거처하는 빈 규방을 지키며 시할머니 청암부인의 뒤를 이어 가문을 이끄는 비극의 주인공으로 그려진다. 거멍골의 천민 춘복이는 강모의 옛사랑 강실이를 사모한 끝에 그의 씨앗을 수태시킨다. 양반과 평민, 천민의 세월이 뒤섞여 남원과 전주, 만주를 무대로 부단하게 이어진다.

책을 읽고 20년이 지났다. 못다 한 숙제를 푸는 심정으로 낙엽 지는 가을날 끝자락에 최명희 문학관을 찾았다. 국어 선생님을 그만두고 17년 동안 집필에 전념한 끝에『혼불』을 탄생시켰지만, 이 작품은 결국 유작이 되었다. 암을 숨긴 채 무섭게 정진하며 써내려간 현대문학의 보물과 같은 소설. 소설을 뛰어넘어 한국의 20세기 100년이 담겨있는 위대한 사상서이기도 하다. '우리 풍속과 모국어의 보고'로 불리는 이유도 알 만하다. 이 작품 속에는 기후, 풍토, 관혼상제, 산천초목, 습관, 사회제도, 촌락구조, 역사, 통과의례, 주거, 음식, 가구, 그릇, 복장, 소리, 언어, 몸짓 등 당대의 모든 것이 담겨있다. 전통문화의 원형에 가깝게 민속정보를 형상화해서 유려하게 묘사한 솜씨는 독보적이다. 설화, 민요, 판소리, 천리, 담론이 운명처럼 얽혀져 전개된다. 주제가 모였다가 흩어지는 반복은 운문을 대하는 듯한 예술의 경지다. 근대사의 격랑을 목격한 세대의 유언을 후세대에 꼭 전해줘야 한다는 마지막 전령사의 심정으로 썼을 것이다. 생애가 아무리 멀리 흘러갈지라도 자기 존재의 근원을 떠올릴 때면 까닭도 없이 핏줄이 저린다. 인간의 본능이다. 뿌리를 건드리면 줄기와 이파리까지 떨리는 법이다.『혼불』은 한국인의 영혼을 두드리는 글이다. 우리 몸 안의 불덩이다. 사람이 제 수명을 다하고 죽을 때 미리 그 몸에서 빠져나간다는 '목숨의 불'이자 '정신의 불'이다. 이 땅에서 한 생애를 다했던 수많은 이들의 울음과 속삭임이 최명희의 가느다란 손끝을 통해 세상에 전해졌다. 1998년, 51세의 젊은 생을 접고 세상을 떠난 그녀를 떠올리면 늘 가슴이 먹먹하다. 아름다움과 아련함, 근엄함과 서러움, 밝음과 어둠이 수없이 교차하는 대서사시를 남기고 눈이 내리던 초겨울에 이승과 작별했다. 언어에 대한 사랑이 유난히 깊었던 최명희는 전라도와 만주를 오가며 글쓰기를 인생의 업보로 여기다 갔다. 나는 어디에서 왔는가. 조상들은 무엇을 먹고 어떤 생각을 하며 살다가 갔는가. 근원을 알고 싶은 생의 담론은 세대를 이어 혼불에 온전히 녹아있다. 그 목마름을 해소하려고 한 페이지씩 물을 마시는 심정으로 사람들은 이 소설을 뒤적이며 어려운 시절을 건너왔다. 박경리의『토지』, 조정래의『태백산맥』, 김주영의『객주』, 황석영의『장길산』을 넘어서는 시대문학의 봉우리다.

　"쓰지 않고 사는 사람은 얼마나 좋을까. 때때로 나는 엎드려 울었다. 갚을 길도 없이 큰 빚을 지고 도망 다니는 사람처럼 항상 불안하고 외로웠다. 좀처럼 일을 시작하지 못하고 모아놓은 자료만 어지럽게 쌓아 놓은 채 핑계만 있으면 안 써보려고 일부러 한눈을 팔던 처음과 달리 거의 안타까운 마음으로 쓰기 시작한 이야기『혼불』은 나도 어찌하지 못할 불길로 나를 사로잡았다." 최명희의 고백을 되뇌며 문학관을 돌아 나와 소설의 무대인 최씨 종가와 청호저수지, 달맞이 공원을 한 바퀴 돌았다. 단아한 초가집, 이끼 가득한 흙벽돌, 우우우 소리를 내는 대나무 숲. 그곳을 지나는 바람이 사라진 옛사람들의 혼을 불러오는 것 같아 몇 번이나 뒤를 돌아보았다. 누구의 말이 옳고 그른지를 따지지 않고 이 땅의 너른 품 안에서 다채롭게 살아가는 생명들의 사연을 풀어 헤쳐나가는 솜씨에 경탄할 뿐이다. 엄청난 문장 속에 들어있는 서정성과 향토색, 한 문장을 읽고 나서 반드시 고개를 흔들게 하는 해박함, 손가락이 녹아내리고 영혼을 짜내야 가능한 작업이다.

문학관 돌계단을 오르니 왼쪽 방에는 작가의 목숨과 같았던 만년필이 그대로 보존되어 있었다. 잉크병과 낯익은 원고지들. 인월댁의 베 짜기나 강모 강실이의 소꿉놀이 장면, 청암부인의 장례식 모습들이 인형으로 현세에 살아있었다. 꽃심관 사랑실과 소마루의 '소살소살' 쉼터에서 하루의 피로를 내려놓고 주저앉았다. 마당에 나와 보니 멀리 장수 팔공산이 보이고 오른쪽에는 보절면 천황산이, 그 옆으로는 지리산이, 뒤로는 노적봉이 굽어보고 있었다. 2006년 진달래와 철쭉이 차례로 피던 봄에 그의 향기를 담은 문학관이 세워졌다. 하지만 최명희의 정갈한 고통과 처연한 아름다움은 지상에서 찾을 수 없다. 이미 오래전 죽음을 맞이한 작가의 나이보다 더 살아버린 내가 할 수 있는 일은 무엇일까. 그저 고개 숙이고 남은 생을 추슬러 세워 "마음을 사무치게 갈아서 하루하루를 파내려가는 심정"으로 살아야되는 것이 아닐까. 이제 역사가 되어버린 최명희는 등 뒤에서 그렇게 당부하고 있었다.

동학사의 봄,
길 없는 길

뜨거운 크리스마스였다. 영상 30도를 웃도는 폭염 아래 산타클로스가 해변에 서있었다. 멕시코 유카탄 반도 칸쿤에서 맞은 성탄절은 함박눈 대신 이글거리는 적도의 축제였다. 사람들은 밤늦도록 마시고 떠들며 저물어가는 한 해를 아쉬워했다. 마야 문명지의 변경에서 울려 퍼지는 캐럴은 낯설었다. 대륙을 횡단해온 종교가 그들의 방식대로 문명을 물들이고 있었다. 다음날 나는 호텔에서 꼼짝하지 않았다. 새벽에 잠이 깨어 소설을 읽기 시작해서 잠깐 요기를 한 후에 다시 속도가 붙기 시작했다. 최인호의 『길 없는 길』은 작은 전율이었다. 경허선사의 일대기를 그린 역작 4권은 다음 날 저녁 시간까지 소진하고서야 마지막 장을 덮을 수 있었다. 깨달음의 세계와 그 여정에서 벌어지는 본질의 관찰이었다. 세계적인 휴양지에서 보내는 성탄절에 불가의 큰스님 이야기에 풍덩 빠져 일정을 포기했다니. 왜 그랬는지 나 자신도 이해가 되지 않았다. 벌써 20여 년 전의 일이다. 그렇게 해외에서 시작된 불가에 대한 생각이 동학사 가는 길까지 따라오게 되었다. 경허선사는 한국 근현대 불교를 개창하고 선종을 중흥시킨 대선사이며 서예가다. 법명은 성우惺牛, 법호는 경허, 성은 송 씨였다. 아홉 살에 과천 청계사에서 출가해 한학과 불경을 학습했다. 공주 동학사에서 사서삼경과 불교강론을 섭렵했고 이후 9년 동안 동학사의 불경 스승으로 추대되어 걸출한 제자들을 길러냈다. 해인사와 오대산 금강산에서 정진하였다. 동학사로 가면서 봄눈과 햇빛 바람이 한꺼번에 쏟아져 내리는 걸 목격했다. 봄이라고 믿고 싶었지만 세상은 봄이 아니었다. 알 수 없는 일들이 어지럽게 오가는 인간사처럼 예보를 가늠할 수 없는 날씨였다.

경허는 한국불교를 대표하는 선종의 대들보였다. 그에게는 세 개의 달이 있었다. 맏이 수월은 상현달, 혜월은 하현달, 만공은 보름달이었다. 세 명의 제자는 경허를 이어 사방에서 꺼져가는 한국불교를 중흥시키고자 동분서주했다. "만공은 복이 많아 대중을 많이 거느릴 테고 혜월은 당할 자가 없고 정진력은 수월을 능가할 자가 없을 것"이라며 이들을 아꼈다. 임종게臨終偈를 마지막으로 경허는 붓을 던진 뒤 입적했다. 그는 생불이면서 자연인 '송동욱'으로서 매력적인 사람이기도 했다. 숱한 일화와 통찰의 법어를 남겨 후세인들에게 진리의 동반

동학사 전경

자로 살아있다. 소설가 최인호가 그랬듯이 나도 한때 수도자로 구도의 길을 걷고 싶다는 맹렬한 유혹이 있었다. 교회를 서성거렸고 산사를 돌아다녔다. 정신의 허전함을 채워줄 생명수가 필요했던 시기였다. 세월이 흘러 모든 믿음은 수평적 연결고리에 매여 있다는 사실도 알게 되었다. '보살예수'의 사상을 존중했고 이제 바람 부는 겨울 산을 무념으로 바라볼 수 있게 되었다. 나의 마음속에는 바다가 들었다. 한없이 깊고 넓으며 아무런 걸림도 없이 끝이 없는 무애무진無碍無盡 의 바다가 들어 있었다. 아직도 '샹그리라'를 꿈꾸는 상상의 파도와 어리석음의 폭풍과, 분노의 격랑으로 항상 날뛰고 있다. 이 파도를 잠재우려면 어디론가 떠나야 한다. 세찬 물결을 잠재울 요량으로 동학사를 찾았다. 경허 대선사의 자취는 눈 내리는 봄날 고요한 숲길에 서려 있었다. 그는 동학사에서 참선에 들어갔다. 사리탑이 이곳에 있는 연유다. 계룡산 무성한 숲 사이로 수백 년 나이테를 간직한 느티나무 열주들 끝의 개천가 산사. 이제 경허도, 그를 흠모한 소설가 최인호도 떠났다. 하늘가의 구름처럼 바위 사이로 줄기를 이어오는 시냇물만 어디론가 정처 없이 흘러내려 가고 있었다. 계절은 봄이었으나 동학사는 겨울이었다. 바람에 우는 풍경 소리를 따라 경내까지 올라갔다. 먼저 돌아 나온 마곡사도 매서운 한기는 마찬가지였다. 잎이 없는 빈 가지에 꽃들이 걸려 나부꼈다. 파스텔 톤의 붉은 종이 연꽃들이다. 모든 형상이 있는 것은 허망한 것이며 형상이 있는 모든 것이 형상이 아님을 알게 되면 깨달음의 경지라는데 이직도 그 까닭을 모르겠으니 역시 나는 속인이다.

　공주의 옛 이름은 웅진熊津이다. 경허는 곰나루 고을을 특히 좋아했다. 백제의 옛 도읍지 부여와 공주는 지금도 과거를 간직한 고장이다. 가을날 경허는 백마강을 나룻배로 건너면서 풍류에 젖기도 했다. 동학사 뒷산에서 금강을 내려다보며 '귀거래사'를 자주 암송했다. 40대에 작은 벼슬을 얻은 도연명은 상관의 출영명령을 거부했다. "쌀 다섯 말에 향리의 소인에게 허리를 굽힐 수 없다"며 낙향했다. 이때 쓴 귀거래사에 경허의 마음도 녹아있었을 것이다. 검은 장삼에 한 손에는 시뻘건 고기를 매단 주장자(수행승들의 지팡이)를 들고 성큼성큼 걷는 경허의 모습은 분명 괴승이었을 것이다. 서슬 퍼런 일제강점기 순사들은 그를 잡아다가 패면서도 마지막에는 감화되어 존경을 아끼지 않았다. "일 없음이 오히려 나의 할 일無事猶成事"이라고 설파한 법어는 경허의 대표적 선문답이다. 현세 모든 이들의 소위 '멍 때리는 시간'은 나를 되찾는 순간이며, 마음을 헹구어 빨랫줄에 거는 것이고 탐욕의 끈을 풀어 제치는 순간이다. 죽비 같은 울림이다. 최인호는 생전에 100여 편의 작품을 남겼다. 그 가운데 가장 아끼는 육필원고로『길 없는 길』을 꼽았다. 일간지에 연재된 이 소설은 120만 부가 넘게 팔렸다. 배경이 종교라면 모두 외면하던 시절의 반전이었다. 경허는 조선 후기부터 꺼져버린 선禪의 불꽃을 일구느라 생을 바쳤다. 입적 30년 만에 한용운이 큰 스승의 일대기를 썼다. 만해는 꿈속에서 대선사를 대하는 느낌으로 경허의 행적을 더듬었다.

　　나에게 중년의 밤은 길었다. 참으로 길은 멀었다. 나는 내가 옳다고 믿는 길을 고집했고 그 숱한 불면의 밤을 지새워야 했다. 나는 어리석었다. 나의 작은 생각 속에 길이 있다고 믿었고 그것이 세상의 전부인 양 부처의 손바닥을 돌아다녔다. 친구 호레이쇼의 품속에서 죽어가던 햄릿의 독백처럼 "이 세상에는 내가 모르는 것이 너무 많았다." 잠 못 이루는 사람에게 밤은 깊고 피곤한 나그네에게 길은 멀 듯이 진리를 모르는 어리석은 사람에게 생사의 밤길은 길고도 멀 수밖에 없다. 그래서 옛 현인들은 그 숱한 날들을 기원과 기도로 보냈을지도 모른다. 동학사를 내려오니 다시 속세다. "세속과 청산 그 어디가 옳은가 봄볕 있는 곳에 꽃피지 않은 곳이 없구나." 봄은 이미 만산에 경허의 게송처럼 다가와 있었다.

고창에서 만난
인촌과 미당

질마재 언덕길 너머로 구름이 떠가고 깔끔하게 추수가 끝난 들녘을 지나 포근한 바다가 보인다. 동백꽃 절로 유명한 선운사의 정기를 지닌 고창 읍내 풍경은 누가 봐도 전형적인 옛날 부자 농촌 모습 그대로다. 「국화 옆에서」를 읊조리며 청년 시절 내내 흠모해왔던 시인의 고향을 찾는다는 설렘에 먼 여행길인데도 고단하지가 않다. 늦가을 노란 국화로 뒤덮인 미당 서정주의 생가로 방문객들의 발길이 이어졌다. 일제와 해방, 한국전쟁, 민주화 그리고 번영을 목격하며 파란만장한 생을 살다간 서정주는 60여 년간 활동하며 1,000여 편의 시를 남겼다. 생가와 이웃한 미당 문학관에는 공간마다 그의 시와 시대별 사진기록, 소장품들이 빼곡하다. 「선운사 동백꽃」, 「국화 옆에서」, 「늙은 떠돌이의 시」, 「화사집」 등 주옥같은 명작

시들이 고스란히 보존되어 있다. 미당 문학관을 돌아 나오니 공교롭게도 그보다 먼저 태어나 이미 시대를 주름잡던 인촌 김성수의 생가가 눈길을 끈다. 호남의 부잣집 태생으로 와세다 대학 유학 후 고려대학교 설립과 동아일보 창간, 경성방직 창업 등 다양한 분야에서 일가를 이루었다. 1951년 부통령을 지내고 작고하기까지 김성수의 족적은 한국현대사의 한 획을 그을 만큼 뚜렷하다. 미당과 인촌은 고창 사람들이 자랑하는 인물이다.

미당이 어렸을 때는 변변한 산업 하나 없었고 들판에서의 농사만으로 생활을 이어갈 수 있었다. 누구에게나 어려운 시절이었고, 미당의 아버지 또한 경성을 주름잡던 인촌 밑에서 궂은 일을 마다하지 않았다. 이것이 어린 미당의 눈에는 무척 자존심 상하는 일이었던 것 같다. 청년이 된 미당은 아버지를 떠나 개운사에서 산사 생활을 하기도 했다. 고향 마을 유지에게 굽실거리는 부친에 대한 시선은 그의 시 「아비는 종놈이었다」에 묘사되어 있다.

인촌이 사업가이자 독립운동을 지원하는 정치가로 큰 물에서 잘 나갈 때 미당은 보잘것없는 문학청년이었다. 선운사를 무대로 잉태된 두 사람의 행적은 훗날 친일파 시비에 나란히 올라 시대를 비껴갈 수 없는 운명을 만난다. 인촌은 경성방직을 경영하면서 조선총독부와 밀월관계를 유지하며 국방헌금을 납부하는가 하면 연설 때 부일협력을 강조하는 등 언론을 통해 황국사상을 두둔했다는 비판을 받는다. 미당 역시 1940년대 마쓰이 오장 송가松井伍長頌歌 발표로 일본을 찬양하는 문학 활동을 벌였다는 사실이 인정된다. 두 사람은 2002년 발표된 친일파 708인의 명단에 나란히 올랐고 민족문제연구소가 2008년에 펴낸 친일인명사전 명단에도 함께 등재되어 있다. 개인적인 생각이지만, 이는 시대의 아픔으로 봐야 하지 않을까 싶다. 각자의 도드라진 삶으로 절대 권력의 시야를 벗어날 수 없었던 상황이 만들어낸 상처였을 수도 있다. 인촌은 일제를 벗어나려면 교육밖에 해결책이 없다는 신념을 실천했다. 1926년 간디에게 청한 고언에서 '조선은 조선의 것이 되길 바란다'라는 답신을 받고 그의 비폭력 교육사상에 심취해 민초들을 배우게 하고 독립자금 마련에도 열심이었다. 과過의 무게로 공功을 덮기는 쉽지 않다.

미당은 작가로서, 우리말을 다루는 천부적 감각을 유감없이 보여줬다. 그리스 신화에서 출발한 초인정신, 보들레르와 이태백으로부터 인간의 질곡과 자연의 시심을 두루 섭렵해내면서 민족어의 가능성을 한껏 키웠다. 생명파 초기의 탐미적 관능세계와 불교정신을 녹여낸 시어들은 누구도 범접할 수 없는 경지를 이뤘지만 친일의 오명을 씻어내지는 못했다. 그런 회한을 버리고 싶었을까. 미당은 노년에 킬리만자로부터 남태평양의 작은 섬까지 여행하면서 세상의 풍물과 철학을 노래했다. 1993년에 펴낸『늙은 떠돌이의 시』를 보면 어쩔 수 없었던 과거를 참회한 흔적이 역력하다.

　　고창을 떠나는 동안 차창 밖으로 선운리의 봉우리들이 보였다. 이 작은 마을에서 시작된 두 사람의 인생은 각기 다른 색깔로 채색되어 있다. 그들의 역사는 흘렀고 공과의 평가가 무성했던 시절도 지났다. 허물들이 세상을 달궜지만 이제 그마저도 시들하다. 누구나 고통의 시대에 온몸으로 나서면 절대적인 선은 없는 것 아닐까? 상념의 윤회가 어지럽다. 평가하되 시비하지 말고 용서하되 잊지 않는 마음이 중요할 것이다. 세월이 지나 지금 세상의 시각으로 돌아본다면 모든 결정이 시빗거리로 재단될 수도 있다. 역사는 때때로 사실보다 보고자 하는 시각에 따라 해석될 수 있는 것이다. 미당과 인촌의 시대 철천지원수였던 일본과의 지금 관계는 어떻게 설명해야 하는가. 사상과 이념은 늘 실용이라는 현실을 앞서지 못했다. 그것이 우리들의 역사였다.

이중섭과
소와 서귀포

　　마치 살아있는 듯한 소를 어떻게 그렸을까. 또 무슨 생각으로 소라는 대상을 선정해서 그렸을까. 그리고 굵고 거친 터치로 그린 소의 그림에 마음이 뺏기는 이유는 무엇일까. 이중섭 화가의 많은 것이 수수께끼였다. 역사의 파도 위에서 뒤틀렸던 한 개인의 삶을 뒤늦게 돌아본다는 일은 슬프다. 이 세상에 던져진 메시지를 그때의 시간으로 다시 들여다봐야 하기 때문이다. 몇 번을 방문했던 서귀포 이중섭 미술관 앞이었다. 흘러가 버린 화가의 기억을 더듬는 늦겨울 오후는 빠르게 지나갔다.

　　고개를 들어보니 푸른 바다만 고요했다. 맑고 투명해서 더욱 처연하고 바람은 불어도 공기는 포근했다. 파도 소리와 함께 벼랑을 향해 아낌없이 쏟아지는 폭포의 고함이 엄청나고 그 소리와 냄새는 여전했다. 대향 이중섭이 머물렀던 곳은 '이

중섭 거리'로 재단장되어 오가는 이들이 북적였다. 바다와 폭포와 나무들, 동백꽃까지 여전한데 정작 그의 모습은 없어서 낯선 풍경이었다. 몇 년 전과 달라진 것이 있다면 일본인 부인 이남덕(야마모토 마사코)이 기증한 중섭의 팔레트가 유품으로 전시되어 있다는 점이다. 굶주림에 지쳐 두 아들을 데리고 일본으로 떠난 그녀가 육필로 써보낸 편지 또한 애절하다. 빛바랜 종이봉투, 잉크를 찍어 펜으로 흘려 쓴 사부곡 앞에서 많은 이들이 떠날 줄을 몰랐다. 서귀포 서귀리의 연주 현씨 집 3평짜리 토방도 시야에 들어왔다. 그때 모습대로 초가지붕 끝이 가지런하다. 솥단지 두 개를 걸고 아이들과 보리풀대죽을 쑤었던 곳. 목숨을 연명하던 고단한 삶이 녹아있었다. 그 좁은 공간에서 네 식구가 벌거벗은 영혼을 보듬었던 날의 서귀포 언덕은 고통 그 자체였을 테다.

　　　그는 갈매기와 바람의 기적을 회화의 언어로 그리고자 했다. 바다가 토해내는 찰나의 모습들을 화폭에 간직하고 싶었을 것이다. 하지만 배고픔을 견뎌내야 하는 인생살이는 예술과 병존할 수 없었다. 그에게는 종이도 물감도 팔레트도 없었다. 사랑하는 마사코의 고단한 삶은 현실의 포로가 되어가고 어린 목숨들은 숨이 찼다. 그럼에도 이중섭은 한사람이 지니고 다녀야 할 최소한의 품격을 잃지 않으려 무던히 몸부림쳤다. 못 먹이는 애비의 미안함을 달래고자 그린 그림들이 군동화群童畵와 복숭아였다. 아이들 생각에 목이 메어 담뱃갑 은박지를 송곳으로 눌러 그린 〈하얀 별을 안고 하늘을 나는 아이〉는 대향의 슬픈 인생이 스며들어있다. 이중섭의 소를 민족적이며 영웅적이라고 해석하는 사람들도 많다. 그러나 찬찬히 뜯어보면 그의 소는 굴욕과 억압 속에서 신음하는 식민지 조선의 소였다.

> "높고 뚜렷하고 / 참된 숨결 나려나려 이제 여기에 고웁게 나려/ 두북 두북 쌓이고 / 철철 넘치소서 / 삶은 외롭고 / 서글프고 괴로운 것 / 아름답도다 여기에 / 맑게 두 눈 열고/ 가슴 환히 / 헤치다"

이중섭의 「소의 말」을 읽고 움직일 수 없었다. 몇 번이나 읽고 또 읽었다. 눈으로 마음으로 반복했다. 초막집 헛간에 보존된 서러운 방. 1951년 피난살이에 지쳤을 중섭이 어느 날 밤 써붙인 소의 말이 가슴을 때렸다. 굶주림과 그리움 끝에 죽음, 쓸쓸했던 운명이 다가왔고, 그의 사촌이 발견한 뒤로 지금까지 전해오는 단가短歌다. 그의 소는 격렬했다. 굵은 선에서 용틀임하는 골격의 절도가 살아있는 소를 끌어냈다. 도쿄 유학 시절 일본에서 그린 소는 뼈만 앙상했었다. 소는 소였지만 한국의 소가 아니었다. 소의 커다란 눈망울에 맺힌 그렁그렁한 슬픔에는 약탈당한 조국이 담겨있었다. 무거운 짐수레를 끌고 가는 소는 식민지 소년을 멈추게 했다. 살아있는 날 온전

이중섭의 〈흰 소〉

히 주인을 위해 근면하게 일하고 죽어서는 뼈와 가죽까지 모두를 남겨주는 소. 인간의 울타리 안에 공존하면서 경계를 허물어뜨리는 영험한 동물이다. 평양 오산학교 시절 그는 들판에서 소를 보며 하루를 보내곤 했다. 보고 또 보고 천만번 살펴야 소가 머릿속으로 걸어 들어왔다. 몸속에서 발효되고 육화된 소 한 마리가 비로소 하나의 조형으로 캔버스에 옮겨질 수 있었다. 소를 바라보고 있으면 가슴 가득 샘물이 차올랐다. 물은 넘쳐흘러 그의 온몸을 적셨다. 그의 육체가 탄화되어 소의 형상으로 남았던 것은 아닐까. 구름이 많아진 하늘은 바다를 덮고 이내 서귀포를 황혼 속으로 가둬버렸다. 어디 그림뿐이겠는가. 문득 돌아보면 산다는 것 전부가 오롯이 밑바닥을 채우고 그 안에 번져있는 고독과 그리움을 밀쳐내면서 세상 속으로 나아가는 일이다. 슬픔과 분노와 기다림의 온갖 무늬가 낙인으로 찍혀 인생을 짓누르더라도 한 사람의 품위를 잃지 않고 가야 하는 길. 그 묵묵함이 소와 인생의 접점을 무채색으로 합치는 경계. 이중섭은 짧은 일생 동안 그 경계이자 가장자리를 화폭에 남기고 떠났다.

단종유배
700리길

청령포는 불어난 강물에 포위되어 더욱더 외딴섬으로 변해 있었다. 폭염이 지나가는 길목에 이곳으로 나들이를 온 피서객들은 그저 즐거워 보였다. 애달픈 역사를 아는지 모르는지 흐르는 동강은 말이 없는데. 소나무로 울창한 숲을 이룬 단종어소端宗御所에 들어서니 콧등이 찡해온다. 두 갈래 우람한 거목이 된 관음송은 어린 임금이 가끔 걸터앉아 한숨을 쉬었다는 이야기가 전해져 온다. 밀랍으로 만들어진 단종은 어소 사랑방에서 정갈한 사모관대 차림으로 나그네를 맞았다. 오래 전부터 벼르던 영월행이었다. 간간히 뿌리는 빗줄기를 벗 삼아 조금씩 속도를 냈다. 온전히 하루를 잡고 떠났지만 서울에서 영월은 2시간 남짓한 거리였다. 700리길 멀고 먼 유배지가 강을 지르는 다리와 산을 관통한 터널로 연결되어 달리고 말 것도 없는 간격으로 다가와 있는 느낌이다.

1452년 조선왕조 여섯 번째 임금 자리에 오른 단종은 겨우 12살이었다. 요즘 같으면 스마트폰 게임이나 하고 응석을 불릴 나이였다. 위대한 군주 세종의 장손이었고 조선 개국이래 최초의 세손世孫이었다. 아무도 이 약속된 왕권취임에 시비를 걸 수 없는 분위기였다. 하지만 임금 자리에 오른 지 불과 1년 만에 파란은 시작되었다. 삼촌 수양대군이 김종서, 황보인을 거세한 계유정난이 일어난 것이다. 이 바람에 즉위 3년 어린 단종은 수양에게 강제로 용상을 빼앗기고 상왕으로 물러나야 했다. 할 만큼 하다가 자식에게 왕권을 물려주고 한발 물러나는 자리가 상왕이다. 그래서 백발이 성성하고 안면에 풍우가 가득한 모습이 상왕의 이미지다. 이 대목에 어린 군주를 오버랩하려니 그 기구함이 상상 불가다. 불행은 여기서 그치지 않았다.

수양의 못된 행태를 보다 못한 성삼문, 박팽년, 하위지 등이 단종 복위를 추진했지만 사건이 중간에 탄로 나 가담자 전원이 잔혹하게 참살되었다. 역사는 이들을 사육신이라고 부른다. 이 때문에 단종은 상왕을 내놓고 노산군魯山君으로 강등되어 유배 길에 올라야 했다. 그해 음력 6월 22일 창덕궁을 나선 단종은 의금부 도사 왕방연과 중추부사 어득해가 이끄는 군졸 60여 명의 호위를 받으며 700리 영월 유배길에 올랐다.

청계천의 영도교를 지나 중랑천과 만나는 뚝섬 근처 살

곳이 다리를 건너고 세종의 별장이 있던 화양정을 거쳐 광나루에 닿았다. 이곳에서 배를 타고 원주 흥원창으로 갔다가 다시 걸어서 단강리를 지나고 운악재를 넘고 치악산 싸리치를 돌아 거의 열흘 만에 청령포에 당도했다. 한여름 장마와 폭염에 몸을 맡긴 한 서린 유배길, 정처 없는 어린 군주의 마음은 피를 토하다가 쓰러지고 싶은 심정이었을 것이다. 뒤쪽은 깎아지른 듯한 절벽, 앞쪽은 연중 마르지 않는 강줄기가 세차게 흐르는 청령포. 어떻게 이 기막힌 유배지를 찾아냈나 싶을 정도다. 어소는 울창한 소나무 숲으로 둘러싸여 있었다. 562년 전 역사의 아픈 기억들로 덧칠해진 비운의 언덕에 오르니 반원을 그리며 휘돌아 나가는 동강 줄기가 훨씬 선명해진다. 땀을 식히고 단종이 산책했다는 어소 뒤편 봉우리에 올랐다. 한양을 그리워하며 한 서린 눈물을 흘렸을 어린 임금을 떠올렸다. 하지만 어쩌랴. 극악이 넘나드는 세상사 역시 지나간 세월만큼 덧없는 인간사가 일렁인다. 건너편 포구에는 사람들을 가득 실은 거룻배가 분주히 오가고 하늘은 점점 구름 속으로 빨려 들어갔다.

청령포의 한때는 그나마 다행이었을까. 두 달 만에 홍수로 물이 불어나 강줄기가 넘치자 영월읍 영흥리 광풍헌으로 유배처가 옮겨졌다. 그로부터 다시 두 달 만에 숙부 금성대군이 연루된 단종복위 사건이 발각되고 또 한차례 피비린내를 뿌렸다. 상왕에서 노산군으로 강등돼 떠나온 단종은 결국 서인으로 내려앉혀졌다. 끝내 사약을 받고 목 졸림까지 당하면서 운명한 것은 1457년 음력 10월 24일 그가 17살 되던 해였다. 어김없이 물어뜯고 뒤통수치는 세상, 권세와 자리가 뭐라고 이토록 음모와 증오가 무성한 역사의 숲이 이어져 왔을까. 인간의 본질이란 무엇인지, 권력과 출세 '패거리즘'에 진저리가 나면 다시 인간으로 돌아온다는데. 560년을 돌고 돌아온 지금, 그때와 무엇이 달라졌을까. 숨이 막힐 듯한 갈등의 소용돌이가 아직도 이 땅을 덮고 있다. 가을이 오면 조금씩 내려놓고 모두가 자숙하면서 함께 공존해야 하는 이유를 역사의 현장 청령포는 침묵으로 답하고 있었다.

하멜 14년
애덤스 20년

1653년, 효종 4년 시기에 은둔국이었던 조선 땅으로 낯선 이방인들이 밀려 들어왔다. 네덜란드 동인도회사 소속 하멜 일행 36명이 제주도에 표류한 것이다. 풍랑에 부서진 스페르베르호는 제주도 대정 해안에 좌초했다. 선원 가운데 반은 죽고 나머지가 간신히 뭍으로 살아 올라왔다. 제주 목사 이원진은 한양에서 내려온 박연(벨트브레)의 통역 도움으로 조사를 마치고 10개월 만에 이들을 한양으로 올려보냈다. 조선 조정은 네덜란드인들을 훈련도감, 금군禁軍에 배치했다. 덩치가 좋고 화포를 잘 다루는 특기를 살린 것이었다. 하지만 청나라가 이 사실을 눈치챌까 봐 조선은 전전긍긍했다. 사신단이 올 때마다 하멜 일행을 가두거나 남한산성 등지로 피신시키고는 했는데 마침내 일이 터지고야 말았다. 1655년 일행 가운데 두 사람이 청나라 사신단에 뛰어들어 자신들을 나가사키에 보내달라고 호소한 것이다. 조정은 이들이 한양에 있는 한 관리도 어렵고 언제든지 문제가 생길 수 있다고 판단했다. 결국 임금은 하멜 일행을 부안과 강진에 분산 수용하도록 명령했다. 전라도로 옮겨진 이들은 잡초를 뽑거나 새끼를 꼬는 잡역에 동원되었다. 1666년 7월 나가사키로 탈출하기까지 11년의 세월을 헛되이 보냈다. 하멜은 나가사키에서 휴식을 취한 뒤 원기를 회복해 바타비아(자카르타)를 거쳐 본국으로 돌아갔다. 이때 쓴 〈하멜 표류기〉는 서양사회에 조선을 알리는 최초의 기회가 되었다.

조선의 입장에서는 아쉬움이 큰 시간이었다. 하멜 일행은 화포를 만들거나 조총을 다루는 기술이 뛰어났다. 항해술은 물론 네덜란드가 일본과 벌이는 무역정보까지 국제정세를 파악할 수 있는 방대한 정보를 가지고 있었다. 하지만 누구 하나 이 부분을 눈여겨보지 않았다. 키 크고 이국적인 외모를 지녔다는 이유로 사대부집 잔치마당에 불러다 분위기 띄우는 바람잡이 역할을 시키거나 임금행차 호위병으로 차출되어 백성들의 구경거리를 제공하는 데 그쳤다.

하멜 일행이 조선에 도착하기 53년 전인 1,600년 네덜란드 상선 리프데호가 일본 규슈의 분고豊後 앞바다에 표착했다. 본래 에라스무스호라고 불렸던 리프데호는 1598년 동방무역을 위해 로테르담을 출항한 5척의 선단 가운데 한 척이었다. 전국시대 혼란한 천하를 통일하고 이 소식을 접한 쇼군 도쿠가와 이에야스는 직접 배를 보내 이들을 불렀다.

영국인 출신 항해장 윌리엄 애덤스가 쇼군과 직접 면담에 나섰다. 포르투갈어 통역으로 이뤄진 자리에서 이에야스는 애덤스에게 네덜란드 선박의 항행 이유와 유럽의 정세 등을 질문했다. 이미 포르투갈 상인들에게 조총을 전수받은 일본에는 선교사와 상인들이 상당수 들어와 있던 때였다. 이들은 규슈 서남부 항구도시 나가사키에 설치된 특별거주지역 데지마出島에 살도록 배려받았다. 당시 일본의 지배층은 애덤스 일행 때문에 가톨릭이 성행할 것을 우려해 처형을 주장했다. 하지만 이에야스의 생각은 달랐다. 애덤스가 뛰어난 조선기술을 가지고 있었고 정세에 밝은 면모를 보았기 때문이다. 고민 끝에 애덤스를 외교 자문역으로 임명했다. 언제든지 이에야스와 대신들을 접견할 수 있도록 하는 특별대우도 받았다. 마음을 연 애덤스는 자신의 능력을 총동원해 영국, 네덜란드와 일본의 교역을 알선했다. 애덤스는 12살 때부터 런던 근처의 조선소에서 13년을 일했다. 드레이크 함대 소속 함장으로서 스페인 무적함대와의 전투에도 참가한 베테랑 '바다 사나이'였다. 1605년 애덤스가 본국으로 가고 싶다고 했지만 이에야스는 그를 놓아주지 않았다. 대신 미우라 지역(현재의 요코스카)에 250석의 영지를 하사했다. 사실상의 영주 대접을 한 것이다. 이에 감격한 애덤스는 귀화를 선택하고 일본 여인과 결혼해 정착했다. 20

년을 일본에서 살다가 생을 마쳤다.

일본인들은 그를 미우라 안진三浦安針이라 불렀다. 삼포 (미우라)에 영지를 가진 항해사라는 뜻이다. 그에 대한 보답으로 애덤스는 정성을 다해 120톤짜리 범선을 제작했다. 일본인들은 이 배를 타고 최초로 태평양을 횡단해 멕시코까지 항해했다. 막부의 사무라이 유적이 멕시코에서도 발견된 이유다. 이후 나가사키 데지마에 설치된 상관商館을 통해 일본은 네덜란드와 활발한 교역에 나섰다. 중세 일본의 분위기에서는 파격적인 일이었다. 애덤스 일행은 일본과 유럽을 연결하는 가교였다. 여세를 몰아 일본은 국제 감각도 키워나갔다. 데지마를 중

인공 섬 나가사키 데지마

심으로 일본사회는 네덜란드 연구를 일컫는 '난가쿠'가 크게 유행했다. 유럽의 선진문물을 익히는 통로가 되었다. 메이지 유신의 선각자 후쿠자와 유키치는 난학의 거두였다. 그는 서양문물을 받아들여야 일본의 미래가 있다며 개항에 앞장섰다. 게이오 대학을 세우고 웹스터 사전을 번역해 영어를 보급했다. 이 같은 노력은 일본이 세계열강의 일원으로 올라서는 결정적인 계기를 만들었다.

데지마는 나가사키역으로 가는 대로변에서 작은 아치형 다리로 연결되어 있었다. 미쓰비시 조선소 맞은편 항구 중심지에 자리 잡은 소규모 인공섬이다. 주요문화재로 지정된 데지마는 일본의 근대사를 증언하고 있었다. 부채꼴 모양의 매립지에는 그 시절 사고팔던 상품과 네덜란드인들의 생활 유품들이 보존 공개되고 있었다. 두 나라의 깊은 인연은 '하우스 텐포스(네덜란드 마을)' 건립으로 이어져 아직도 관광객들의 발길이 끊이지 않고 있다.

풀을 뽑다가 탈출한 하멜과 영주 대접을 받은 애덤스의 차이가 근대 한국과 일본의 운명을 바꾼 것은 아닌지. 세상의 흐름을 파악하고 남을 인정하는 전략적 포용이 국가의 100년을 좌우했다. 리더의 시각은 역사를 바꾸는 바로미터다. 무지와 당쟁의 한계를 벗어나야 조선의 시야가 넓어졌을 텐데 그러질 못했다. 좁은 우물 안에서 서로 기어오르려고 밟아봐야 상대의 머리를 밟고 다시 추락하고 만다. 그때와 비교해 지금

우리의 국제 감각과 역사 인식은 얼마나 달라졌을까. 안에서 싸우지 말고 바깥세상과의 경쟁에 열중해야 국가의 미래가 있다.

울진 보부상 옛길은
살아있다

관군에 밀려 힘없이 함락되는 민초들의 깃발 같았다. 다른 이파리들이 다 떨어진 뒤에도 가을의 끝자락을 붙잡고 저항하던 마지막 은행잎들의 무수한 추락은 시작되었다. 그 여름 모진 광풍도 견뎠지만 한기를 머금은 소슬바람 한 자락에 이리저리 날리는 추풍낙엽이다. 울진에서 출발한 보부상들은 이때쯤 등짐을 지고 봉화로 넘어갔을 것이다. 산천은 의구하되 인걸은 간 곳이 없었다.

김주영의 『객주』에 이런 구절이 나온다. "갑신년 2월 하순, 정한조가 이끄는 소금상단 일행은 산기슭 가파른 길을 부지런히 걷고 있었다. 이들이 넘나드는 십이령길은 울진포구의 염전과 영남내륙의 장터를 잇는 소금과 미역의 길이자 조선경제의 모세혈관이다." 30대에 직장을 때려치우고 장돌뱅이 이야기에 몰입한 청송 사람 김주영은 보부상들의 삶을 집요하게 추적했다. 5년 동안 자료를 모으고 5년 동안 장터를 순례한 뒤 연재한 『객주』는 역사에서 찾아낸 보부상의 집대성이다. 소설은 드라마 〈장사의 신〉으로 제작되어 재조명되기도 했다. 임오군란 후 조선 후기의 상인들의 활동을 기록한 역작이다. 주인공 천봉삼은 시대의 사랑과 반목, 정의와 불의가 교차하는 교집합이다. 해안가에서 거둔 소금이며 미역들을 지고 경북 봉화로 넘어가는 십이령길(울진군 북면 두천리에서 봉화군 소천면을 잇는 열두 고갯길)은 그대로였다. 세월이 지나갔고 시간 따라 생명들의 목숨만이 흩어졌을 뿐. 보부상들의 애환은 과거 그대로 남아있었다. 길 위에 노출된 모진 풍상, 짧은 가을이 가면 곧 눈보라가 치겠지만 황사비 뿌리는 거친 봄을 지나 생선 썩는 비린내가 진동하는 여름이 돌아올 것이고, 넘고 또 넘고, 올해 넘고 내년에도 넘을 한 서린 십이령길의 여정. 그 두꺼운 윤회가 내 발밑에서 시작되었다.

　　나는 천봉삼이 되고자 했다. 불영계곡(봉화-울진)은 자

경북 울진
보부상 주막촌에서

동차로도 30분이 넘게 걸린다. 세상이 아무리 좋아졌다지만 태백산 줄기 험준한 산맥을 쉽게 넘을 방법은 없다. 굽이굽이 아슬아슬한 고갯길과 오르막 내리막의 연속이었다. 그 시절 보부상 걸음으로 3일 거리다. 울진 주막에서 장국밥에 막걸리 한 사발로 배를 채우고 나면 부지런히 걸어야 풍찬노숙 사흘 만에 봉화, 영주에 도착한다. 소금 팔고 건어물 사고 다시 생필품을 짊어지고 와야 온전한 가장 대접을 받았을 것이다. 육로와 수로를 따라 장사를 해오던 여상과 운상, 객주와 보부상은 백성들의 물자조달이나 수송의 동맥이었다. 평화로울 때는 시장과 시장을 연결하고 동네와 동네를 한 동아리로 묶어주며 물물교환을 바탕으로 유통경제를 이어나갔다. 전란 때는 온나라 소식통 역할에 군량미를 나르고 사발통문을 돌리는 민병대 역할을 마다하지 않았다. 유난히 많은 난리에 시달렸던 조선과 일제강점기까지. 어느 선비들보다 조선팔도의 고갯길과 골짜기를 훤히 들여다보는 의인들이었기에 어지러운 시절 나라를 위해 싸운 흔적들이 고을마다 남아 전해지고 있다. 그 기백과 정신은 그냥 만들어진 게 아니었다.

　　일생동안 끊임없이 이동하며 격정적인 삶을 살아가는 유목민들은 모든 소유물을 가지고 다닌다. 생필품이며 비단, 가축, 향수, 요강, 유골, 물통, 식칼, 빈대 등등. 바람과 빛의 세기를 가늠할 수 있는 예민한 촉각. 적대적 환경과 싸워 이겨낼 수 있는 용기와 인내심, 하물며 번뇌와 증오, 분노와 저주까지도 항상 몸에 지니고 다닌다. 몽골 초원의 유목부족처럼 보부상의 거친 삶도 비슷했다. 그들의 애환이 수북이 쌓인 길을 한나절 걸었다. 울진 쪽에서 불영계곡을 타고 내륙으로 올라가는 고갯길 입구까지 곳곳에서 숨이 차올랐다. 길바닥의 돌들은 반들반들하게 닦여 발길의 역사를 가늠케 한다. 그 시절에도 말 타고 글 읽는 대처의 생활은 있었건만 민초 보부상들은 문명의 뒤안길에서 뼛속까지 스며드는 고통을 팔아 생을 이어갈 수밖에 없었다.

보부상은 자신들의 신분을 나타내는 신표가 있었다. 뒷면에 새겨진 물㸃에 관한 네 가지 규율은 모두가 지켜야 하는 불문율이었다. 물 망언은 거짓말 금지, 물 패행은 패륜행위 금지, 물 음란은 음란한 짓 금지, 물 도적은 도둑질 금지. 어기면 동료들에게 징치를 심하게 당하고 쫓겨나 홀로 떠돌아야 했다. 그들은 상부상조의 정신을 기반으로 도덕적이고 인간적인 가치를 추구했다. 신뢰와 고객 존중, 조합원의 동료애와 사람을 중시하는 인본사상이 뿌리였다. 오늘날의 수탈자본주의나 양극화 경제가 아닌 공존 공생을 지향한 타협경제의 모델이었다. 기업가 정신의 근본이었다. 조선은 유교이념을 바탕으로 농업이 국가기반인 사회였다. 주류의 괄시와 면박을 이겨내면서 상업의 명맥을 이어온 정신은 예사롭지 않다. 억상정책 속에서 끈질기게 생존한 500년 보부상 스토리가 현재에도 여전히 유효한 이유다. 그때나 지금이나 상인은 미래를 바꾼다. 은

둔과 전란의 지난한 역사를 이겨내고 상인들이 가난한 국가를 이 만큼 부활시켰다. 보부상 정신이 상업보국을 이끌었다. 상인정신과 상업국가의 갈 길을 제시한 경제 이데올로기였다.

불로초로 맺은
서귀포 우정 2천 년

풍랑은 잠잠했다. 항구를 떠난 배들은 동쪽으로 항진했다. 100척이 넘는 선단이다. 3,000여 명이 대오를 나눠 동진하였다. 단지 하나의 목표를 위해 이렇게 많은 인원과 배가 바다를 향한 적이 있었을까? 본 적 없는 역사상 초유의 도박이었다. 정확한 지도나 전략도 없이 가능성 하나에 희망을 걸고 신선들이 산다는 미지의 땅을 찾아 나선 길이다.

진시황의 불로초를 구하러 떠난 서불(서복으로도 알려져 있다)과 동남동녀童男童女들은 그렇게 서귀포에 닿았다. 이들의 이야기는 오랜 세월을 이어져 지금까지 두 나라의 우정으로 이어지고 있다. 서복은 진시황으로부터 높은 벼슬을 하사받았다. 2,200년 전의 일이다. 그는 의학, 천문, 지리에 능하였다. 황제에 충성할 길을 찾던 서복은 불사불로不死不老의 명약이 동쪽

신비의 섬에 있다고 알현했다. 진시황은 즉시 명을 내려 불로초를 구해오라고 했다. 하지만 고대에 거친 바다를 건너던 배들이 온전했겠는가. 풍랑과 공포를 넘어 오랜 항해 끝에 도달한 곳이 탐라국이었다. 신화 속 영주산(한라산)에 불로초가 없는 것은 불문가지. 돌아가서 험한 꼴을 당하느니 차라리 눌러앉아 사는 편이 낫다고 판단한 일행은 그렇게 스토리의 주인공들이 되었다. 북송北宋의 시인이었던 구양수는 이렇게 적고 있다. "서복은 진의 백성을 꾀어내어 약초를 캐러 간다고 동남동녀를 데려다 그곳에서 늙게 했다. 온갖 장인과 오곡을 주어 살게 했다." 영생의 꿈에 젖은 진시황은 돌아오지 않는 서복을 원망하며 기원전 220년 사구평대砂丘平臺에서 죽음을 맞았다. 찌는 듯한 여름 7월 사막에서의 최후였다. 아방궁과 천하통일의 주인공이 부린 과욕은 그렇게 허무하게 끝났다. 후한서는 진시황이 지독한 일벌레였다고 전한다. 건강을 위해 수은을 복용한 것이 과로와 겹쳐 사망한 것으로 기록하고 있다. 황제의 시체는 소금에 절인 채로 생선 상자와 나란히 왕궁으로 돌아왔다. 덧없는 마침표였다.

서귀포西歸浦는 서복이 서쪽 중국으로 돌아간 포구라는 의미를 갖고 있다. 정방폭포 절벽에는 '서불이 다녀갔다'라는 뜻의 서불과지西市過之 한자가 돌에 새겨져 있다. 조선왕조의 미움을 받아 제주에 귀양 중이었던 추사 김정희가 발견했다고 전해진다. 서귀포 용담 근처 산지항 바닷가에서는 전한시대의 화폐인 오수전과 화천, 대천오십 등이 출토되었다. 당시의 화포와 구리거울도 나왔다. 서귀포에 한동안 머물던 서불 일행은 다시 남해를 거쳐 일본 사가현까지 흘러갔다. 후쿠시마, 후쿠야마, 후쿠이 등의 일본성은 서복의 이름福에서 왔다고 믿고 있다. 몇 년 전 한·중·일 사학자와 향토 연구가 300여 명이 제주에 모였다. '서복의 문화실크로드 규명을 위한 연구회'다. 전설로만 전해오는 불로초 이야기를 자세히 연구해서 세 나라의 좋은 문화유산으로 발전시켜 보자는 취지다. 화기애애한 분위기 속에 토론회가 마무리되었다. 또 참석자 전원이 서복공원을 돌아보았다. 다음 총회는 서복이 대한해협을 건너 도착했다는 일본의 사가현에서 열렸다. 진나라 서복의 함대는 지금의 저장성 닝보寧波에서 떠났다. 시진핑 주석은 저장성 공산당 서기를 지냈다. 고故 이세기 위원장은 한국을 방문한 시진핑에게 서복의 불로초 이야기를 전했다. 시진핑은 이튿날 곧바로 제주도를 향했다. 이미 장쩌민 주석과 원자바오 총리 등이 다녀간 뒤였다. 장 주석이 남긴 서복공원 시호는 오늘도 수많은 방문객을 맞고 있다. 중국인들의 필수 관광 코스다. 시 주석은 취임 후에도 한국의 고위급 인사를 만나면 서복 이야기를 꺼내며 건배를 제의한다. 서복은 제주에서 다시 기억되고 있다. 성수기에는 수백 명의 한족이 날마다 그를 찾아 서귀포를 찾는다. 흩어진 기록을 모으고 구전의 이야기를 분석해 만든 전시관에서 적지 않은 감동받고 돌아간다. 진시황의 병마가 끄는 구리수레는 특히 눈길을 끈다. 해풍을 견뎌온 육중한 소나무 숲 사이로 서귀포 남쪽 바다가 출렁인다. 진시황의 동상이 그 바다를 굽어보고 있다. 서복 전설은 문학과 예술의 소재로 우리 곁에 공존하고 있다. 영화 〈서복〉은 줄기세포 복제와 유전자 조작으로 만들어진 실험체 '서복'을 둘러싼 모험극으로 화제가 되었다. 사마천은 '사기'에서 서복이 일행과 함께 평평한 들판과 넓은 못이 있는 곳에 도착해 왕이 되었고 돌아오지 않았다고 기록하고 있다. 대만 제주도 일본이 후보지로 지목되는 곳이다. 중국과 일본은 지정학적으로 우리와 운명적 관계다. 재미있는 이야기는 백성들의 마음을 은밀하게 소통시키는 묘약이다. 현실정치의 대립과 갈등을 넘어서는 길은 문화 속에 잠겨있는 부드러운 소재들이다. 역사는 만드는 이들의 것이다. 고증을 거쳐 제주도의 전시물을 늘리고 시설도 확장했으면 하는 바람이다. 진시황과 서복은 이렇게 서귀포에서 영생을 누리고 있었다.

해남 미황사
천 년의 기원

　　그것은 경계를 푸는 일이었다. 일상에서 벗어나 고립된 산사를 찾는 것은 마음의 빗장을 열고 자신 속으로 들어가는 작업이다. 내면에서 꿈틀거리는 다른 기운을 들여다보고 다스리는 과정이 필요하다는 신호다. 욱하고 차오르면 순간, 어떤 일들이 벌어질지 모른다. 심상을 누르고 먼바다를 보는 연습이라도 해야 할 것 같은 위험한 시간이다. 어디로든 떠나야 할 때다.

　　그것은 경계를 다시 세우는 일이기도 하다. 세상살이에 시달리다가 늘어져 무디어진 의식의 경계를 들락거릴 때가 그때다. 적당하게 수습이 되면 산에서 내려오리라는 마음의 다짐도 있었다. 일상에 상처받거나 생각의 정처가 없어지면 무조건 자신을 속세의 경계 밖으로 밀어내는 습관도 한몫했다.

여행이라는 말로 포장된 탈출이다. 마태복음 10장의 예수의 당부를 읽어 보면 "여행을 위해 주머니나 두 벌 옷이나 신발이나 지팡이를 가지지 말라 아무 곳에나 들러 묵고 그곳이 평안하기를 빌어라"라는 말이 나오지만 나는 두툼한 등산복과 산악용 등산화에 아이젠, 지팡이, 배낭까지 챙겨갔으니 갑자기 쏟아진 폭설 핑계를 대기에는 쑥스러웠다. 알랭 드 보통이 말한 "현실에서 만난 노여움이나 척박한 욕망을 벗어나기 위한 여행"을 하는 게 틀림없었다.

한반도 땅끝 마을 너머 해남 미황사는 거기에 고요하게 엎드려 있었다. 백두대간 마지막 돌산 자락. 전라도와 경상도를 가르는 구례 지리산부터 곡성, 화순, 영암, 강진, 해남까지 남도 오백 리 역사 숲길로 이어진 맨 마지막 자락이다. 풍경소리 너머 멀리 바다가 보였다. 1,200년 전 대양을 넘어 우전국(인도) 불교가 전해졌다고 알려진 길목이다. 749년, 신라 경덕왕 때 돌로 만든 배가 달마산 아래 포구에 닿았다. 그 배는 금인金人이 노를 젓고 화엄경 80권에 법화경, 비로자나불, 문수보살 16나한상, 금화, 검은 돌 등이 가득 실려 있었다. 사람들이 이를 수습하려는 순간 검은 돌이 갈라지며 소 한 마리가 나왔다. 그날 밤 의조화상(신라승려)의 꿈에 소가 경전과 불상을 지고 가다가 누우면 그 자리에 모시도록 계시를 받았다. 소가 처음 누웠던 자리에 통교사를 짓고 마지막 쓰러진 곳에 미황사를 지었다. 소의 아름다운 울음소리와 뱃사공의 황홀한 색을 따서

해남 미황사

지어진 이름이 '미황사美黃寺'다.

　　나는 늘 이렇게 신화 같은 옛이야기를 좋아한다. 금인을 마음속으로 그리면서 일주문에서 사천왕문까지 긴 돌계단을 올라갔다. 위쪽에 넓은 자하루는 미술관으로 운영 중이었다. 앞마당에는 부리부리한 달마상이 노려보고 있었다. 몇 개의 돌계단을 더 올라가면 수행전문도량이다. 용맹 정진하는 수도승들의 거소다. 묵언수행으로 동안거에 들어간 지 이미 2개월째라고 한다. 보물 제947호 미황사 대웅전은 작품이었다. 청초한 학 한 마리가 올라선 단아한 모습이었다. 형편상 단청을 생략한 나무 색이 더욱 잔잔하고 아름다웠다. 단청에 지친 눈이 환해지는 듯하다. 단 아래 '윤장輪藏대'에서 발을 멈췄다. 불상과 경전을 넣은 책장(팔각탑)을 밀면서 몇 바퀴를 돌았다. 글을 모르거나 시간이 없는 이들이 윤장대를 돌리면 읽은 것 같은 공덕을 얻는다. 중국 양나라 선혜대사가 시작한 수행법이다. 네팔에서 수없이 만났던 광경이다. 문제는 무지가 아닌 마음이니 옳은 선택이다. 내 몸 가득히 공덕이 스며든 기분이었다. 기둥 옆 돌무덤 사이 돌 염주 하나가 삼각 바위에 걸려 있었다. 어떤 이의 비원이 담겼겠지. 고단한 이승의 무게를 나눠 달라고. 그날 밤 산사에는 늦은 눈보라가 또 휘몰아쳤다. 춘설치고는 가혹했다. 매서운 바람과 폭설은 애써 시야에 넣었던 만상을 완벽하게 가둬버렸다.

　　이른 새벽 눈길을 나섰다. 미황사 사천왕문에서 시작되는 달마고도다. 동쪽부터 18킬로미터의 둘레길을 한 바퀴 돌고 서쪽으로 돌아오면 다시 그 자리다. 시작이 끝이고 끝이 시작인 윤회의 길이다. 숲속에 넓은 부도전과 사적비가 번성했던 옛 영화를 간직하고 있었다. 산길은 나무들이 군락을 이뤘다. 산죽벌판이 감싸는 길을 지나자 굴참나무 영역이다. 내리막에는 산 정상에서 떨어진 바위들이 계곡을 가득히 메운 돌길이었다. 붉은 동백 꽃봉오리들이 흰 눈 위에 선연한 핏자국으로 낙하해 있었다. 낮은 소나무들 사이로 남도 바닷가 마을이 보이기 시작했다. 해안선을 따라 정돈된 논과 밭이 한 폭의 정물화 같고 푸른 보리밭은 계절을 앞당기고 있었다. 달마산의 바위 병풍 능선이 웅장했다. 중간에서 직벽 쪽으로 올라 도솔암에 앉았다. 바위틈에 둥지처럼 숨겨진 형상이었다. 기막힌 풍수다. 세상과 완전히 결별한 삶을 살고자 한 절박함이 아니었다면 도무지 이 벼랑에 발을 디딜 수가 없었을 것이다.

수직 같은 벼랑이 땅이고 도솔암은 거기에서 튀어나온 암석 같았다. 여섯 개의 바위를 지나 삼성각이 보였다. 아슬아슬한 난간의 끝이다. 속세인들로 북적대는 미황사를 등지고 기어오르듯 이 돌산 틈으로 피신했을 것이다. 생사의 끝을 알고 싶은 그 비장함으로 지어진 암자. 시공을 넘어 알 수 없는 어떤 경지에 도달하려는 인간의 사유들만이 절벽 아래 허공을 맴돌고 있었다. 구도의 길은 외로움과 인내의 싸움이다. 가난하고 애통하고 깨달음에 주려야 가능한 선택이다. 다른 이들의 삶을 다치게 하지 않으면서 온유하고 청결해야 한다. 권세와 배부름의 문을 버리고 거친 바위 사이 이 좁은 틈으로 들어와 홀로 세상을 꿰뚫어 보고자 하는 결연함이 있어야 한다. 옛사람들의 정진에 고개가 숙여진다. 경계 밖으로 날마다 자신을 추방하며 들판에 홀로 있기를 간절히 기원했을 것이다. 자유는 소유를 버리는 것이다. 자유는 깨달음이다. 도솔암은 그들의 도구였다.

달마고도는 자연을 훼손하지 않고 만들어진 자연의 길, 에코루트다. 기계를 외면하고 사람들이 돌 하나, 나무 이정표 하나를 모두 등짐으로 져다가 손으로 다듬어 2017년에 개통했다. 땅끝 사람들이 장에 가려고 넘던 옛길이다. 달마산 12암자를 잇는 수행 길의 변신이다. 홀로 등산하는 혼산족과, 초보 등산객 '산린이'까지 한 해 20만이 다녀갔다니 놀라울 뿐이다. 공룡 등뼈 같은 바위 암릉은 남파랑길 내내 이어졌다. 남파랑길은 부산 오륙도를 시작으로 이곳 해남 땅끝 마을까지 90개 구간 1,470킬로미터다. 동해 해파랑길, 서해 서파랑길까지 연결해 한반도 4,500킬로미터 둘레길, 국제 트래킹 노선이 추진 중이다. 스페인 산티아고 순례길보다 3배나 길다. 달마고도 남파랑길은 바다가 친구다. 다도해의 섬들이 다가왔다 멀어지기를 반복했다. 천 개의 섬이 떠다니는 화원반도가 멀리 내려다보였다. 석양은 해안과 육지, 산과 길, 속세와 절간, 이승과 저승의 경계를 희미하게 덮어가고 있었다. 수 억 년 전 중생대의 조산 활동으로 산맥이 형성되고 이후 몇 번의 빙하기가 거쳐 갔다. 2만 년 전 마지막 빙하기가 끝나면서 지구를 덮었던 두꺼운 얼음이 녹기 시작했다. 낮은 지역의 골짜기들은 바다가 되고 산은 육지와 섬으로 남았다. 해남의 구불구불한 다도해는 이 과정에서 빚어진 희귀한 리아스식 해안이다. 지구에서 찾아보기 힘든 독특한 지형이다.

　　나는 길에서 세상의 아름다움과 신비로움에 독백하다가 허물어졌다. 걷다가 감탄하다가 두 시간에 한 번씩 세 번을 무너지고서야 발가락 하나가 멍든 채 제자리로 돌아왔다. 가파른 돌산 아래 바닷가에 지나온 청춘을 던졌다. 푸른 보리밭에 힘겨웠던 중년을 밀어버렸다. 하지만 끝까지 나를 따라오는 육신에 운명의 백기를 들었다. 이럴 줄 알았다. 단시간 원점 윤회를 위해서는 많은 땀이 필요했다. 그러나 시선은 산사를 오르며 건넜던 피안彼岸교의 세계를 꿈꿨고 의식은 정토를 그렸다. 달마고도에 스친 내 옷깃이 인연으로 남기를 바랐다. 500겁을 쌓아야 가능하다는 그 인연 말이다. 우주가 시작되고 소멸할 때까지 43억 2,000만 년. 그게 한 겁인데 사방 4킬로미터 바위에 선녀가 일 년에 한 번씩 내려와 옷깃을 스쳐 모두 닳아 없어질 때까지 걸리는 시간이라니. 그의 500배가 지나야 이 세상 서로 모르는 이들끼리 옷깃을 스치는 인연이 될 수 있다니. 산다는 게, 살아있다는 게 온통 신비함 투성이다.

저자는 순례자다. 땅과 사람의 자취를 찾아 세상을 주유하는 보헤미안이다. 그의 글은 여행지의 역사와 성찰, 인생의 의미를 느낄 수 있게 해주는 수준 높은 인문학 칼럼이다. 나는 오래전부터 이 글들을 애독해왔다. 사람에 대해 이야기할 때는 그 사람을 직접 만난 것 같은 몰입감을 주고, 차茶에 대해 이야기할 때는 차를 마시는 중인 기품 있는 다인茶人이 되고, 예술을 이야기할 때는 안목 있는 아티스트로 변신한다. 이 책에는 우리가 사는 곳을 덧칠하는 '세상 이야기'가 가득 담겨있다.

_박현주 미래에셋 회장

"인내는 겸손을 동반한다. 아집과 교만, 편견의 유혹을 수없이 견뎌내야 가능한 업이다" 저자가 도쿠가와 이에야스의 삶에서 길어낸 잠언이다. 그는 세상 구석구석에 밴 사람과 삶의 기억을 떠올리며 인간과 자연, 역사의 흔적을 함께 음미한다. 그리고 자신의 내면을 바라본다. 여행이란, 일상에서 벗어나 자신과 세상 사이의 경계를 푸는 일이라고 저자는 말했다. 일상에 지쳐있는 우리도 가보고 싶은 길이다. 이 책은 우리 모두를 그 길의 동반자로 초대한다.

_이인용 삼성전자 사장. 전 MBC 앵커

우리는 여행을 통해 '새로움'과 '다름'을 느끼고 경험을 쌓는다. 그리고 그의 글을 읽으면 저 멀리 시간과 공간을 초월한 세계로 초대받는 느낌이다. 글이 깊이 있고 강한 힘을 가진 건 물론이고, 흐르는 듯한 평온함이 우리를 힐링의 세계로 이끌어준다. 인생을 살아가는 모든 시간은 여행과 같다. 저자의 지적 풍성함을 따라가다 보면 나도 어느새 동반자가 되어 어느 먼 시대의 사원을 서성거리는 기분이다.

_진옥동 신한은행장

나는 〈김경한의 세상 이야기〉 인문학 칼럼을 정기적으로 본 독자였다. 직접 가보지 못한 곳들의 신선하고 흥미로운 스토리가 경영 일선에서 느끼던 피로를 보듬어주고는 했다. 읽을수록 맛이 나는 주옥같은 칼럼들이 책으로 나오게 되어 기쁜 마음이다. 저자는 사회현상에 대한 통찰력을 갖고 있다. 더불어 따뜻하고도 풍부한 지식이 인생의 경륜을 느끼게 해준다. 어느 날은 나도 그와 함께 비틀스의 리버풀에, 교토의 료안지에, 중세 시대의 리스본에 머무는 여행자가 된다. 넓은 세상, 글로벌 시대를 선도하는 청년들에게 필독서로 추천한다.

- 김선희 매일유업 대표이사 사장

인문 여행자는 발로 보고 눈으로 걷는다. 그 발길과 눈길이 교차하는 곳에서 성찰의 꽃이 피어난다. 그의 발은 현미경이고 눈은 망원경이다. 영국 리버풀에서 〈예스터데이〉 선율에 젖고, '미국의 청학동'으로 불리는 아미시와 료안지의 고요 속에서는 침묵의 그림자까지 발견한다. 그 특별한 '생각 여행'의 고갱이가 이 책에 담겨 있다. 인문학도의 감성과 저널리스트의 이성이 잘 어우러진 문장, 행간까지 스민 글맛의 향기도 깊고 그윽하다.

_고두현 시인

인문 여행자, 도시를 걷다

2021년 10월 27일 초판 1쇄 | 2024년 5월 27일 15쇄 발행

지은이 김경한
펴낸이 이원주, 최세현 **경영고문** 박시형

편집 강소라
마케팅 양근모, 권금숙, 양봉호, 이도경 **온라인홍보팀** 신하은, 현나래, 최혜빈
디지털콘텐츠 최은정 **해외기획** 우정민, 배혜림
경영지원 홍성택, 강신우, 이윤재 **제작** 이진영
펴낸곳 (주)쌤앤파커스 **출판신고** 2006년 9월 25일 제406-2006-000210호
주소 서울시 마포구 월드컵북로 396 누리꿈스퀘어 비즈니스타워 18층
전화 02-6712-9800 **팩스** 02-6712-9810 **이메일** info@smpk.kr

쌤앤파커스(Sam&Parkers)는 독자 여러분의 책에 관한 아이디어와 원고 투고를 설레는 마음으로 기다리고 있습니다. 책으로 엮기를 원하는 아이디어가 있으신 분은 이메일 book@smpk.kr로 간단한 개요와 취지, 연락처 등을 보내주세요. 머뭇거리지 말고 문을 두드리세요. 길이 열립니다.